Pädagogischer Mehrwert?

Münstersche Gespräche zur Pädagogik

herausgegeben von
William Middendorf

Band 33

Christian Fischer
(Hrsg.)

Pädagogischer Mehrwert?
Digitale Medien in Schule und Unterricht

Waxmann 2017
Münster • New York

Gedruckt mit Unterstützung des Bistums Münster.

Herausgeberbeirat:
Stephan Chmielus
Christian Fischer
Uta Hallwirth
William Middendorf
Paul Platzbecker

Bibliografische Information der Deutschen Nationalbibliothek
Die Deutsche Nationalbibliothek verzeichnet diese Publikation
in der Deutschen Nationalbibliografie; detaillierte bibliografische
Daten sind im Internet über http://dnb.dnb.de abrufbar.

Münstersche Gespräche zur Pädagogik, Bd. 33

ISSN 2193-7168
Print-ISBN   978-3-8309-3588-9
E-Book-ISBN 978-3-8309-8588-4

© 2017 Waxmann Verlag GmbH
www.waxmann.com
info@waxmann.com

Umschlaggestaltung: Matthias Grunert, Münster
Satz: Stoddart Satz- und Layoutservice, Münster
Druck: Hubert & Co., Göttingen

Gedruckt auf alterungsbeständigem Papier,
säurefrei gemäß ISO 9706

Printed in Germany
Alle Rechte vorbehalten. Nachdruck, auch auszugsweise, verboten.
Kein Teil dieses Werkes darf ohne schriftliche Genehmigung des
Verlages in irgendeiner Form reproduziert oder unter Verwendung
elektronischer Systeme verarbeitet, vervielfältigt oder verbreitet werden.

Inhalt

Christian Fischer
Vorwort zur Dokumentation des 33. Münsterschen Gesprächs
zur Pädagogik 7

William Middendorf
Pädagogischer Mehrwert? Digitale Medien in
Schule und Unterricht – eine Einführung 11

Digitale Medien in Schule und Unterricht: Systematische Perspektiven

Bardo Herzig
Digitalisierung und Mediatisierung –
didaktische und pädagogische Herausforderungen 25

Andreas Büsch
Digital Natives and Digital Immigrants
Medienwelten und Medienkompetenz heutiger Schüler-,
Lehrer- und Elterngenerationen 59

Michael Kerres
Digitalisierung als Herausforderung für die Medienpädagogik:
„Bildung in einer digital geprägten Welt" 85

William Middendorf
Landesinitiativen zur Förderung des schulischen Lernens
im digitalen Wandel 105

Digitale Medien in Schule und Unterricht: Beispiele

Digitale Medien als Beitrag zur Schulentwicklung

Richard Heinen
BYOD@School. Potenziale privater mobiler Endgeräte
für Schulentwicklung nutzbar machen 117

Jenny Radzimski-Coltzau und Stefan Burghardt
Digitale Medien: Eine Chance für Schulentwicklung 131

Philipp Klein
Schulbistum.de – eine kollaborative Plattform zur Gestaltung von
Schulentwicklungsprozessen und Unterricht 139

Digitale Medien als Beitrag zur Unterrichtsentwicklung

Julia Bernabéu Reetz und Katja Krull
Pädagogische Netzwerke als Plattform für kontinuierliche
Unterrichtsentwicklung – zwei Praxisbeispiele der Neuen
Schule Wolfsburg 149

Christian Spannagel
Flipped Classroom: Den Unterricht umdrehen? 155

Benedikt Wisniewski und Markus Engl
Unterrichtsfeedback per Smartphone-App 161

Digitale Medien als pädagogische Herausforderung

Barbara Buchalle und Marita Niggemann-Werth
Soziales Lernen am Fürstenberg-Gymnasium in Recke 171

Mit der „Initiative Eltern und Medien" die Erziehungspartnerschaft
zwischen Eltern und Kindern stärken 175

Autorinnen und Autoren 181

Christian Fischer

Vorwort zur Dokumentation des 33. Münsterschen Gesprächs zur Pädagogik

Pädagogischer Mehrwert?
Digitale Medien in Schule und Unterricht

Mit der zunehmenden Digitalisierung in unserer Gesellschaft gewinnt auch die digitale Bildung in der Schule an Bedeutung, womit große Herausforderungen auch für die Schulträger und die Schulpolitik verbunden sind. Für die Bundesregierung sind die Informations- und Kommunikationstechnologien (IKT) der Innovationsmotor Nr. 1. Daher fördert das Bundesbildungsministerium (BMBF, 2016) mit der Strategie „Bildungsoffensive für die digitale Wissensgesellschaft"[1] die Vermittlung digitaler Kompetenz und das Lernen mit digitalen Medien mit dem Ziel, neue Bildungschancen für alle nutzbar zu machen. Auch die Kultusministerkonferenz (KMK, 2016) betont mit der Strategie zur „Bildung in der digitalen Welt"[2] im Kontext der fortschreitenden Digitalisierung aller Lebensbereiche die zunehmende Bedeutung des Erwerbs von digitalen Kompetenzen junger Menschen in Schule, Ausbildung und Studium, damit diese ihr berufliches und soziales Leben gestalten können. Die NRW-Landesregierung setzt mit „NRW 4.0: Lernen im Digitalen Wandel"[3] ebenfalls auf Innovation durch digitalen Wandel und legt ein Leitbild für die Zukunft von Bildung in Zeiten der Digitalisierung vor, welches die Relevanz des zunehmenden Erwerbs von „digitalen Schlüsselkompetenzen" entlang der Bildungskette hervorhebt.

Auch im schulischen Kontext scheinen digitale Medien bisher noch nicht geahnte Möglichkeiten zu bieten. Die Autoren (OECD, 2015) einer PISA-Auswertung zur Computernutzung[4] in Schulen zeigen einerseits, dass Computer guten Unterricht noch interessanter machen, andererseits allerdings auch, dass Computer den Unterricht im Hinblick auf die schulischen Leistungen nicht automatisch besser machen. Didaktische Potenziale und pädagogische Erfordernisse digitaler Medien standen daher im Fokus der Münsterschen Gespräche zur Pädagogik (MGP) mit dem Thema „Pädagogischer Mehrwert? Digitale Medien

---

1 BMBF (2016). *Bildungsoffensive für die digitale Wissensgesellschaft. Strategie des Bundesministeriums für Bildung und Forschung.* Berlin. Verfügbar unter: https://www.bmbf.de/files/Bildungsoffensive_fuer_die_digitale_Wissensgesellschaft.pdf [12.2.2017].
2 KMK (2016). *Bildung in der digitalen Welt. Strategie der Kultusministerkonferenz.* Berlin. Verfügbar unter: https://www.kmk.org/fileadmin/Dateien/pdf/PresseUndAktuelles/2016/Bildung_digitale_Welt_Webversion.pdf [12.2.2017].
3 https://www.schulministerium.nrw.de/docs/Schulentwicklung/NRW-4_0/ [12.2.2017].
4 OECD (2015). *Students, Computers and Learning: Making the Connection.* Paris: OECD Publishing. Verfügbar unter: http://dx.doi.org/10.1787/9789264239555-en [12.2.2017].

Vorwort

in Schule und Unterricht". Getreu ihrem Motto „Wissenschaft und Schule im Dialog" wurden neben wissenschaftlichen Referaten innovative Projekte aus der schulischen Praxis in Arbeitskreisen vorgestellt und diskutiert. Schließlich kamen Perspektiven der Bildungspolitik und Schuladministration zur Sprache. Der Tagungsband dokumentiert nun die wissenschaftlichen Referate, innovative Projekte aus der schulischen Praxis sowie Initiativen der Bildungspolitik und Schuladministration. Leitende Perspektive ist die Frage: Wie ist mit Chancen und Risiken digitaler Medien so umzugehen, dass ein pädagogischer Mehrwert entsteht? Zielgruppen dieser Dokumentation sind alle Personen, denen die Zukunft der Schule am Herzen liegt: Schulleiter/innen und Lehrkräfte, Schulaufsicht und Schulverwaltung, Bildungspolitiker/innen, Elternvertreter/innen sowie Erziehungswissenschaftler/innen und die interessierte Öffentlichkeit.

Das 33. Münstersche Gespräch zur Pädagogik in Trägerschaft der bischöflichen Schulabteilung Münster fand in bewährter Kooperation mit der Akademie Franz-Hitze-Haus, dem Landeskompetenzzentrum für Individuelle Förderung NRW an der Universität Münster, der Wissenschaftlichen Arbeitsstelle Evangelische Schule der EKD und der Barbara-Schadeberg-Stiftung am Comenius-Institut sowie dem Institut für Lehrerfortbildung, Essen Werden vom 15. bis 16. März 2016 in Münster statt. Besonderer Dank gilt dem Bistum Münster als Träger der Münsterschen Gespräche zur Pädagogik und den Kooperationspartnern, namentlich Herrn Prof. Dr. Dr. Thomas Sternberg (Franz-Hitze-Haus), Frau Dr. Uta Hallwirth (Wissenschaftliche Arbeitsstelle Evangelische Schule der EKD und der Barbara-Schadeberg-Stiftung am Comenius-Institut), Herrn PD Dr. Paul Platzbecker (Institut für Lehrerfortbildung), Herrn Hauptabteilungsleiter Dr. William Middendorf sowie Herrn Dr. Stephan Chmielus (beide von der Hauptabteilung Schule und Erziehung im Bischöflichen Generalvikariat Münster). Zudem gilt Frau Elke Surmann M.A. (Landeskompetenzzentrum für Individuelle Förderung NRW) besonderer Dank für die Redigierung und Lektorierung des Tagungsbandes. Frau Daniela Langer (Waxmann Verlag) hat das Buchprojekt sehr engagiert begleitet, wofür ihr herzlich gedankt sei. Ferner sei den Autorinnen und Autoren für die Ausarbeitungen zu den wissenschaftlichen Hauptreferaten und den praktischen Workshops gedankt.

Die wissenschaftlichen Hauptreferate des 33. Münsterschen Gesprächs haben sich mit den digitalen Medien als didaktischer und pädagogischer Herausforderung, dem Medienverhalten und der Medienkompetenz heutiger Schüler-, Lehrer- und Elterngenerationen sowie dem Verständnis von Bildung in einer digital geprägten Welt auseinandergesetzt. Der Dank für die Ausarbeitung ihrer Hauptreferate geht namentlich an Herrn Prof. Dr. Bardo Herzig (Universität Paderborn), Herrn Prof. Andreas Büsch (Katholische Hochschule Mainz) und Herrn Prof. Dr. Michael Kerres (Universität Duisburg-Essen). Die zahlreichen Workshops vermittelten Einblicke in gelungene Schulprojekte und Schulpraxis. Für die Darstellung überzeugender Beispiele im Bereich „Digitale Medien als Beitrag zur Schulentwicklung" sei den Referentinnen und Referenten Herrn Richard Heinen (Universität Duisburg-Essen), Herrn Philipp Klein (Overberg-Kolleg in Münster) sowie Frau Julia Bernabéu Reetz und Frau Katja Krull (Neue Schule Wolfsburg) gedankt. Für die Workshops im Bereich „Digitale Medien als Beitrag zur Unterrichtsentwicklung" gebührt der Dank Frau Jenny Radzimski-Coltzau und Herrn Stefan Burghardt (Franz-Stock-Gymnasium Arnsberg) wie auch Herrn Benedikt Wisniewski und Herrn StD Markus Engl (Schulberatungsstelle Oberpfalz in Regensburg). Dank gilt auch Herrn Prof. Dr. Christian Spannagel (Pädagogische Hochschule Heidelberg), der uns einen sehr gut in den Tagungsband passenden Beitrag zum „flipped classroom" zur Verfügung gestellt hat. Im Bereich „Digitale Medien als pädagogische Herausforderung" haben Frau OStR' Barbara Buchalle und Frau Marita Niggemann-Werth (Fürstenberg-Gymnasium in Recke) sowie Herr Johannes Wentzel (Initiative Eltern+Medien/Medienberatung NRW) Workshops übernommen. Auch ihnen sei an dieser Stelle sehr herzlich gedankt.

Die Münsterschen Gespräche zur Pädagogik verstehen sich als Dialog von Wissenschaft und Praxis im Sinne einer Theorie-Praxis-Brücke. Dementsprechend sollen die Beiträge aus der Wissenschaft Anregungen für die Reflexion schulpraktischer Konzepte und pädagogischer Praxis liefern. Die Workshops zu innovativen Projekten aus der Schulpraxis sollen nicht nur den Vertreterinnen und Vertretern anderer Schulen Orientierung für die eigene Schul- und Unterrichtsentwicklung geben, sondern zugleich einen Beitrag zur Praxisorientierung des wissenschaftlichen Diskurses liefern. Wissenschaftlichen Referaten und praktischen Workshops ist dabei gemeinsam, dass sie einen relevanten Beitrag zur Diskussion über die Bewältigung zentraler Herausforderungen an Schule leisten möchten. Wir sind sicher, dass mit dem hier vorliegenden Band wichtige Impulse für die Schul- und Unterrichtsentwicklung im Zeitalter der Digitalisierung gegeben werden.

William Middendorf

Pädagogischer Mehrwert? Digitale Medien in Schule und Unterricht – eine Einführung

Begriffe wie Big Data, Industrie 4.0, e-government oder digitale Hochschullehre sind Hinweise auf eine fortschreitende Digitalisierung weiter Bereiche der Gesellschaft, die auch die Schule und die Bildungspolitik vor Herausforderungen stellt. Die Bildungspolitik hat hier im Jahr 2016 bemerkenswerte Positionierungen vorgenommen. So kündigte die Bundesministerin für Bildung und Forschung, Johanna Wanka, ein Programm[1] mit einem Volumen von 5 Mrd. Euro an, um die digitale Infrastruktur der rund 40.000 Schulen in Deutschland zu fördern. Die nordrhein-westfälische Landesregierung veröffentlichte ein Leitbild „Lernen im digitalen Wandel"[2] und die Kultusministerkonferenz beschloss am 8. Dezember 2016 ihre Strategie „Bildung in der digitalen Welt".[3]

Die Bildungspolitik hat also den grundsätzlichen Handlungsbedarf erkannt, der spätestens mit der Veröffentlichung der internationalen Vergleichsstudie ICILS[4] und den wenig überzeugenden Ergebnissen deutscher Schülerinnen und Schüler nicht mehr zu übersehen war.

Dabei ist für alle Akteure in der Bildungspolitik, der Schuladministration, der Lehrerbildung und den Schulen grundsätzlich klar, dass ein Lernen im digitalen Wandel nicht nur eine Frage der technischen Ausstattung ist, sondern auch der Entwicklung geeigneter Konzepte für den Einsatz digitaler Medien in Unterricht und Schule bedarf und zudem auf eine adäquate Lehreraus- und -weiterbildung angewiesen ist.

Den vielfältigen Beschreibungen von Defiziten in empirischen Studien und weiterer Literatur steht bislang keine überzeugende Konzeption für eine medienbezogene Weiterentwicklung von Schule und Unterricht in einer von Digitalisierung zunehmend geprägten Gesellschaft gegenüber. Für die allermeisten Verantwortlichen ist allerdings evident, dass weder unreflektierter Enthusiasmus noch bewahrpädagogische Konzepte[5] ein angemessener Umgang

---

1　Vgl. https://www.bmbf.de/de/sprung-nach-vorn-in-der-digitalen-bildung-3430.html [Abruf am 04.01.2017].
2　Vgl. https://www.schulministerium.nrw.de/docs/bp/Ministerium/Presse/Pressemitteilungen/2016_16_LegPer/PM201609281_Leitbild_Lernen_im_Digitalen_Wandel/pm_28_09_20161_Lernen-im-Digitalen-Wandel.pdf [Abruf am 04.01.2017].
3　https://www.kmk.org/fileadmin/Dateien/pdf/PresseUndAktuelles/2016/Bildung_digitale_Welt_Webversion.pdf [Abruf am 02.01.2017].
4　Vgl. Bos, W., Eickelmann, B., Gerick, J. et al. (Hrsg.). (2014). *ICILS 2013. Computer- und informationsbezogene Kompetenzen von Schülerinnen und Schülern in der 8. Jahrgangsstufe im internationalen Vergleich*. Münster: Waxmann.
5　Vgl. Röll, F. J. (2006). Methoden der Medienpädagogik. In J. Lauffer & R. Röllecke (Hrsg.), *Methoden und Konzepte medienpädagogischer Projekte* (Handbuch 1, S. 11–13).

mit den Herausforderungen sind, sondern – wie es Büsch in seinem Aufsatz in diesem Band ausführt – ein kritischer Optimismus im Sinne einer konstruktiv-reflektierten Haltung angezeigt ist.

Dagegen scheint schon ein Konsens für ein zeitgemäßes, den Trend der Digitalisierung reflektierendes Verständnis von Bildung kaum möglich. Begriffe wie „digitale Kompetenz" oder gar „digitale Bildung", von der selbst die Bundeszentrale für politische Bildung spricht,[6] verweisen auf eine problematische Abgrenzung, so als ob eine „digitale" von einer „analogen" Bildung zu unterscheiden sei. Ein solchermaßen enggeführtes Verständnis von Bildung verkennt, wie Kerres in seinem Beitrag für diesen Band hervorhebt, dass sich mit der Digitalisierung zwar der Modus der Informationsvermittlung maßgeblich ändere, weniger dagegen der Verstehensprozess der übermittelten Information. Kerres plädiert denn auch für eine „Bildung in einer durch digitale Technik geprägten Welt", die auf die Ausbildung individueller Persönlichkeit (Disposition) und die Fähigkeiten zur Bewältigung gesellschaftlicher Anforderungen (Transaktion), der Veränderung von Organisationen sowie der Erneuerung von Kultur (Transformation) zielt.

Die digitale Technik charakterisiert er nicht als zusätzlichen Kompetenzbereich, sondern versteht sie integrativ, insofern er ihr einen prägenden Einfluss auf andere, herkömmliche Kulturtechniken zuerkennt. Dabei sieht er den Erwerb von Medienkompetenz in erster Linie an „Domänen" gebunden und damit vorrangig im Unterricht der einzelnen Fächer verortet.

Nun umfasst (Medien-)Bildung nicht nur (Medien-)Kompetenzen. „Bildung ist das, was übrig bleibt, wenn man alles vergessen hat, was man gelernt hat."[7] Dementsprechend bezieht sich ein umfassendes Verständnis von Bildung nicht nur auf den Kompetenzerwerb bzw. -besitz, sondern auch auf die (Aus-)Bildung der Persönlichkeit. Dieser bereits in dem Aufsatz von Kerres erwähnte Aspekt von Bildung wird in dem Beitrag von Büsch im Hinblick auf die Haltung und ethische Verantwortung beim Umgang mit digitalen Medien akzentuiert. In Anlehnung an die päpstlich genehmigte Schrift „Communio et Progressio"[8] formuliert Büsch hier eine ethische Verantwortung der Kommunikatoren (sachgemäße Information), eine ethische Verantwortung der Rezipienten (richtige Deutung der durch Medien vermittelten Informationen),

---

Bielefeld: Gesellschaft für Medienpädagogik und Kommunikationskultur in der Bundesrepublik.
6   Vgl. https://www.bpb.de/lernen/digitale-bildung/ [Abruf am 01.01.2017].
7   Heisenberg, W. (1973). *Schritte über Grenzen. Gesammelte Reden und Aufsätze*, Rede zur 100-Jahrfeier des Max-Gymnasiums (S. 106). München: Piper.
8   Päpstliche Kommission für die Instrumente der sozialen Kommunikation, Pastoralinstruktion, Communio et Progressio, veröffentlicht im Auftrag des II. Vatikanischen ökumenischen Konzils, verfügbar unter: http://www.vatican.va/roman_curia/pontifical_councils/pccs/documents/rc_pc_pccs_doc_23051971_communio_ge.html [Abruf am 02.01.2017].

eine ethische Dimension von Inhalt und Form von Medien und eine Ethik der Kommunikationsprozesse (Achtung der Würde des Menschen).

Dementsprechend ist Medienbildung, zumal angesichts aktueller medienethischer Herausforderungen (z.B. Cyber-Mobbing oder Fake News), für Büsch immer auch Wertebildung.

Im Bereich der Schule stehen insbesondere Unterricht und Lernen unter dem Anspruch einer „Bildung in einer digital geprägten Welt" (Kerres). Zudem eröffnet die Digitalisierung noch näher zu beschreibende Möglichkeiten für die schulische Organisations- und Personalentwicklung.

Unterricht und Lernen im Kontext digitaler Medien

In Anlehnung an das KMK-Strategiepapier „Bildung in der digitalen Welt" vom 8. Dezember 2016 können für das schulische Handlungsfeld Unterricht folgende Bereiche unterschieden werden, in denen Schülerinnen und Schüler im Hinblick auf digitale Medien Kompetenzen erwerben sollen:
- Bereich 1: Wissen aneignen durch das Suchen, Verarbeiten und Speichern digitalisierter Informationen.
- Bereich 2: Kommunizieren und Kooperieren unter Nutzung informationstechnischer Systeme.
- Bereich 3: Mit Hilfe informationstechnischer Werkzeuge digitale Produkte herstellen und präsentieren.
- Bereich 4: Informationstechnische Werkzeuge zur Bewältigung von Anforderungen bedarfsgerecht einsetzen.
- Bereich 5: Den Gebrauch digitaler Medien in Gesellschaft und Wirtschaft analysieren und reflektieren.
- Bereich 6: Eine verantwortliche Haltung und ein rechtlich angemessenes Verhalten gegenüber schutzwürdigen Belangen bei der Nutzung informationstechnischer Systeme und Werkzeuge einnehmen.[9]

Mithilfe der im KMK-Papier konkretisierten Kompetenzen sollen junge Menschen nicht nur die Voraussetzungen erwerben, um digitale Medien zur Unterstützung von Lernprozessen im Fachunterricht einzusetzen, sondern auch, um Anforderungen im Zusammenhang mit der gesellschaftlichen Nutzung digitaler Medien wie etwa die angemessene Kommunikation in sozialen Netzwerken, die kritische Reflexion problematischer Entwicklungen in der Mediengesellschaft (z.B. Meinungsbeeinflussung durch Fake News oder Social Bots), die Gewährleistung von Datenschutz angesichts Big Data, die soziale

---

9 Vgl. Sekretariat der Kultusministerkonferenz (Hrsg.). (2016). *Bildung in der digitalen Welt* (S. 15–18). Berlin.

Teilhabe in einer von Digitalisierung geprägten Gesellschaft oder die Gestaltung von Transformationsprozessen in der Wirtschaft durch Digitalisierung (z.B. e-commerce, mobile banking, e-government) bewältigen zu können. Die Anforderungen sind also durchaus vielfältig.

Herzig unterscheidet in seinem Aufsatz in diesem Band zwischen didaktischen und pädagogischen Herausforderungen und demzufolge zwischen einem „Lernen in der digitalen Welt", einer „Erziehung in der digitalen Welt" und einer „Bildung in der digitalen Welt".

Für das Lernen stellt er in (medien-)didaktischer Hinsicht die lernförderlichen Potenziale digitaler Medien heraus, wozu er die Unabhängigkeit des Lernens von Zeit sowie Ort (des Speicherns) und Raum (des Lernenden), die Multicodalität und -modalität der Lernangebote, deren Adaptivität an die Lernvoraussetzungen des jeweiligen Lerners, die symbolische Manipulation von Lernobjekten (Simulationen, virtuelle Räume), das Feedback zum Lernen und die Anreicherung von Lernumgebungen etwa durch Animationen zählt. Die tatsächliche Lernwirksamkeit digitaler Medien ist für Herzig davon abhängig, inwieweit es gelingt, eine Passung zwischen „der sozialen Situierung des Lernprozesses und seiner personalen Begleitung, den spezifischen Merkmalen des jeweiligen Medienangebotes und den didaktischen Funktionen des Mediums herzustellen."

Aus medienpädagogischer Perspektive sollte das Lernen mit digitalen Medien insbesondere darauf abzielen, die „selbstregulativen Fähigkeiten der Schülerinnen und Schüler zur eigenständigen Planung und Gestaltung von Lernprozessen mit digitalen Medien innerhalb und außerhalb von Schule zu entwickeln."

Die „Erziehung in der digitalen Welt" umfasst für Herzig die erzieherischen Maßnahmen und Aktivitäten zur Vorbereitung des jungen Menschen auf eine medienbeeinflusste Gesellschaft und zur Entwicklung seiner Identität in einer solchen Gesellschaft, in der etwa der Umgang mit Selfies und in digitalen sozialen Netzwerken erhebliche Bedeutung für die Identitätsbildung ihrer Nutzer haben kann.

Während die „Erziehung in der digitalen Welt" auf das Verhältnis des einzelnen zu sich selbst und seiner Umwelt bezogen ist, richtet sich die „Bildung in der digitalen Welt" für Herzig auf den Erwerb solcher Kompetenzen, die für „sachgerechtes, selbstbestimmtes kreatives und sozial verantwortliches Handeln in der digitalen Welt" notwendig sind. Die erheblichen Herausforderungen für eine solche Medienbildung verdeutlicht er am Phänomen „Big Data", das für die Zugänglichkeit sehr großer Mengen personenbezogener und betrieblicher Daten insbesondere über das Internet und die Möglichkeit der algorithmengestützten Auswertung dieser Daten zwecks Bildung personenbezogener Profile und profilabhängiger Gruppierungen von Personen steht.

Nun stehen den Gefahren von Big Data auch Chancen wie etwa ein gezieltes Marketing für Unternehmen oder die Adressierung passgenauer Dienstleistungen für bestimmte Personengruppen gegenüber. Entsprechendes gilt für die Nutzung digitaler sozialer Netzwerke oder Blogs: Den Vorzügen erweiterter Möglichkeiten einer freien Meinungsäußerung stehen also die Gefahren der Desinformation und Manipulation gegenüber. Im Hinblick auf die Digitalisierung und die digitalen Medien lassen sich damit für die Ebene von Unterricht und Lernen, auf der sich immer auch Erziehungs- und Bildungsprozesse vollziehen, folgende Bereiche analytisch unterscheiden:
- der Bereich der informationstechnischen Kompetenzen, die als informatische Grundbildung erworben werden (etwa Hardwarekomponenten und deren Aufgaben, Grundfunktionen des Betriebssystems, Nutzung von Standardsoftware, Internet und Browser),
- der Bereich der didaktischen digitalen Medien, die der Unterstützung von Lernprozessen dienen,
- der Bereich der eigenen Nutzung von Informationstechnologien im Hinblick auf Kommunikation und Kooperation (Prägung sozialer und methodischer Kompetenzen) sowie Produktion und Präsentation (technische und gestalterische Kompetenz),
- der Bereich der Thematisierung von Anwendungen digitaler Medien im Fachunterricht, insofern diese Anwendungen in gesellschaftlichen oder beruflichen Handlungsfeldern fachdidaktisch begründete Unterrichtsgegenstände im Fachunterricht sind (z.B. im Sozialkundeunterricht der Wandel im Handel durch e-commerce),
- die reflektierte Auseinandersetzung mit den Möglichkeiten und Grenzen der Nutzung digitaler Medien insbesondere im Hinblick auf Belange des Datenschutzes, des Urheberrechts und des Rechts auf Meinungsäußerung,
- die Entwicklung einer verantwortlichen Haltung angesichts der Möglichkeiten und Gefahren der Nutzung digitaler Medien im Hinblick auf den sozialen Umgang und das Informationsverhalten in digitalen Netzwerken.

Infolge der zunehmenden Digitalisierung gesellschaftlicher Handlungsfelder haben digitale Medien damit einen im Vergleich zu herkömmlichen Medien deutlich gestiegenen medienpädagogischen und fachdidaktischen Stellenwert in der Schule. Beispiele für die Bewältigung entsprechender medienpädagogischer Aufgaben von Schule stellen die Aufsätze von Buchalle & Niggemann und der Beitrag über die „Initiative Eltern und Medien" vor. Der erste Aufsatz informiert über die Ausbildung von Schülerinnen und Schülern an der Fürstenbergschule, einem bischöflichen Gymnasium in Recke, zu Netzwerkscouts. Die Ausbildung bezieht sich insbesondere auf die Bereiche Erstellung von Profilbildern, Soziale Netzwerke, Cybermobbing und rechtliche Grundlagen und bereitet darauf vor,

Mitschülerinnen und Mitschüler im Sinne einer sicheren, kreativen und verantwortungsvollen Mediennutzung zu beraten.

Die „Initiative Eltern und Medien" stellt ein Angebot der Landesanstalt für Medien NRW vor. Angesichts potenzieller Gefährdungen durch Mediennutzung (z.B. Websites, mit denen verdeckt kommerzielle Interessen verfolgt werden, Gewalt verherrlicht wird oder Menschen diskriminiert werden)[10] und eines problematischen Medienverhaltens (etwa exzessive Mediennutzung, Cyber-Mobbing) eines nicht geringen Teils der Jugendlichen[11] fühlen sich viele Eltern bei der Wahrnehmung ihrer erzieherischen Verantwortung überfordert, so dass eine Zusammenarbeit von Schule und Eltern im Bereich der Medienpädagogik angezeigt ist.[12] Mit ihrem Angebot unterstützt die Landesanstalt für Medien NRW als schulischer Kooperationspartner Familien in der Medienerziehung und stärkt so die Erziehungspartnerschaft von Schule und Eltern.

Digitale Medien weisen zum anderen in mediendidaktischer Hinsicht gegenüber herkömmlichen didaktischen Medien ein erheblich erweitertes Potenzial auf. Im Sinne der Unterstützung von Lernprozessen können sie nicht nur alle Aufgaben traditioneller didaktischer Medien wie Komplexitätsreduktion oder Ersatz der realen Anschauung[13] übernehmen, sondern diese Aufgaben verbessern und erweitern, indem sie etwa (ein höheres Maß an) Adaptivität an Lernvoraussetzungen, Interaktivität entsprechend den Lernmöglichkeiten und -interessen, Zugänglichkeit von unterrichtsrelevanten Informations- und Wissensbeständen (Internet), Orts- und Zeitunabhängigkeit des Lernens oder lerndiagnostischer Unterstützung erlauben.

Beispiele für dieses erweiterte Potenzial werden in mehreren Aufsätzen für diesen Band vorgestellt. So stellt Klein die Lernplattform *schulbistum.de* des Bistums Münster für seine Schulen vor. Mit dieser Plattform verbinden sich nicht nur zusätzliche didaktische Möglichkeiten etwa hinsichtlich der Binnendifferenzierung von Unterricht, sondern zudem Potenziale für die Kollaboration der Lehrkräfte und damit auch für die systemische Unterrichtsentwicklung.

---

10 Vgl. Schaumburg, H. (2015). *Chancen und Risiken digitaler Medien in der Schule. Medienpädagogische und -didaktische Perspektiven* (S. 20). Hrsg. im Auftrag der Bertelsmann Stiftung. Gütersloh.
11 Vgl. Medienpädagogischer Forschungsverbund Südwest (Hrsg.). (2016). *JIM 2016. Jugend, Information, (Multi-)Media. Basisstudie zum Medienumgang 12- bis 19-Jähriger in Deutschland* (S. 49–53). Stuttgart: Medienpädagogischer Forschungsverbund Südwest.
12 Vgl. etwa Kammerl, R., Hirschhäuser, L., Rosenkranz, M. et al. (2012). *EXIF – Exzessive Internetnutzung in Familien. Zusammenhänge zwischen der exzessiven Computer- und Internetnutzung Jugendlicher und dem (medien-)erzieherischen Handeln in den Familien* (S. 21ff., 81ff. und 141ff.). Hrsg. vom Bundesministerium für Familie, Senioren, Frauen und Jugend. Berlin.
13 Zur herkömmlichen Mediendidaktik im „prädigitalen" Zeitalter vgl. Armbruster, B. & Hetkorn, O. (1978). *Allgemeine Mediendidaktik*. Hrsg. vom Kultusminister des Landes Nordrhein-Westfalen. Köln.

Spannagel stellt in seinem Beitrag für diesen Band den Ansatz des „flipped classroom" (auch „inverted classroom" genannt) vor, der die übliche Zuordnung von Instruktion/Erarbeitung (in der Schule) und Vertiefung/Übung (Hausarbeit) räumlich „umdreht".[14] Mithilfe von Lern- und Erklärvideos, die nicht nur beliebig oft wiederholbar, sondern im Idealfall auch noch niveaudifferenziert angelegt sind, erarbeiten sich Schülerinnen und Schüler zu Hause den Unterrichtsstoff, in der Schule stehen dann die Lehrkräfte beratend bei der Bearbeitung entsprechender Anwendungs- und Vertiefungsaufgaben zur Verfügung.

Soweit die Videos und andere Lernmaterialien didaktisch hochwertig sind,[15] führt ihr häuslicher Einsatz zu zusätzlicher unterrichtlicher Lernzeit, die für die Sicherung und Vertiefung der angestrebten Kompetenzen genutzt werden kann. Die praktische Umsetzung des Ansatzes „flipped classroom" wird durch die allgemeine Verfügbarkeit digitaler Technik erheblich vereinfacht: In technischer Hinsicht lassen sich die Videosequenzen mit dem Smartphone herstellen. Aus didaktischer Perspektive ist allerdings darauf zu achten, dass die häuslichen Lernphasen nicht zu reinen Inputphasen werden, die wenig Raum für individuelles und selbstgesteuertes Lernen lassen.

Für die Unterrichtsnachbereitung und insoweit didaktisch bedeutsam ist der Einsatz von Smartphones in Verbindung mit einer App, den Wisniewski und Engl in diesem Band vorstellen.

Mit dem Tool „FeedbackSchule" (Webanwendung und App) können Rückmeldungen zu Unterricht und anderen schulischen Aktivitäten schnell und komfortabel eingeholt und ausgewertet werden, da sich die Fragebögen am Computer erstellen und dann per App an die Endgeräte der Adressaten weiterleiten lassen.[16]

Eine curriculare und damit auch didaktische Frage ist, in welchem Unterrichtssetting die Schülerinnen und Schüler die informationstechnischen Kompetenzen erwerben sollen, die die Voraussetzung für eine sachgerechte Bearbeitung vieler medienpädagogisch oder mediendidaktisch bedeutsamer Aufgabenstellungen sind. Die Kultusministerkonferenz hat sich hier in ihrem jüngsten Strategiepapier festgelegt: Da die für ein Leben in „der digitalen Welt" benötigten Kompetenzen über eine informatorische Grundbildung hinausgingen und alle Unterrichtsfächer beträfen, müsse dieser Kompetenzerwerb „integraler Teil der Fachcurricula aller Fächer" sein.[17] Auch Kerres plädiert in die-

---

14 Der Ansatz „flipped classroom" wurde ursprünglich für die Hochschullehre entwickelt. Vgl. hierzu Weidlich, J. & Spannagel, C. (2014). Die Vorbereitungsphase im Flipped Classroom. Vorlesungsvideos versus Aufgaben. In K. Rummler, *Lernräume gestalten – Bildungskontexte vielfältig denken* (S. 237–248). Münster: Waxmann.
15 Praktische Beispiele für Erklär- und Lernvideos finden sich u.a. auf folgenden Websites: http://www.180grad-flip.de, http://www.fliptheclassroom.de, https://de.khanacademy.org und https://www.khanacademy.org [Abruf am 04.01.2017].
16 Vgl. hierzu auch https://www.feedbackschule.de/ [Abruf am 02.01.2017].
17 Vgl. Kultusministerkonferenz (Hrsg.), a.a.O., S. 11f.

sem Band dafür, angesichts der Herausforderungen der Digitalisierung und ihrer Durchdringung bisheriger Bereiche kein eigenständiges Fach einzurichten, da sonst die Gefahr bestehe, dass „auf diese Weise das Thema Digitalisierung in Randbereiche abgeschoben" werde. Zudem sei die Fähigkeit zur Nutzung digitaler Medien immer „an inhaltliche Domänen gebunden", weshalb sich entsprechende Kompetenzen nicht jenseits dieser spezifischen Kontexte einüben ließen.

Demgegenüber unterscheidet der Fachbereich „Informatik und Ausbildung/Didaktik der Informatik" der Gesellschaft für Informatik zwischen der Anwendung von Informatiksystemen als Unterrichtsmittel in allen Fächern einerseits und dem Erwerb informatischer Kompetenzen andererseits. Der Erwerb informatischer Kompetenzen in einem eigenständigen Fach biete die Möglichkeit, entsprechende fachliche Konzepte zu systematisieren und zu strukturieren.[18]

Für einen eigenständigen Lernbereich hatten bereits am 07.03.2016 Experten aus der Informatik und ihrer Didaktik, der Medienpädagogik, der Wirtschaft und der Schulpraxis in der sog. Dagstuhl-Erklärung plädiert.[19]

Die bisherigen Erfahrungen mit einseitigen Lösungen, also den Kompetenzerwerb entweder ausschließlich in einem eigenständigen Lernbereich oder nur als fächerintegrativen Ansatz zu organisieren, haben in der Praxis bislang offenbar keine überzeugenden Ergebnisse hervorgebracht. Es bleibt abzuwarten, ob sich mit einer höheren curricularen Verbindlichkeit auch bessere Lernergebnisse erzielen lassen.[20]

Digitale Medien und das Potenzial für die Schulentwicklung

Wenn die Digitalisierung weite Bereiche des gesellschaftlichen und beruflichen Lebens erfasst, dann stellt sich die Frage nach dem Potenzial der Digitalisierung nicht nur für den schulischen Unterricht, sondern für die gesellschaftliche Bildungsinstitution Schule, also die gesamte Schulentwicklung, wie Herzig in diesem Band unter Hinweis auf die grundlegende gesellschaftliche Transformation infolge der Digitalisierung und Mediatisierung hervorhebt.

---

18 Vgl. Fachbereich „Informatik und Ausbildung/Didaktik der Informatik" der Gesellschaft für Informatik e.V. (Hrsg.). (2016). Stellungnahme zum KMK-Strategiepapier „Bildung in der digitalen Welt", S. 8; verfügbar unter: https://fb-iad.gi.de/fileadmin/stellungnahmen/gi-fbiad-stellungnahme-kmk-strategie-digitale-bildung.pdf [Abruf am 04.01.2017].
19 Vgl. Dagstuhl-Erklärung: Bildung in der digitalen vernetzten Welt, Nr. 4; verfügbar unter: https://www.gi.de/aktuelles/meldungen/detailansicht/article/dagstuhl-erklaerung-bildung-in-der-digitalen-vernetzten-welt.html [Abruf am 01.01.2017].
20 In den meisten Bundesländern, wie etwa in Nordrhein-Westfalen, wird schulische Medienbildung fächerintegrativ verstanden, bislang mit mäßigem Erfolg. Die internationale Vergleichsstudie ICILS weist hier für deutsche Schüler/innen ein deutlich unter dem Durchschnitt liegendes Niveau an computer- und informationsbezogenen Kompetenzen aus. Vgl. Bos, W., Eickelmann, B., Gerick, J. et al. (Hrsg.), a.a.O., S. 126, S. 131.

Ein Raster für die Gestaltung eines Schulentwicklungsprozesses unter besonderer Berücksichtigung des BYOD-Ansatzes hat Heinen in seinem Aufsatz für diesen Band entwickelt.[21] Danach sollte die medienbezogene Unterrichtsentwicklung auf der Basis eines konkreten schulischen Medienkonzepts und hieran anknüpfender von den schulischen Fachschaften zu entwickelnder medienbezogener Fachcurricula stattfinden. Über Schulleitung und Steuergruppen soll die Erprobung „neuer Szenarien" zur Förderung von Medienkompetenz systematisch unterstützt und koordiniert werden. Durch ein abgestimmtes System der schulinternen und schulexternen Fortbildung werden Erkenntnisse und Erfahrungen erworben und ausgetauscht. Kommunikation und Kollaboration werden durch die Einrichtung eines digitalen Lernmanagementsystems (Lernplattform) abgebildet und unterstützt, wobei unter Einsatz dieser Plattform auch der Austausch mit Schülerinnen und Schülern sowie Eltern zu organisieren ist.

Ein konkretes Praxisbeispiel für eine medienbezogene Schulentwicklung stellen Radzimski-Coltzau & Burghardt – ebenfalls unter Beachtung des BYOD-Ansatzes – in ihrem Beitrag vor. Dabei setzen die Lernenden ihre eigenen Geräte nicht nur als Mittel der Recherche, Dokumentation oder Präsentation ein, sondern sie rezipieren und produzieren damit auch Lernvideos. Die verschiedenen Bereiche der zu fördernden Medienkompetenz werden den unterschiedlichen Unterrichtsfächern zugeordnet, so dass einzelne Fächer „entsprechend ihrer Lehr- und Lerninhalte Leitungsfunktionen bei der Ausbildung der verschiedenen Aspekte von Medienkompetenz" wahrnehmen können.

Digitalisierung und digitale Medien prägen so nicht nur den einzelnen Unterricht, sondern überdies die systemische Unterrichtsentwicklung sowie organisatorische Strukturen und Abläufe in Schule. Und auch die schulische Personalentwicklung muss sich medienbezogenen Anforderungen stellen, die sich etwa in Form von schulinternen Fortbildungen auf die Bereiche der Mediendidaktik, der Medienpädagogik und in diesem Kontext zudem der Medienethik beziehen und damit die Professionalität sowohl in fachlicher Hinsicht wie auch als Person betreffen.

Hier sind nicht nur die Schulen gefordert. Diese benötigen die materielle Förderung ihrer Schulträger und die konzeptionelle sowie personelle Unterstützung der Schulaufsicht bzw. des Landes. Für die materielle Förderung, soweit sie sich auf die digitale Infrastruktur bezieht, besteht unter Hinweis auf das bereits erwähnte Unterstützungsprogramm der Bundesbildungsministerin Hoffnung. Hinsichtlich der konzeptionellen und personellen Unterstützung gehen die Länder bislang eigene Wege, wie der weitere Beitrag des Autors in diesem Band zeigt. Das o.g. KMK-Strategiepapier vom 08.12.2016 könn-

---

21 BYOD steht als Abkürzung für „Bring Your Own Device" und ist ein Ansatz, in der Schule die Medienkompetenz der Schülerinnen und Schüler unter Einsatz der eigenen Endgeräte (Smartphones, Tablets) zu fördern.

te der Auftakt für eine abgestimmte Entwicklung in den Schulen sein, die dem Potenzial, aber auch den Grenzen von Digitalisierung und digitalen Medien für die Schulentwicklung Rechnung trägt.

Perspektiven und Desiderate

Die bereits erwähnten Erklärungen der Bundesbildungsministerin, der Kultusministerkonferenz und der NRW-Landesregierung des Jahres 2016 zeigen, dass die mit der Digitalisierung verbundene Herausforderung zumindest für die Unterrichtsentwicklung erkannt worden ist. Praktische Beispiele, wie sie z.B. in diesem Band dargestellt werden, belegen, dass die intendierten Entwicklungen möglich sind und exemplarisch schon erfolgen.

Allerdings kann von einer systematisch angelegten flächendeckenden Entwicklung noch keine Rede sein. Die digitale Infrastruktur deutscher Schulen ist im internationalen Vergleich ebenso wie das Kompetenzniveau deutscher Schülerinnen und Schüler im Bereich der informationstechnischen Anwendung entwicklungsbedürftig.[22] Und auch das soziale Herkunftsmilieu (Bildungsferne, Migrationshintergrund) hat signifikanten und vergleichsweise hohen (nachteiligen) Einfluss.[23]

Zugleich bemängeln die Lehrkräfte, dass die Lehrerbildung zu wenig zur Auseinandersetzung mit didaktischen und methodischen Fragestellungen des Einsatzes digitaler Medien anrege.[24]

So kann kaum überraschen, dass Lehrkräfte nicht in einem angemessenen Maße über professionelle Kompetenzen zum lernförderlichen Einsatz digitaler Medien im Unterricht verfügen.[25]

Damit sich hier die Perspektiven aufhellen, müssen einige Desiderate erfüllt werden. Zum einen müssen den politischen Ankündigungen zur Verbesserung der digitalen Infrastruktur der Schulen entsprechende Taten folgen. Die technische Ausstattung wird indes wenig Effekte zeigen, wenn die mediendidaktischen und -pädagogischen Konzepte fehlen. Hier stellen sich Entwicklungsaufgaben für die einzelne Schule und ihre Fachschaften, aber auch auf schulübergreifender Ebene. Insbesondere die Landesinstitute sollten hier durch die Entwicklung von Rahmenkonzepten und fachcurricularen und -didaktischen Musterbeispielen Anregungen und Impulse für die konkrete Unterrichts- und Schulentwicklung zur Verfügung stellen. Zudem sind die Aktivitäten zur Erstellung digitaler

---

22 Vgl. Bos, W., Eickelmann, B., Gerick, J. et al. (Hrsg.), a.a.O., S. 204ff. und 231ff.
23 Vgl. ebd., S. 265ff.
24 Vgl. Bos, W., Lorenz, R., Endberg, M. et al. (Hrsg.). (2016). *Schule digital – der Länderindikator 2016. Kompetenzen von Lehrpersonen der Sekundarstufe I im Umgang mit digitalen Medien im Bundesländervergleich* (S. 173). Münster: Waxmann.
25 Vgl. ebd., S. 205.

Schulbücher zu verstärken. Mit dem mBook (Geschichte) und dem BioBook (Biologie) werden in Nordrhein-Westfalen zwei Prototypen digitaler Schulbücher entwickelt und erprobt.[26] Die Entwicklung solcher mit vielfältigen Animationen angereicherten digitalen Schulbücher erfordert einen erheblichen personellen und finanziellen Aufwand, während die anschließende Vervielfältigung und Distribution technisch-praktisch ohne größeren zusätzlichen Aufwand möglich sind. Hier müssen die bisherigen sich noch am herkömmlichen Schulbuch orientierenden Regelungen zur Beschaffung und Finanzierung schulischer Lehr- und Lernmittel so weiterentwickelt bzw. modifiziert werden, dass die Entwicklung digitaler Lehr- und Lernmittel für die Schulbuchverlage attraktiv wird.

Erhebliche Anforderungen kommen auf die Lehrerausbildung in beiden Phasen wie auch auf die Lehrerweiterbildung zu. Weder die universitäre Schulpädagogik noch die universitäre Fachdidaktik haben bislang – von löblichen Einzelfällen abgesehen – die Medienbildung angehender Lehrkräfte als eine zentrale Aufgabe erkannt.

Schließlich müssen im Zeitalter der digitalen (horizontalen) Vernetzung viele Lehrkräfte selbst von lang praktizierten Verhaltensweisen und mitunter auch Haltungen Abstand nehmen: Die Kooperation der Lehrkräfte gerade im Hinblick auf die schulische Medienbildung ist erheblich zu intensivieren, sowohl hinsichtlich der Kooperation über schulische Lernplattformen (u.a. Ablage und Austausch von digitalen Materialien) als auch über gegenseitige Unterrichtshospitationen zum Einsatz digitaler Medien im Unterricht.[27] Gelingensbedingung ist allerdings, dass hierfür die notwendigen schulischen Voraussetzungen (Zeit und Ressourcen) gegeben sind.

---

26 Vgl. http://www.medienberatung.schulministerium.nrw.de/Medienberatung/Lernmittel/Digitale-Schulb%C3%BCcher/ [Abruf am 03.01.2016].
27 Vgl. ebd., S. 258–261.

**Digitale Medien in Schule und Unterricht:
Systematische Perspektiven**

Bardo Herzig

Digitalisierung und Mediatisierung – didaktische und pädagogische Herausforderungen

1. Ausgangslage

Digitale Medien sind heute ein selbstverständlicher Bestandteil der Lebenswelt von Kindern und Jugendlichen (vgl. MPFS, 2015). Die Allgegenwart von Medien, ihre Verwobenheit mit unserem Alltag, die zunehmende Selbstverständlichkeit von medienvermittelter interpersonaler Kommunikation oder die Vermischung von Kommunikationsformen sind nur einzelne Merkmale eines Prozesses, der sich als Mediatisierung bezeichnen lässt (vgl. Krotz, 2012, S. 45) und mit einem Wandel von sozialen Praktiken, von Kommunikation und sozialen Beziehungen ebenso wie mit institutionellen und – auf der Makroebene – gesellschaftlichen und kulturellen Veränderungen verbunden ist (vgl. ebd., S. 37).

Wenn auch „die Durchdringung unserer Handlungsmuster aus erlernten Interaktionsensembles mit Kommunikationstechnologien und die Verschmelzung unseres Denkens mit medialen Codes und Zeichen ... zu einem Grad von Mediatisierung [führt], der kaum noch Raum für medien- und kommunikationsfreie Räume lässt" (Steinmaurer, 2016, S. 16), so muss für die Schule doch darauf hingewiesen werden, dass dieser Bereich den gesamtgesellschaftlichen Entwicklungen hinterherläuft und noch nicht als mediatisiert gelten kann. In der Schule ist die Nutzung digitaler Medien weit weniger verbreitet und findet nur selten regelmäßig statt (vgl. BITKOM, 2015; Eickelmann, Schaumburg, Drossel & Lorenz, 2014). Gleichwohl wird bildungspolitisch die schulische Auseinandersetzung mit digitalen Medien an vielen Stellen gefordert (vgl. KMK, 2012; BMWi/BMI/BMVI, 2014; Deutscher Bundestag, 2015; KMK, 2012; 2016), nicht zuletzt auch vor dem Hintergrund des nicht zufriedenstellenden Abschneidens deutscher Schülerinnen und Schüler in internationalen Vergleichsstudien (vgl. Bos, Eickelmann & Gerick, 2015). Forderungen nach einer Stärkung von Medienkompetenz bzw. von Medienbildung sind dabei sowohl auf die Nutzung von Medien zur Unterstützung von Lernprozessen (mediendidaktische Perspektive) als auch auf die Thematisierung von Medien als Gegenstand von Unterricht (medienerzieherische Perspektive) gerichtet (vgl. Tulodziecki et al., 2010).

Neben der Mediatisierung durchzieht der Begriff der Digitalisierung die öffentliche und fachbezogene Diskussion. Im engeren Sinne bezeichnet die Digitalisierung dabei zunächst den technischen Prozess der Wandlung von analogen in digitale Signale mit dem Zweck der Speicherung und (Weiter-)

Verarbeitung (vgl. z.B. Müller, 2015). Damit sind auch Prozesse der Modellierung, der Formalisierung oder der Maschinisierbarkeit verbunden (vgl. z.B. Herzig, 2012, S. 118ff.; S. 164ff.). In einem weiter gefassten Kontext wird Digitalisierung aber als Sammelbegriff für weitreichende Veränderungen insbesondere in Gesellschaft und Wirtschaft verwendet, etwa im Zusammenhang mit mobilen Technologien, sozialen Medien, Analytics und Big Data, Cloud-Computing-Technologien, dem Internet of Things oder der Industrie 4.0. (vgl. z.B. Châlons & Dufft, 2016, S. 28ff.). Hier müsste streng genommen neben Digitalisierung auch auf Automatisierung und Vernetzung als weitere Bausteine verwiesen werden (vgl. Döbeli Honegger, 2016, S. 160ff.). Daran zeigt sich schon, dass es sich nicht in allen Fällen um – zur Mediatisierung – trennscharfe Phänomene handelt. Wenn sich auch faktisch die Mediatisierung in schulischen Kontexten noch nicht widerspiegelt, so werden dennoch hohe Potenziale und Erwartungen für den Bildungsbereich postuliert (vgl. z.B. Dräger & Müller-Eiselt, 2015).

Im vorliegenden Beitrag werden digitale Medien aus einer didaktischen und einer pädagogischen Perspektive als Herausforderung für Lernen, Erziehung und Bildung diskutiert. Dazu werden – im Anschluss an die einführenden Überlegungen – zunächst Anforderungen an eine schulische Medienbildung im Sinne eines orientierenden Rahmens dargelegt. Anschließend werden spezifische Merkmale digitaler Medien herausgearbeitet. Von diesen Anforderungen ausgehend, werden die genannten Herausforderungen in den Bereichen Lernen, Erziehung und Bildung an drei Beispielen konkretisiert und übergreifend in Bezug auf (bildungspolitische) Konsequenzen reflektiert.

2. Schulische Medienbildung in der digitalen Welt

Mit der Entwicklung der Medienlandschaft wird auch die Institution Schule in ihrem Selbstverständnis grundsätzlich in Frage gestellt. Die Gründung von Schulen war ursprünglich u.a. mit dem Ziel verbunden, subsidiär die Funktionen zu übernehmen, die andere gesellschaftliche Institutionen – insbesondere die Familien – nicht mehr imstande zu leisten waren (vgl. Blömeke, Herzig, Tulodziecki, 2007, S. 55ff.). Kinder und Jugendliche werden an einem Ort versammelt, der nicht nur lokal begrenzt ist, sondern der auch durch seine Aufgaben Grenzziehungen vornimmt: Die Vermittlung von Kulturtechniken, die Sozialisation im Hinblick auf gesellschaftliche Werte und Normen und die Selektion in Bezug auf weiterführende Entwicklungsmöglichkeiten oder die Besetzung gesellschaftlich relevanter Positionen werden zu klar definierten Zielen einer Institution, die sich damit deutlich von anderen gesellschaftlichen Einrichtungen abgrenzen kann. Diederich und Tenorth bezeichnen diese Prozesse als Trennung von Schule und Leben durch Isolierung der Kinder von vielen Lebenszusammenhängen und den zeitweiligen Entzug der Kinder aus dem Einfluss der Familie (vgl. Diederich & Tenorth, 1997, S. 18). Grenzziehungen durch die Institution Schule werden durch räumliche Trennung, soziale Separierung, professionelle Betreuung, thematische Konzentration und eine eigene Form der Kommunikation markiert (vgl. ebd., S. 23). Diese Prozesse der Begrenzung werden durch die Mediatisierung bzw. die Digitalisierung allerdings zunehmend durch gegenläufige Prozesse der Entgrenzung aufgehoben. Als spezifische Indikatoren für Entgrenzung nennt Voß (2004) die Durchmischung von Orten, den wechselseitigen Gebrauch von Arbeitsmitteln und den bereichsspezifischen Transfer von Kompetenzen. Bezieht man diese auf Schule, so geht es um die zunehmende Verwischung der Grenzen zwischen schulischen und außerschulischen Kontexten, die Nutzung von Medien und Medienangeboten im formalen und im informellen Kontext und um den Erwerb und den Einsatz von medienbezogenen Kompetenzen innerhalb und außerhalb von Schule. Man könnte auch kurz formulieren: Schule hat ihr Informations- und Bildungsmonopol verloren (vgl. z.B. Seitz, 2007, S. 85). Räumliche Begrenzung, fachsystematische Strukturierung von Lehr- und Lernsituationen, zeitliche Bindung und soziale Begrenzungen auf Seiten der Schule stehen einer ubiquitären, vernetzten, ‚zeitlosen' Medienwelt gegenüber.

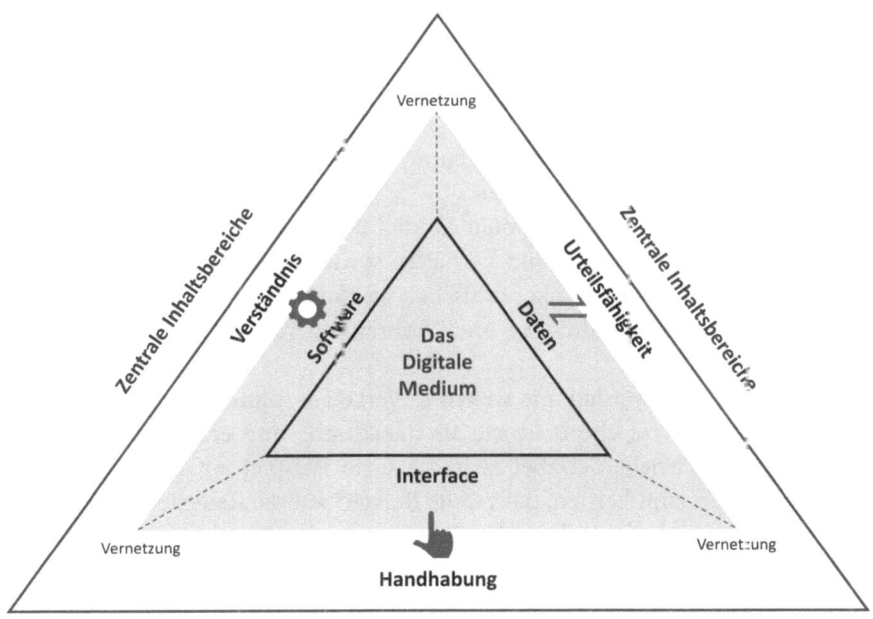

Darstellung 1: Perspektiven von Medienbildung

Schule steht in der Verantwortung, Kindern und Jugendlichen den Erwerb von Kompetenzen für ein sachgerechtes, selbstbestimmtes, kreatives und sozialverantwortliches Handeln in der digitalen Welt zu ermöglichen (vgl. Tulodziecki et al., 2010, S. 67ff.). Dabei handelt es sich – sowohl im Sinne der Rezeption als auch der aktiven Gestaltung – zunächst um grundlegende Kompetenzen in der Handhabung von Medienangeboten (als elementare Handhabungs- und Nutzungsformen) für Information und Lernen, Problembearbeitung und Erkenntnisgewinn sowie Unterhaltung und Spiel (als grundlegende Handlungs- und Interaktionsfelder). Für eine auf Selbstbestimmung, Partizipation und soziale Verantwortung zielende Bildung ist dies allerdings nicht hinreichend. Neben einer sachgerechten und zielführenden Nutzung und Handhabung ist einerseits ein grundlegendes Verständnis von digitalen Medien als Software und damit verbundener Prozesse der Formalisierung, Algorithmisierung, Berechenbarkeit und maschinellen Verarbeitung und andererseits ein kritisches Urteilsvermögen in Bezug auf die Einflüsse und Auswirkungen der Erzeugung, Analyse und Verarbeitung von Daten erforderlich (vgl. Darst. 3; vgl. dazu auch das „Dagstuhl-Dreieck", GI 2016).

Medienbildung sollte die genannten Dimensionen der elementaren Nutzungs- und Handhabungsformen sowie der Handlungs- und Interaktionsfelder umfassen und dabei auf Kenntnisse, Verstehen, Anwendungs- und Urteilsfähigkeit in zentralen Inhaltsbereichen zielen:

- Vielfalt, Struktur und Zugänglichkeit von Medienangeboten und Informatiksystemen,
- Möglichkeiten der Gestaltung von Medienangeboten und Interaktionsformen,
- Prozesse der (maschinellen) Erzeugung, Verarbeitung, Verbreitung und Auswertung von Zeichen bzw. Daten,
- Einflüsse von Medienangeboten und Informatiksystemen auf Realitätsvorstellungen, Emotionen und Verhalten sowie auf gesellschaftliche Prozesse,
- technische, rechtliche, ökonomische, personelle und institutionalisierte Bedingungen der Produktion und Verbreitung von Medienangeboten und Informatiksystemen.

Für diese Bereiche werden im weiteren Verlauf – ohne Anspruch auf Vollständigkeit – drei typische Beispiele als didaktische und erzieherische Herausforderungen beschrieben. Dabei zielt das erste Beispiel auf die Nutzung von digitalen Medien zum Lernen, das zweite Beispiel auf die Reflexion des individuellen Medienhandelns und das dritte Beispiel auf die Auswirkungen von digitalen Medien und Informatiksystemen auf Individuum und Gesellschaft.

Die spezifischen Herausforderungen ergeben sich aus den besonderen Eigenschaften digitaler Medien, die nachfolgend zunächst diskutiert werden.

3. Digitale Medien

Aus einer pädagogischen Perspektive kann der Medienbegriff über die (Erfahrungs-)Formen, in denen wir mit unserer Umwelt in Kontakt treten, entwickelt werden. Unterscheiden lassen sich reale Begegnungen mit Sachverhalten oder Personen, modellhafte Formen (z.B. ein Modell einer technischen Anlage), abbildhafte Formen (z.B. Fotos, Filme oder animierte Darstellungen) und symbolische Formen (z.B. gesprochene Sprache oder schriftliche Texte). Da diese Erfahrungsformen in gewisser Weise einen vermittelnden Charakter haben, werden sie manchmal schon selbst als Medien bezeichnet. Für die Medienpädagogik erscheint es aber zweckmäßiger, den Medienbegriff auf technisch vermittelte Erfahrungsformen einzugrenzen (vgl. Tulodziecki et al., 2010, S. 27ff.). Dies eröffnet in besonderer Weise die Möglichkeit, die Merkmale technisch vermittelter Erfahrungen und Inhalte zu untersuchen und wissenschaftliche Aussagen dazu zu formulieren. Beispiele für Medien in diesem Verständnis sind Buch, Zeitung, Film und Fernsehen, Radio, Video sowie Computer und Internet. Die Erfahrungsformen sind damit auf abbildhafte und symbolische Formen eingeschränkt und beruhen auf Zeichengebrauch. Allerdings ist beispielsweise ein Buch als bloßer Gegenstand noch kein Medium, sondern wird erst durch die kommunikationsbezogene Absicht und Nutzung bzw. durch die kommunikativen Zusammenhänge, in denen es steht, zu einem Medium. Dies bedeutet, dass der Medienbegriff sowohl die technischen Geräte bzw. Einrichtungen zur Übertragung, Speicherung, Wiedergabe oder Verarbeitung von Zeichen als auch die dazugehörigen Materialien bzw. die Software sowie deren funktionales Zusammenwirken bei der Kommunikation umfasst (vgl. ebd., S. 32). Medien können somit als Mittler verstanden werden, durch die in kommunikativen Zusammenhängen (potenzielle) Zeichen mit technischer Unterstützung übertragen, gespeichert, wiedergegeben oder verarbeitet und in abbildhafter oder symbolischer Form präsentiert werden.

Ein solcher Medienbegriff rekurriert also nicht nur auf das Artefakt als Gegenstand, auf die vermittelnde Funktion und die kommunikative Situation, sondern auch auf die Bedeutung der technischen Bedingtheit dessen, was sich uns als Medienangebot zeichenbasiert offeriert (oder wir selbst als solches gestalten). Auf die besonderen Eigenschaften digitaler Medien wird in der genannten Definition mit der Funktion der Verarbeitung von Zeichen hingewiesen (zur Präzisierung der Sprechweise der Zeichenverarbeitung vgl. Herzig, 2012, S. 102ff.). Digitale, d.h. computerbasierte, Medien weisen das Alleinstellungsmerkmal auf, Zeichen prozessieren und verarbeiten zu können – sie beruhen auf Rechenmaschinen, die Gegenstand der Informatik sind. Dies müsste definitorisch keine Berücksichtigung finden, wenn die technische Basis digitaler Medien für pädagogische Fragen nicht relevant wäre, d.h. wenn die (medien-)pädagogische Auseinandersetzung sich auf die wahrnehmbaren Oberflächenphänomene des Artefakts beschränken könnte. Gerade dies ist aber nicht der Fall – die Prozesse ‚hinter dem Interface' sind im Kontext von Medienbildung bedeutsam, weil eine kompetente und selbstbestimmte Nutzung digitaler Medien ohne Verständnis dieser Prozesse nicht möglich ist. Umgekehrt müsste der Computer als Medium keine Berücksichtigung finden, wenn es nur um die zeichenverarbeitende Funktion ginge und der Computer in der Interaktion und Kommunikation des Menschen mit der (Um-)Welt keine Rolle spielte. Auch dies ist gerade nicht der Fall, weil digitale Medien integraler Bestandteil unserer Lebenswelt sind.

Die hier vorgeschlagene Definition beinhaltet Setzungen, die grundsätzlich auch anders erfolgen könnten, aber als solche nicht vermeidbar sind. Auf die Unmöglichkeit, eine ‚bündige Antwort' zu finden und auf die mit einer Definition verbundenen vielfältigen inneren Spannungen, denen insbesondere vielschichtige Mediendefinitionen aufgrund unterschiedlicher Theoriebezüge unterliegen, weist auch Winkler hin (vgl. Winkler, 2004, S. 9). In seinem eigenen – medienwissenschaftlich motivierten – weiten Definitionsvorschlag sieht er Medien als Maschinen gesellschaftlicher Vernetzung (Kommunikation), die zeichenbasiert symbolisches Probehandeln ermöglichen, dem Kommunizierten (Inhalt) eine Form auferlegen, auf Technik(en) und Praxen angewiesen sind, Raum und Zeit überwinden und aufgrund selbstverständlicher Nutzung tendenziell unsichtbar(er) werden (vgl. ebd., S. 10ff.). Zur hier skizzierten Definition zeigen sich viele Anschlüsse, wenngleich unter den Medienbegriff von Winkler aufgrund eines Körpertechniken einschließenden Technikbegriffs auch körperliche Medien, z.B. Sprache oder Tanz, fallen. Ebenfalls anschlussfähig zeigen sich die o.g. Überlegungen zum Medienbegriff an die Auffassung von Krotz, der Medien über situative und strukturelle Merkmale beschreibt (vgl. Krotz, 2012, S. 42ff.). In situativer Hinsicht sind Medien demnach zunächst Erlebnisräume (Rezeption) und Inszenierungsapparate mit je eigenständigen Kodier- und Produktionsweisen (Produktion). In struktureller Hinsicht sind Medien zum einen durch unterschiedliche Techniken bestimmt und stellen zum anderen auch soziale Institutionen dar. In dieser vierfachen Bestimmtheit ermöglichen und modifizieren sie Kommunikation.

Mit Bezug auf die eingeführte Definition lassen sich – ausgehend von der Schnittstelle, über die die Interaktion stattfindet (das sogenannte Interface, z.B. der Touchscreen eines Tablets) – digitale Medien mit Hilfe verschiedener Merkmale beschreiben, durch die gleichzeitig spezifische Potenziale einzelner Angebote bestimmt werden. Zu diesen Merkmalen zählen die Codierungsarten, die durch das Medium angesprochenen Sinnesmodalitäten, die Darstellungsformen, die Ablaufstrukturen und die Steuerungsarten:

- Die durch ein Medium technisch unterstützten symbolischen und abbildhaften Erfahrungsformen werden auch als Codierungsarten bezeichnet und stellen – im Hinblick auf die mit dem Medium möglichen Lernaktivitäten –

Digitalisierung und Mediatisierung – didaktische und pädagogische Herausforderungen

ein zentrales Merkmal dar (vgl. Tulodziecki et al., 2010, S. 32 ff.). Sie lassen sich in abbildhafte (objektgetreue und schematische bzw. typisierende) und symbolische (verbale und nichtverbale) Codierungen unterscheiden.
- Neben diesen Codierungsarten sind die durch das Medienangebot angesprochenen Sinnesmodalitäten bedeutsam. Dazu zählen die auditive und visuelle Modalität (oder Kombinationen davon). Darüber hinaus können der Bewegungssinn und der Tast- oder Berührungssinn relevant sein.
- Durch die Verbindung von Codierungsarten und Sinnesmodalitäten ergeben sich bestimmte Darstellungsformen, z.B. statische grafische Darstellungen, Animationen, aufgezeichnete Originaltöne, Fotos, Filme, nichtverbale optische Symbole (Icons) usw., die ihrerseits unter Verwendung spezifischer Gestaltungstechniken erstellt werden (vgl. Darst. 2).

Codierungsart		Sinnesmodalität auditiv	visuell statisch	visuell dynamisch
abbildhaft / ikonisch	objektgetreu	aufgezeichneter Originalton	Bild/ Fotografie	Stummfilm
	schematisch bzw. typisierend	aufgezeichnete künstlich erzeugte akustische Nachbildung	grafische Darstellung	Zeichentrick/ Animation (ohne Ton)
symbolisch	verbal	aufgezeichneter gesprochener verbaler Text	schriftlicher Text	Laufschrift
	nicht-verbal	aufgezeichnetes nicht-verbales akustisches Symbol	nicht-verbales optisches Symbol	bewegtes optisches Symbol

Digitales Medium (z.B. Tablet, Smartphone, ...)

Steuerungsarten (mit zus. sensorischen Sinnen: - Tastsinn - Bewegungssinn):
- mechanische Steuerung
- Bewegungssteuerung
- Berührungssteuerung
- Sprachsteuerung
- Gestensteuerung

(weitere Merkmale: Ablaufstrukturen, Gestaltungstechniken, Gestaltungsformen)

Darstellung 2: Darstellungsformen und Steuerungsarten digitaler Medien

- Ein weiteres wichtiges Merkmal zur Beschreibung von Medien(-angeboten) stellen die *Ablaufstrukturen* dar. Während beispielsweise eine Präsentationsfolie ruhend bzw. punktuell präsentiert wird, haben Film und Hörspiel oder Animationen eine lineare Ablaufstruktur, wobei der Nutzer den Ablauf durch Start und Stopp, durch Vor- und Rücklauf steuern kann. Durch die digitalen Medien sind neue Ablaufstrukturen hinzugekommen, z.B. adaptive und responsive. Adaptive Ablaufstrukturen sind dadurch gekennzeichnet, dass die Darbietung, z.B. bei einer Lern-App, auf Grund vorheriger Eingaben oder Aufgabenlösungen der Nutzerin oder des Nutzers vom Medium gesteuert wird. Beispielsweise können bei einem entsprechenden Programm Anzahl und Art von Übungsaufgaben an den – mit einem Test ermittelten – Leistungsstand des Nutzers angepasst werden. Eine responsive Ablaufstruktur ist gegeben, wenn über geeignete Schnittstellen bzw. Steuerungsmöglichkeiten der Ablauf des medialen Angebots bzw. des Programms durch eigene Aktionen bestimmt werden kann. Des Weiteren sind noch kommunikative Ablaufstrukturen zu erwähnen. Sie sind dadurch gekennzeichnet, dass mit Hilfe eines Medienangebots mit einem oder mehreren weiteren Nutzerinnen und Nutzern kommuniziert werden kann. Dies kann asynchron erfolgen, z.B. mit Hilfe von E-Mail, oder synchron, z.B. bei einer Videokonferenz oder beim Chat.

- In Bezug auf die responsiven Ablaufstrukturen lassen sich verschiedene *Steuerungsarten* unterscheiden, über die das Medienangebot – unter Nutzung von Hör- und Sehsinn, Sprachvermögen, Tast- bzw. Berührungssinn und Bewegungssinn – beeinflusst werden kann. Diese Steuerungsarten reichen von mechanischen Steuerungen (z.B. durch Tastendruck) über Berührungssteuerungen (z.B. über Touch-Pads oder an interaktiven Whiteboards), Sprachsteuerungen (z.B. Eingaben in ein Smartphone zum Start einer Anwendung) und Bewegungssteuerungen (z.B. über eine Mouse oder über die Bewegung von Controllern, z.B. bei Spielekonsolen) bis hin zu Gestensteuerungen (z.B. durch Handbewegung in Fahrzeugen) (vgl. Darst. 2). Diese Formen der Steuerung bestimmen maßgeblich die Interaktionsformen und damit auch mögliche Lernaktivitäten. So ist beispielsweise ein mechanisches Umblättern von Buchseiten für die angemessene Nutzung eines Buches zwar erforderlich, in Bezug auf die Lernaktivitäten aber nicht zentral, wohingegen die Bewegung eines Objektes auf einem Touchscreen neue Erfahrungsmöglichkeiten und damit spezifische kognitive Prozesse auslösen oder unterstützen kann. Innerhalb eines Mediums können unterschiedliche Darstellungsformen realisiert werden, die in Verbindung mit den Steuerungsmöglichkeiten dann zu komplexeren Lernarrangements führen.

Die hier beschriebenen charakterisierenden Merkmale gehen vom Interface des medialen Artefakts aus, über das die Interaktion erfolgt. Dies bedeutet, dass solche Prozesse, die im Verborgenen ablaufen und vom Nutzer nicht unmittelbar gesteuert werden können, nur indirekt erfasst werden. Wenn also beispielsweise ein Foto in einem sozialen Netzwerk eingestellt wird, werden dadurch ggf. weitere algorithmische Prozesse ausgelöst, in denen Metadaten generiert und gespeichert und an anderer Stelle wieder zur Verfügung gestellt werden (vgl. auch Abschnitt 4.3).

Neben medienspezifischen Merkmalen generell ist es mit Bezug auf Schule und Unterricht sinnvoll, die Funktion von digitalen Medien in Lehr- und Lernprozessen in den Blick zu nehmen und entsprechend eine Einordnung vorzunehmen. Dazu lassen sich – wenn auch nicht immer ganz trennscharf – Angebote unterscheiden, die

Digitalisierung und Mediatisierung – didaktische und pädagogische Herausforderungen

- instrumentell als Werkzeuge zur Bearbeitung, Gestaltung oder Veränderung von Lernobjekten genutzt werden,
- der Kommunikation und Kooperation oder Kollaboration dienen und
- als Lehr- und Lernobjekte die Auseinandersetzung mit Inhalten unterstützen (vgl. Darst. 3).

Die digitalen Werkzeuge lassen sich insbesondere danach differenzieren, inwieweit Gestaltungs- und Bearbeitungsmöglichkeiten durch sie vorstrukturiert und damit ggf. begrenzt sind. Die digitalen Kommunikations- oder Kooperationsumgebungen lassen sich noch einmal nach Komplexität der Umgebung, nach synchronen oder asynchronen Formen und spezifischen Formen des Gruppen- und Rechtemanagements differenzieren. Digitale Lehr- und Lernobjekte weisen unterschiedliche Grade der internen didaktischen Struktur auf; so kann beispielsweise eine einzelne Animation weniger stark didaktisch strukturiert sein als ein komplexes Lernspiel oder eine umfassende themenbezogene multimediale Lernumgebung.

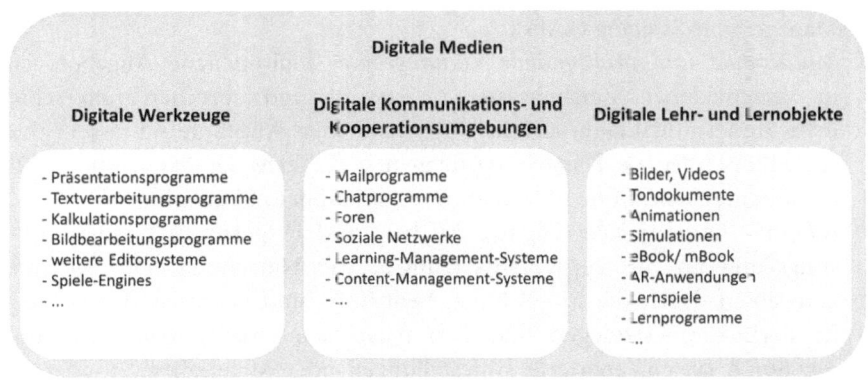

Darstellung 3: Digitale (Unterrichts-)Medien

Digitale Medien spielen im Kontext von Schule sowohl eine Rolle in Bezug auf das Lernen mit Medien als auch in Bezug auf das Lernen über Medien, d.h. es ergeben sich didaktische und erzieherische Herausforderungen. Die für eine erfolgreiche Bewältigung solcher Herausforderungen notwendigen Kompetenzen auf Seiten der Schülerinnen und Schüler werden häufig unter dem Begriff der Medienkompetenz zusammengefasst bzw. – um einseitige Auslegungen in Richtung von Lernen zu vermeiden – unter dem Begriff der Medienbildung. Im Folgenden wird auf drei spezifische Aspekte fokussiert, die sich im Kontext einer solchen Medienbildung als Herausforderungen herauskristallisieren.

4. Didaktische und pädagogische Herausforderungen

4.1 Lernen in der digitalen Welt

Lernförderliche Potenziale digitaler Medien
Angesichts der umfassenden Veränderungen im Zusammenhang von Digitalisierung und Mediatisierung steht Schule in der Verantwortung, sich der digitalen Welt des Lernens zu öffnen. Ausgehend von den spezifischen Eigenschaften digitaler Medien (vgl. Abschn. 2) lassen sich didaktisch und lerntheoretisch begründete Potenziale mit Blick auf Lehren und Lernen formulieren:
– *Orts-, zeit- und raumunabhängiges Lernen*: Mit Hilfe digitaler Medien ist der rasche Zugriff auf Arbeitsmaterialien unabhängig von Orten ihrer physikalischen Speicherung und unabhängig von der lokalen Repräsentanz des Lernenden möglich. Darüber hinaus wird der Zugriff zunehmend nicht mehr durch die Zugehörigkeit zu bestimmten Institutionen oder Organisationen sowie durch zeitliche Restriktionen reguliert. Schulische Anwendungen sind neben dem Internet insbesondere spezielle Lernplattformen oder Learning-Management-Systeme (LMS).
– *Multicodale und multimodale Lernangebote*: Multimediale Angebote sind in verschiedenen Zeichensystemen codiert und sprechen unterschiedliche Sinnesmodalitäten an; die unterrichtlichen Angebote umfassen unterschiedliche mediale Darstellungsformen, z.B. Texte, Grafiken, Bilder, Tondokumente, Videofilme, Programme, Animationen, Simulationen.
– *Adaptive Lernangebote*: Digitale Medien sind in gewissen Graden anpassungsfähig an die Lernvoraussetzungen der Nutzenden. Dies geschieht zum einen durch die Möglichkeit, bedürfnis- und kenntnisorientiert eigene Lernwege festzulegen und Lernmaterialien auszuwählen, zum anderen durch systemgenerierte Hilfestellungen oder Materialien. In adaptiven Systemen kann dies dadurch erfolgen, dass in der jeweiligen Anwendung auf der Basis eines kurzen Tests Hilfestellungen gegeben werden, die im System als Reaktionen auf typische Fehler oder Lernschwierigkeiten hinterlegt sind. Einen Schritt weiter gehen sogenannte Intelligente Tutorielle Systeme (ITS), die auf der Basis der Analyse von Eingaben der Lernenden mit Hilfe eines in einer Datenbank hinterlegten Lernermodells adaptive Rückmeldungen und Hilfestellungen anbieten. Letztere sind im schulischen Kontext allerdings sehr selten zu finden, wenn doch, dann vorzugsweise im mathematisch-naturwissenschaftlichen Bereich.
– *Symbolische Manipulation von Lernobjekten*: Multimedia-Angebote ermöglichen die Bearbeitung und kreative Umgestaltung vorhandener Materialien als Manipulation symbolischer Objekte (z.B. Bild- und Tonbearbeitung, Präsentationsprogramme usw.) sowie die Exploration von symbolischen

Interaktionsräumen und die Manipulation von darin befindlichen Objekten, z.B. im simulierten Umgang mit gefährlichen Stoffen in einem virtuellen Labor. Die verschiedenen Interaktions- und Steuerungsarten erlauben auch Erweiterungen z.B. durch das Annotieren von Materialien, durch Einfügen zusätzlicher Materialien, durch Umstrukturierungen oder durch den Aufbau und die Veränderung von Verweisstrukturen.
- *Feedback zum Lernen:* Manipulationen von symbolischen Strukturen, z.B. die Eingabe von Texten, Drag-and-Drop-Aktionen, das Ausfüllen von Skripts o.ä. führen zu Rückmeldungen des Systems, die den Lernenden Entscheidungshilfen für weitere Lernaktivitäten geben Diese Möglichkeiten spielen z.B. in adaptiven oder tutoriellen Systemen eine Rolle (s.o.), aber auch in einfachen Lernprogrammen, in denen auf bestimmte Aktionen eine unmittelbare Rückmeldung erfolgt (z.B. in einem einfachen Übungsprogramm oder in einem komplexen Planspiel bzw. in einer Simulationsumgebung). Darüber hinaus kann in softwareunterstützten Prüfungen (e-Assessment) oder computerbasierten Kompetenztests eine unmittelbare Rückmeldung zum Lernstand erfolgen.
- *Kommunikation und Kooperation beim Lernen:* Digitale Anwendungen bieten die Möglichkeit, z.B. über bestimmte Internetdienste, mit Anderen in Verbindung zu treten, zu kommunizieren (z.B. E-Mail, Chat, Newsgroup, Blog, Wiki, Videokonferenz) oder gemeinsam an bestimmten Aufgaben zu arbeiten (z.B. über Lernplattformen, Learning-Management-Systeme usw.). Hier bieten sich insbesondere Möglichkeiten, Lernorte miteinander zu verbinden, z.B. Flipped-classroom-Szenarien als Form des Blended Learning.
- *Lernen mit angereicherten Lernumgebungen (augmented reality) und immersiven Lernumgebungen*: Mit Hilfe digitaler Medien lassen sich analoge Medien, z.B. Schulbücher, durch digitale Informationen und Lernangebote – z.B. kurze Videosequenzen, Animationen oder Texte als Originalquellen – anreichern, die z.B. über eine App auf einem Tablet aufgerufen werden können. Immersive Lernumgebungen sind virtuelle Welten, in denen Lernende direkt oder durch die Nutzung von Avataren Lernaktivitäten z.B. in virtuellen Räumen durchführen können. Durch dreidimensionale Darstellungen oder die Verwendung spezieller (Video-)Brillen oder sogenannter Datenbrillen lassen sich die Grade der Immersion unterschiedlich gestalten. Beispiele solcher Anwendungen sind Laborexperimente oder digitale Lernspiele.

Am Beispiel von Augmented Reality (AR) und digitalen Schulbüchern werden lernförderliche Potenziale im Folgenden konkretisiert.

Augmented reality
Unter Augmented Reality versteht man eine Anreicherung der realen Welt mit virtuellen Objekten, z.B. Bildern, Texten oder animierten Modellen (vgl. z.B. e-teaching.org Redaktion, 2016). Dies kann beispielsweise durch ein Tablet oder

ein Smartphone realisiert werden, dessen Kamera einen sogenannten Marker in einem Schulbuch identifiziert (z.B. einen QR-Code) und dann ein dreidimensionales Modell zum Lehrbuchtext einblendet, das vom Lernenden interaktiv genutzt werden kann (vgl. Darst. 4). Anstelle eines Markers kann auch ein Sensor oder ein GPS-Empfänger verwendet werden, um standortbezogen Informationen zur realen Umwelt einzublenden, an die Stelle eines Smartphones oder Tablets kann auch eine Datenbrille treten. Die physiologische Steuerung der Interfaces lässt eine direkte Interaktion mit den Lernobjekten zu, d.h. die Steuerung erfolgt über einen Touchscreen oder auch über Gesten (vgl. z.B. Moser & Zumbach, 2012). Neben der Möglichkeit, mit angereicherten Informationen oder Lernobjekten zu interagieren, können die (realen) Objekte selbst auch mit weiteren Informationen versehen werden, z.B. über RFID-Chips (vgl. Herber, 2012, S. 10f.).[1] So lassen sich etwa für einzelne Lernende oder Lerngruppen Ergebnisse an das Objekt binden, die von nachfolgenden Lernenden wieder genutzt und ergänzt werden können. Wird beispielsweise ein Objekt einer physikalischen Sammlung mit einem RFID-Chip versehen, können dort Erfahrungen und Hinweise von Schülergruppen aus Versuchsaufbauten oder Messergebnisse ausgelesen und/oder gespeichert werden, so dass das Versuchsobjekt selbst seine „Geschichte" aus Schülerversuchen mit sich trägt.

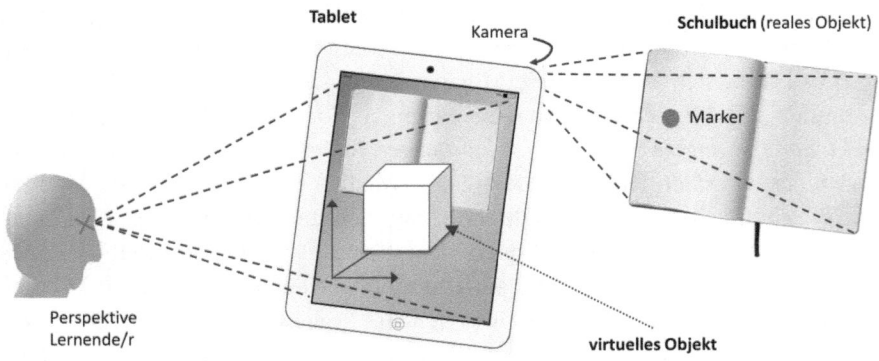

Darstellung 4: Digitale Medien und Augmented Reality

Lerntheoretisch lassen sich AR-Umgebungen insbesondere mit dem Ansatz der generativen Theorie multimedialen Lernens verbinden (vgl. Mayer, 2009), der zufolge die Kombination verschiedener Darstellungsformen unter bestimmten Bedingungen z.B. den Aufbau mentaler Modelle lernförderlich unterstützen kann. Bitter & Corall (2014) berichten über verschiedene Studien zur

---

1 Ein RFID-Chip (Radio Frequency Identification) ist ein i.d.R. sehr kleiner Chip, dessen Daten über eine Funkstrecke ausgelesen (oder eingeschrieben) werden können. Sie werden z.B. in der Logistik zur Identifizierung von Objekten verwendet.

Wirkung von AR-Apps, die insbesondere bei der Kollaboration, beim vertieften Verständnis von Sachverhalten sowie bei der Konzeptualisierung von komplexen Zusammenhängen positive Effekte zeigen. Insgesamt ist der Bereich allerdings noch nicht vertiefend erforscht, insbesondere im Hinblick auf das Zusammenspiel von Bewegung, Gestik, symbolischer Manipulation und kognitiven sowie motivationalen Effekten. Gleichwohl zeigt sich, dass die digitalen Medien einen ‚Ermöglichungscharakter' besitzen, der zu kreativen und gewinnbringenden unterrichtlichen Nutzungsformen anregen kann. In einem solchen Fall können auch neue Ziele entstehen und zu qualitativen Mehrwerten führen.

Digitale Schulbücher
Mit der Digitalisierung und den damit verbundenen Herausforderungen von Schule stellt sich auch die Frage nach der Zukunft traditioneller Lernmaterialien, insbesondere dem Schulbuch. Die ursprüngliche Aufgabe von Schulbüchern, die im Curriculum formulierten Ziele und Inhaltsbereiche mit Leben zu füllen und dabei die bearbeiteten Inhalte zielgruppengerecht didaktisch aufzubereiten (vgl. z.B. Kozdon, 1974), hat sich im Grundsatz bis heute nicht geändert. Angesichts der bereits in den 1970er Jahren prognostizierten geringen Überlebenschancen des Schulbuches – insbesondere mit Blick auf die sich entwickelnde Unterrichtstechnologie – stellt sich das Schulbuch als durchaus ‚hartnäckig' heraus. Als besondere Vorteile wurden u.a. der mühelose Transport, das einfache und preiswerte Herstellungsverfahren, die geringen Nutzungsvoraussetzungen und die Möglichkeiten als Arbeitsmaterial, z.B. durch Hervorhebungen, Randbemerkungen usw. genannt (vgl. ebd., S. 143). Während seinerzeit die Frage der Verdrängung im Vordergrund stand, geht es heute um Weiterentwicklungen des Schulbuches als digitales Unterrichtsmedium. Besondere Potenziale werden in der Multimedialität, in der Interaktivität und in der durch Vernetzung ermöglichten Interaktion zwischen Lehrenden und Lernenden gesehen (vgl. Döbeli Honegger, 2016, S. 140ff.).

In analytischer Weise können vor dem Hintergrund der derzeitigen Entwicklungen folgende Varianten unterschieden werden:
- *Das digitalisierte Schulbuch*: In dieser Form handelt es sich im Wesentlichen um eine digitale Form des ursprünglichen Schulbuches, z.B. im PDF-Format. In dieser Form kann das Schulbuch auf mobilen Endgeräten gespeichert und gelesen werden, zudem lassen sich einzelne Werkzeugfunktionen einbinden, z.B. das Setzen von Lesezeichen, das Markieren von Textstellen, das Einfügen von Notizen oder das Suchen nach Begriffen. In Bezug auf die o.g. Potenziale digitaler Medien sind hier insbesondere die Raum-, Zeit- und Ortsunabhängigkeit zu nennen. Entsprechende Beispiele finden sich auf einer Plattform verschiedener Verlage für Bildungsmedien (vgl. VBM, 2014).

- *Das multimediale Schulbuch*: Eine Erweiterung des digitalisierten Schulbuches stellt das multimediale Schulbuch dar, in dem neben – auch in Printform realisierbaren – Texten und Bildern (Grafiken, Fotos, ...) weitere Darstellungsformen genutzt werden, z.B. Filme, Tonaufzeichnungen, Animationen oder Simulationen. Als spezifische Funktionalitäten kommen hier neben den bereits genannten Elementen Steuerungsmöglichkeiten für die verschiedenen Darstellungsformen hinzu sowie z.B. Eingabemöglichkeiten für Parameter bei Simulationen. So könnten beispielsweise in einer Simulation für ballistische Flugkurven die Startgeschwindigkeit und der Abschusswinkel eines Satelliten bzw. einer Rakete eingegeben werden. Zudem lassen sich über Verlinkungen Verbindungen zu weiteren Ressourcen herstellen, wenn ein Zugang zum Internet besteht. Solche Arten von multimedialen Schulbüchern können online realisiert werden oder auch auf separaten Datenträgern. In Bezug auf Lernen ergeben sich damit insbesondere neue multimodale und multicodale Darstellungsformen sowie Möglichkeiten der (digitalen) Bearbeitung von Arbeitsaufträgen oder Übungen. Ein Beispiel eines multimedialen Schulbuches für das Fach Geschichte stellen Schreiber, Sochatzy & Ventzke (2013) vor.
- *Das virtuell angereicherte Schulbuch*: Ein digitales Schulbuch in dieser Form besteht aus einem analogen Printmedium und zusätzlichen digitalen Lernmaterialien, die webbasiert verfügbar sind oder auf einem mobilen Endgerät gespeichert werden. Spezifische Marker im analogen Buch werden über eine Kamera, z.B. im Smartphone oder Tablet, erkannt und lösen über eine entsprechende Software die Präsentation weiterer – zum Buchinhalt an der entsprechenden Stelle passenden – Lernangebote aus. Eine so angereicherte Lernumgebung ermöglicht zum einen weitere multimediale Darstellungsformen, zum anderen aber auch interaktive Anwendungen, wie sie im Zusammenhang von Augmented Reality beschrieben wurden. Das klassische Schulbuch stellt hier den inhaltlichen Rahmen und die spezifischen Anker für den Aufruf der virtuellen Lernangebote. Virtuell angereicherte Printmaterialien finden sich beispielsweise bei der Schulbuch-App SchulAR (vgl. KIDS interactive, 2016).
- *Das adaptive digitale Schulbuch*: Eine noch weitergehende Variante des digitalen Schulbuches berücksichtigt individuelle Lernausgangslagen der Schülerinnen und Schüler. Dies bedeutet, dass Lernangebote auf der Basis der jeweiligen Kompetenzen automatisch zusammengestellt werden. Die Diagnostik der Lernstände erfolgt auf der Basis spezifischer Kompetenztests und der Auswertung bearbeiteter Aufgaben. Lernende erhalten auf ihre Lernaktivitäten Rückmeldungen vom System und arbeiten individualisiert und personalisiert (vgl. z.B. für das Fach Mathematik den Ansatz Teach-to-One, Ready, 2014). Der Schwierigkeit, algorithmengesteuert individuelle Lernwege zu empfehlen, wird dabei z.B. durch die Auswertung von gro-

ßen Datenmengen begegnet, in denen typische Fehler von Lernenden und Lernpfade analysiert werden (vgl. auch Abschn. 4.3). So können zwar letztlich nicht individuelle Lernermodelle generiert, aber mindestens typische Fehler und mögliche erfolgreiche Lernwege in Datenbanken hinterlegt werden. Zwischenformen solcher adaptiven digitalen Schulbücher lassen auch die Zusammenstellung von individualisierten Lernmaterialien – auf der Basis erreichter Kompetenzen – in der Hand der Lehrperson, bei entsprechenden Fähigkeiten des selbstgesteuerten Lernens auch in der Hand des Lernenden, der auf Vorschläge aus einer Datenbank zugreifen kann. So beschreiben Haase, Kirstein, Neuhaus & Nordmeier (2015) in ihrem digitalen Lehrbuch der Zukunft für das Fach Physik ein entsprechendes Beispiel, in dem die Lernenden durch Portfolio- und Werkzeugfunktionen auch gleichzeitig zu Koautoren ihres personalisierten ‚Technology Enhanced Textbook (TET)' werden.

Wenn auch analytisch eine Unterscheidung von einzelnen Formen digitaler Schulbücher sinnvoll ist, so lassen sich konkrete Umsetzungen nicht immer einer Reinform zuordnen. Allerdings kann derzeit noch nicht von einer hohen Verbreitung digitaler Schulbücher gesprochen werden. Dies hat unterschiedliche Gründe: Zum einen ist die Produktion solcher Medien sehr aufwändig und bedarf schon in der Konzeption fachspezifischer, mediendidaktischer und informatischer Expertise. Zum anderen ist der Einsatz von digitalen Schulbüchern nur mithilfe von (mobilen) Endgeräten und in einer entsprechenden Infrastruktur sinnvoll. Diese Rahmenbedingungen sind an vielen Schulen noch nicht in hinreichendem Maße gegeben. Ein weiterer wichtiger Aspekt liegt in rechtlichen (landesspezifischen) Bedingungen, denen die Zulassung von Schulbüchern unterliegt. Gerade dann, wenn über das digitale Schulbuch auf Angebote und Materialien im Internet zugegriffen wird, stellen sich zudem (urheber-)rechtliche Fragen und solche der Qualitätssicherung. Hier schließt sich auch direkt die Diskussion um „freie" Lehr- und Lernmaterialien mit „1. offenem Zugang, 2. offenen Lizenzen und (bevorzugt) 3. offenen Standards" an (Muuß-Meerholz & Schaumburg, 2014, S. 9). Dazu müssten allerdings eine Reihe von „(künstlichen) Schranken für die Bearbeitbarkeit und (Mit-)Teilbarkeit von Materialien" (ebd., S. 45) zurückgenommen werden.

Lernwirksamkeit digitaler Medien
Die Potenziale digitaler Medien entfalten sich in konkreten Lehr-Lernsituationen, wenn es gelingt, eine Passung zwischen einerseits der sozialen Situierung des Lernprozesses und seiner personalen Begleitung, den spezifischen Merkmalen des jeweiligen Medienangebotes und den didaktischen Funktionen des Mediums herzustellen. Diese „Passung" erfolgt vor dem Hintergrund der zu erreichenden Zielvorstellungen bzw. Kompetenzen und damit verbundenen

Inhalten sowie den Lernvoraussetzungen der Zielgruppe. Angesichts der vielfältigen Einflussfaktoren auf medienunterstützte Lehr-Lernsituationen ist es schwierig, generalisierbare empirische Aussagen zur tatsächlichen Wirkung zu treffen (vgl. z.B. Herzig & Grafe, 2007; Herzig, 2014; Nieding, Ohler & Rey, 2015). Betrachtet man empirische Untersuchungen zu den Effekten digitaler Medien in Lehr- und Lernprozessen, so zeigt sich ein uneinheitliches Gesamtbild. Es finden sich gleichwohl Ergebnisse, die einen belastbaren Ankerpunkt für unterrichtliche Lehr- und Lernprozesse markieren und den Mehrwert digitaler Medien belegen (vgl. Herzig, 2015):

- In Bezug auf Wissenserwerb, Problemlösefähigkeiten oder Transferfähigkeiten sind höhere Lernerfolge zu erzielen, wenn Informationen visuell als Text-Bild-Kombinationen in zeitlicher und räumlicher Nähe präsentiert oder wenn Animationen mit erläuternden auditiven Informationen anstelle von schriftlichen Informationen präsentiert werden (vgl. Mayer, 2009; Sweller, 2005).
- Die Problemlösefähigkeit kann durch die Arbeit mit Computersimulationen bei Schülerinnen und Schülern gefördert bzw. gesteigert werden (vgl. Grafe, 2008).
- Der Einsatz von Tablets oder Notebooks anstelle herkömmlicher Unterrichtsmaterialien kann sich positiv auf die Motivation (vgl. BITKOM, 2011; Schaumburg, Prasse, Tschackert & Blömeke, 2007), die Kooperationsfähigkeit (vgl. z.B. Koile & Singer, 2008), die Medienkompetenz (vgl. Reinmann & Häuptle, 2006) oder die kognitive Komplexität (vgl. Grafe, 2008) auswirken.
- Eine höhere Effektivität des Computereinsatzes kann im Zusammenhang mit der Vorbereitung von Lehrkräften durch Fortbildung, mit der Vielfalt von Lernmöglichkeiten in einem Medienangebot, mit der Selbststeuerung des Lernprozesses (Aufgabenwahl, Bearbeitungsgeschwindigkeit, Wiederholungsmöglichkeiten usw.), mit Peer-Learning und mit Feedbackmöglichkeiten (Hinweise zu Lernständen, Fehlern oder Lernwegen) festgestellt werden (vgl. Hattie, 2009). Etwas höhere Effektstärken weisen Simulationsprogramme oder interaktive Videos auf (vgl. ebd.). In Bezug auf die didaktische Einbindung digitaler Medien dokumentieren auch Metastudien Vorteile des ergänzenden Einsatzes gegenüber einer direkten Instruktion (vgl. Tamim, Bernard, Borokhovski, Abrami & Schmid, 2011).

Die empirischen Ergebnisse zeigen, dass es eine Vielzahl von Hinweisen auf die Lernförderlichkeit von digitalen Medien gibt. Allerdings stehen diese Befunde immer im Spannungsfeld von ökologischer und externer Validität, d.h. der Frage, inwieweit sie auf konkrete Situationen mit spezifischen Rahmenbedingungen begrenzt oder inwieweit sie generalisierbar sind. Letztlich muss die Frage nach der Wirksamkeit für die konkrete Unterrichts- oder Lehr-Lernsituation gestellt werden. Dies bedeutet, dass neben der Grundlagenforschung auch solche Forschungszugänge erforderlich sind, die Lehr-Lernszenarien in ihrer Komplexität und in den spezifischen Randbedingungen, unter denen sie stattfinden, berücksichtigen. Gleichzeitig sollte mit einem solchen Forschungszugang die Veränderung von pädagogischer bzw. unterrichtlicher Praxis möglichst unmittelbar erfolgen. Wenn wissenschaftliche Erkenntnisse erst nach der Veröffentlichung von Forschungsarbeiten in die Praxis wirken, besteht die Gefahr nur geringer Verbreitungseffekte. Folglich sollten Forschungsprozesse möglichst nicht nur in der Praxis, sondern auch mit Praktikerinnen und Praktikern durchgeführt und Ergebnisse so aufbereitet und dokumentiert werden, dass sie z.B. für Lehrpersonen auch alltagspraktischen Wert entfalten können. Diesen Anforderungen versuchen gestaltungsorientierte Ansätze nachzukommen (vgl. z.B. Tulodziecki et al., 2013; Preußler, Kerres & Schiefner-Rohs, 2014).

Aus medienpädagogischer Perspektive ergeben sich für die schulische Medienbildung in Bezug auf das Lernen mit Medien folgende Konsequenzen:
– Schule kann sich der Veränderung von Erfahrungs- und Lernformen in informellen Kontexten nicht verschließen und sollte keine mediale Diaspora darstellen, sondern in Bezug auf die medialen Darstellungs- und Interaktionsformen und die dazu erforderlichen Artefakte anschlussfähig an die außerschulische Lebenswelt von Kindern und Jugendlichen sein. Die Auseinandersetzung mit neuen Möglichkeiten des Lernens und der Erwerb bzw. der Ausbau der dazu notwendigen Kompetenzen muss letztlich allen Schülerinnen und Schülern ermöglicht werden.
– Die Nutzung von digitalen Medien in der Schule sollte auf unterschiedliche Handlungs- und Interaktionsfelder – Information und Lernen, Problemlösung und Erkenntnisgewinn, Kommunikation und Kooperation – ausgerichtet sein und einerseits dem Ziel dienen, den Erwerb von unterrichtsfachlichen Kompetenzen wirksam zu unterstützen, andererseits aber auch die selbstregulativen Fähigkeiten der Schülerinnen und Schüler zur eigenständigen Planung und Gestaltung von Lernprozessen mit digitalen Medien innerhalb und außerhalb von Schule zu entwickeln.
– Die vergleichsweise geringe Nutzung digitaler Medien in der Schule lässt sich auf unterschiedliche Gründe zurückführen (vgl. exemplarisch Döbeli Honegger, 2016, S. 175ff.). Von Mehraufwänden und fehlender Evidenz für die Wirksamkeit über technische Probleme und hohe Kosten bis zu fehlenden Aus- und Fortbildungsmöglichkeiten sind viele Argumente in der Diskussion. Diese gilt es ernst zu nehmen und konstruktiv zu diskutieren. Es kann sicher nicht von Schule verlangt werden, sich kurzfristig auf Hypes einzustellen und diesen zu folgen. Digitalisierung und Mediatisierung sind mitunter auch mit überzogenen Erwartungen verbunden gewesen, befinden sich aber inzwischen in einer Entwicklungsphase, die deutlich macht, dass es hier nicht um kurzlebige Trends geht, sondern um eine

grundlegende gesellschaftliche Transformation. Diese muss sich auch in Schulentwicklungsprozessen niederschlagen, in denen Strategien in Bezug auf infrastrukturelle, organisatorische und personelle Anforderungen und Bedarfe entworfen, umgesetzt und evaluiert werden.

4.2 Erziehung in der digitalen Welt

Medien als integraler Bestandteil der Lebens- und Arbeitswelt nehmen auch in zunehmendem Maße Einfluss auf das anthropologische Grundverhältnis des Menschen, d.h. auf die Beziehung zu sich selbst, zu seiner dinglichen und sozialen Umwelt. Vor diesem Hintergrund stellt sich auch der Schule eine wichtige Aufgabe bei der Vorbereitung auf eine solche medienbeeinflusste Welt. In diesem Aufgabenbereich sind Medien selbst Gegenstand von Lernprozessen, d.h. es geht um medienerzieherische Maßnahmen und Aktivitäten. Als Beispiel wird im Folgenden die Auseinandersetzung mit dem ‚Phänomen Selfie' aufgenommen, das für Kinder und Jugendliche eine hohe Bedeutung im Rahmen der Identitätsentwicklung besitzt.

Identitätsentwicklung und digitale Medien
Eine zentrale Entwicklungsaufgabe von Kindern und Jugendlichen besteht darin, in Aushandlung mit Anderen, aber auch in Abgrenzung zu Anderen durch äußere Anforderungen und durch innere Antriebe, das eigene Ich zu gestalten und das eigene Leben in einen Sinnhorizont zu stellen. Eine wichtige Funktion in diesem Prozess kommt dem kreativen Handeln und dem Ausbilden eigener Rituale zu (vgl. Schorb, 2014, S. 174). Solche Formen der Identitätsarbeit lassen sich mit dem Ansatz der sozialen Praktiken von Reckwitz charakterisieren, der insbesondere im Zusammenhang mit technischen medialen Artefakten gewinnbringend ist.

Reckwitz versteht soziale Praktiken als „know-how abhängige und von einem praktischen ‚Verstehen' zusammengehaltene Verhaltensroutinen, deren Wissen einerseits in den Körpern der handelnden Subjekte ‚inkorporiert' ist, die andererseits regelmäßig die Form von routinisierten Beziehungen zwischen Subjekten und von ihnen ‚verwendeten' materialen Artefakten annehmen" (Reckwitz, 2003, S. 289). Welche sozialen Praktiken in einem gesellschaftlichen Rahmen annehmbar sind, wird über sogenannte kulturelle Codes geregelt, „ein impliziter Sinn dafür, was man eigentlich will, ‚worum es einem geht' und was ‚undenkbar' wäre" (ebd., S. 292). Identitätsbildung ist letztendlich ein Produkt der Ausführung von Praktiken vor dem Hintergrund kultureller Codes (vgl. Reckwitz, 2001, S. 30). Diese kulturellen Codes sind jedoch nicht statisch, sondern unterliegen als kollektive Wissensordnungen einer historischen Wandelbarkeit (vgl. ebd.). Wenn Kinder oder Jugendliche ihren Alltag in Form von medial unterstützten sozialen Praktiken, z.B. in Form der Kommunikation über soziale Netzwerke, gestalten, dann können diese Praktiken Teil von Identitätsarbeit sein, in der sich die Betroffenen auf der Basis eines gemeinsam geteilten Sinns (z.B. Wertvorstellungen) der Anerkennung durch Andere und der eigenen Positionierung versichern: „Erst in den Praktiken wird damit deutlich, welche ‚kulturellen Codes' das bürgerliche Alltagsleben in fragiler Weise durch den ‚praktischen Sinn' hindurch strukturieren: Codes der ‚moralischen' Lebensführung, der Moderatheit, der Ernsthaftigkeit, der Nützlichkeit des Subjekts (…)" (Reckwitz, 2003, S. 293).

Die Art und Weise, wie soziale Praktiken im Prozess der Identitätsbildung instrumentell und inhaltlich fungieren, ist nicht zuletzt vom Artefakt bzw. den damit verbundenen Angeboten abhängig. „Identitätsarbeit hat als Bedingung und als Ziel die Schaffung von Lebenskohärenz. In früheren gesellschaftlichen Epochen war die Bereitschaft zur Übernahme vorgefertigter Identitätspakete das zentrale Kriterium für Lebensbewältigung. Heute kommt es auf die individuelle Passungs- und Identitätsarbeit an, also auf die Fähigkeit zur Selbstorganisation, zum ‚Selbsttätigwerden' oder zur ‚Selbsteinbettung'. Das Gelingen dieser Identitätsarbeit bemisst sich für das Subjekt von Innen [sic!] an dem Kriterium der Authentizität und von Außen [sic!] am Kriterium der Anerkennung" (Keupp, 2005, S. 9). Eine Möglichkeit, sich im sozialen Gefüge zu positionieren und auszuprobieren, stellen Online-Communities dar, in denen Jugendliche sich u.a. mit Hilfe von Fotos, insbesondere sog. Selfies, darstellen können.

Selfies
Bei Selfies handelt es sich um digitale Fotos, die in der Regel mit Hilfe eines Smartphones aufgenommen werden, die eigene Person (und ggf. weitere) zeigen und in sozialen Netzwerken, wie z.B. Instagram, veröffentlicht werden – ggf. ergänzt um einzelne Hashtags, die das Bild als Metadaten zu kategorisieren helfen. Häufig werden sie mit dem ausgestreckten Arm oder einem sog. Selfie-Stick aufgenommen. Bei den Bildern handelt es sich nicht um flüchtige Schnappschüsse, sondern „wohlüberlegte inszenierte Bilder – um selbst kontrollierte Posen. Jugendliche inszenieren sich sexy, kopflos, getaped, risikobereit usw." (Tillmann, 2014, S. 44). Eine gewisse Nähe haben Selfies zu Selbstporträts, wenngleich sie keine solchen sind. Der Zweck des Selbstporträts war bzw. ist die Schaffung eines Dokuments, auf dem eine oder mehrere Person(en) – in der Regel in inszenierter Pose – für einen längeren Zeitraum festgehalten werden, z.B. in Form der Malerei oder der Fotografie. Diese Art der Selbstdarstellung war insbesondere einem begrenzten Rezeptionskreis vorbehalten – im Gegensatz zum Selfie, das „aufgrund seiner Komposition, Technik, Verbreitung in Netzwerken, seines Konsums und seiner schieren Allgegenwart … nicht ein-

fach auf eine digitale Sanierung des Selbstporträts reduziert werden [kann]" (Donnachie, 2015, S. 54).

Das Selfie auf eine ihm häufig zugeschrieben Funktion als „eitle Selbstbespiegelung" zu reduzieren, greift zu kurz (Döring, 2014, S. 25). Neben einem Erinnerungswert wird anderen Menschen über diese visuelle Kommunikation Teilhabe am eigenen Erleben ermöglicht, Beziehungen werden gepflegt und Nähe wird hergestellt (vgl. ebd.). Darüber hinaus dient es Jugendlichen zum Experimentieren mit dem eigenen Körper und der eigenen Persönlichkeit und dazu, diese dann in bzw. über soziale Medien zu konstruieren: „Im Kontext des Bildschirms verhandeln wir ständig unsere Identität neu, indem wir uns selbst in der virtuellen Gesellschaft verorten, die wir konstruiert haben und konsumieren, sehen wir unsere Fotos auf dem Bildschirmspiegel und schwelgen in der doppelbödigen Reflexion, dem Blick und der Betrachtung unseres Selbst" (Donnachie, 2015, S. 64). Insbesondere die Suche nach Authentizität sieht Donnachie als einen Hauptgrund für den Aufstieg des Selfies. Die Unmittelbarkeit, die Einbindung des Gerätes, des Ortes, der Zeit und ggf. weiterer Metadaten „verstärken unseren Instinkt, das Selfie vorbehaltlos als eine naturgetreue Repräsentation des Subjekts zu akzeptieren" (ebd., S. 72). Allerdings steht der Erfassung oder Darstellung des authentischen Selbst für die Jugendlichen auch die Auseinandersetzung mit den „gesellschaftlichen Anforderungen und den Zumutungen der Erwachsenenwelt" gegenüber (Tillmann, 2014, S. 47). Die Erstellung von Selfies erfolgt im Spannungsfeld „einer Reproduktion und Bestätigung etablierter und sozialer Normen, Geschlechterrollen, und Körperbilder einerseits und einer Erweiterung und Unterwanderung überkommener Normen andererseits" (Döring, 2014, S. 26). Dies zeigt sich z.B. in der Wahl von Mimik, Gestik oder Körpersprache, die – wenn sie sich in typisierenden Mustern ausdrücken – weniger Ausdruck von Individualität als von Konformität sind. Andererseits können sie aber auch den Zumutungen von außen, z.B. gesellschaftlichen Vorstellungen von Schönheit oder Natürlichkeit, entgegenlaufen. Diese ästhetische Messlatte spornt die Selbstoptimierung in Richtung einer normierten oder eben gerade auch oppositionellen Individualität an – ausgehend von einem Vergleich des eigenen Körpers mit den normierenden Medienangeboten. Der Erfolg des Selfies hängt nicht zuletzt auch von der Reaktion darauf ab, quantifiziert durch z.B. die Anzahl der Likes oder Kommentare. Durch zusätzliche textliche Informationen zum Bild in Form von Hashtags, mit denen sich die Bilder Gruppen zuordnen lassen, wird die Attraktivität zu steigern versucht. Allerdings trägt der Nutzer auch dadurch mehr zu einer Gruppen- als zu einer eigenen Identität bei (vgl. Wendt, 2015, S. 84). Für Jugendliche stellen Rückmeldungen wichtige Hilfen in Fragen der eigenen Wirkung, der sozialen Akzeptanz und Verortung dar. Auch solche Bilder, die ‚nur' als Profilbilder in sozialen Netzwerken fungieren, „present a different version of ourselves in each profile picture we choose. In social media we not only present different fronts to different groups of people. ... but we also change our self-representations over time" (Rettberg, 2014, S. 42).

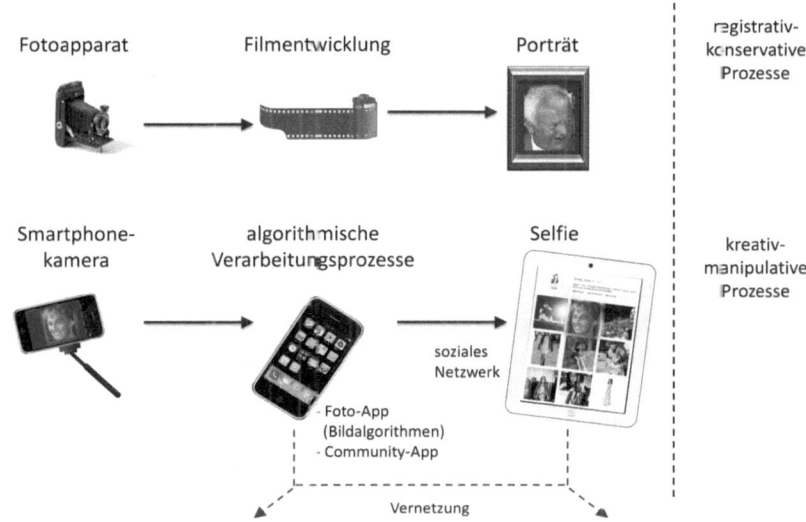

Darstellung 5: Vom Porträt zum Selfie

Neben der Verbreitung von Selfies über das Internet als einem wesentlichen Unterschied zum fotografischen Porträt erweist sich ein Blick auf die technische Basis des Selfies auch in einer anderen Hinsicht als aufschlussreich. Die Aufnahme eines Porträts mithilfe eines analogen Fotoapparats stellt zunächst einen Registrationsprozess dar, der vom Fotografen nur bedingt beeinflusst werden kann (z.B. Beleuchtung oder Belichtung). Insbesondere das Produkt als belichteter Filmstreifen bzw. als Papierabzug entsteht im weiteren Verlauf durch Wandlungsprozesse (Entwicklung), die ebenfalls nur bedingt beeinflussbar sind. Insofern kann man von registrativ-konservativen Prozessen der Umwandlung sprechen (vgl. Herzig, 2012, S. 43 ff.; vgl. Darst. 5). Mit dem Smartphone werden Bilder digital aufgenommen und damit grundsätzlich spurlos manipulierbar. Solche Manipulationen werden beispielsweise durch spezielle Apps, die als Filter zur Verfügung stehen, vorgenommen. Das Selfie kann damit an softwaretechnisch normierte Darstellungsformen angepasst werden (z.B. durch Weichzeichnen, Retro-Look, Farbveränderungen etc.). Rettberg spricht hier von technologischen Filtern als Teil einer algorithmischen Kultur (vgl. Rettberg, 2014, S. 20). Die Palette von technologischen Filtern wiederum ist Ausdruck von kulturellen Filtern, die sich z.B. in bestimmten Vorstellungen von Schönheit artikulieren können. Software nimmt somit Einfluss auf die Darstellung des Ich und „the filtered image shows us ourselves, our surroundings, with a machine's vision" (ebd., S. 26). Obwohl damit die Individualität des Selfies wiederum zugunsten technisch erzeugter Standardisierungen eingeschränkt wird, „for each individual *me* [Hervorh. i.O., B.H.], seeing ourselves through a filter allows us to see ourselves anew" (ebd., S. 26). Insofern kann hier von kreativ-manipulativen Prozessen gesprochen werden.

Aus medienpädagogischer Perspektive werden mit dem Phänomen Selfie schulische Aufgaben in unterschiedlichen zentralen Inhaltsbereichen angesprochen:

- Die Erstellung von Selfies ist ein kreativer Akt, der letztlich auf die Produktion und Verbreitung eines Medienangebots ausgerichtet ist und spezifischer Kompetenzen bedarf. Hierbei geht es beispielsweise um Aspekte der Inszenierung einer Aufnahme oder der Bearbeitung von Bildern mit Hilfe von spezifischen Softwareanwendungen und der damit verfügbaren Gestaltungsmittel. Gleichzeitig wird über die Verbreitung des Selfies in sozialen Netzwerken eine Interaktionssituation gestaltet, indem das Bild in einer spezifischen Webumgebung eingepflegt wird und zum anderen ggf. durch Verknüpfung mit Hashtags einem größeren Rezipientenkreis zugänglich gemacht werden soll.
- Mit der Nutzung von Software zur automatischen Verarbeitung von Bilddaten sind Prozesse angesprochen, in denen Bilder der ‚Wirklichkeit' algorithmisch verändert werden. Dies ist möglich, weil digitalisierte Bilder aus Entitäten bestehen, die einzeln adressierbar sind und über formale Rechenoperationen (z.B. Ändern der Bit-Werte) manipuliert werden können (vgl. Herzig, 2012, S. 167ff.). Diese Prozesse sind spurlos und stellen die Basis für kreative und entfremdende bildliche Experimente mit der eigenen Persönlichkeit dar. Die Verbreitung von Bildern über soziale Netzwerke spricht Algorithmen an, die Verlinkungen über Hashtags oder die Verarbeitung von Metadaten regeln. Für eine selbstbestimmte Gestaltung und zielgerichtete ‚Vermarktung' der eigenen Bilder ist ein Verständnis dieser Mechanismen notwendig.
- Die Reaktionen auf die eigenen Selfies durch andere Nutzer, aber auch die eigene Auseinandersetzung mit den Selbstinszenierungen erzeugen Wirkungen auf der Ebene von Emotionen und ggf. auch auf der Verhaltensebene. Diese Wirkungen wahrzunehmen und zu reflektieren, ist eine wichtige Fähigkeit im Prozess der Identitätsentwicklung. Insbesondere in der Auseinandersetzung mit dem eigenen Körper stellen sexualisierte Selfies „eine ‚ganz normale' Identitätsarbeit bzw. Selbst- und Körpererkundungen ... – allerdings mit Fallstricken" – dar (Tillmann, 2014, S. 48). Solche Fallstricke liegen im eingeschränkten Zeichenrepertoire, das Jugendliche verwenden, indem sie „Geschlechterbilder, die sich weiterhin durch Ungleichheit auszeichnen", reproduzieren (ebd.). Hier gilt es auch angesichts der durch technische Filter limitierten Muster weitere Ausdrucksformen zu erproben.

- Nicht zuletzt werden durch Selfies – sowohl im Kontext von Onlineplattformen als auch beim Austausch zwischen einzelnen Nutzern – rechtliche und moralische Fragen tangiert. Wenn auf der einen Seite experimentelle Selbsterprobungen und kreative Ausdrucksformen unterstützt werden, gleichzeitig aber ein sensibler Umgang mit Daten und ein Schutz der Privat- und Intimsphäre erfolgen soll, gilt es „gemeinsam abzuwägen, wer, was, vor wem mit welchem Ziel und mit welchen Folgen zeigt" (ebd., S. 49). Damit rechtliche Aspekte aber nicht nur als bloße Handlungsanweisung wahrgenommen werden, ist in diesem Zusammenhang auch die grundsätzliche moralische Frage zu thematisieren, warum bestimmte Umgangsweisen mit Daten gerecht oder ungerecht, fair oder unfair, verantwortungsbewusst oder verantwortungslos sind (vgl. z.B. Herzig, 2003).

Das Beispiel Selfies zeigt, dass die Identitätsentwicklung von Kindern und Jugendlichen durch Digitalisierung und Mediatisierung eine besondere erzieherische Herausforderung für Schule darstellt – sowohl im Hinblick auf Chancen als auch in Bezug auf Problemlagen.

4.3. Bildung in der digitalen Welt

Big Data und digitale Medien
Anschließend an die in Abschnitt 4.2 thematisierte Veränderung des Verhältnisses des Einzelnen zu sich selbst, zur materiellen und zur sozialen Umwelt, kann am Phänomen „Big Data" noch einmal mehr deutlich gemacht werden, welche immensen Herausforderungen sich für eine Medienbildung im Kontext von Digitalisierung und Mediatisierung stellen. Dies reicht soweit, dass schon die Frage aufgeworfen wird, ob überhaupt noch eine realistische Chance besteht, dass Individuen die für eine sachgerechte und selbstbestimmte Lebensführung notwendigen Kompetenzen erwerben können (vgl. Gapski, 2015, S. 75).

Die Auswirkungen von Big Data werden im Alltag beispielsweise beim Onlineshopping erfahrbar. Wo immer Nutzer im Netz einkaufen oder sich über bestimmte Produkte informieren, hinterlassen sie Spuren in Form von Daten. Diese lassen sich auswerten und führen dazu, dass – abhängig vom Verhalten im Netz – maßgeschneiderte Angebote, z.B. in Form von Onlinewerbung, präsentiert werden können. Über verschiedene Formen von Cookies werden die Aktivitäten im Netz verfolgt (behavioral targeting; vgl. Heuer & Tranberg, 2013, S. 98) und können zu einem digitalen Fingerabdruck führen, über den einzelne Nutzer identifizierbar werden. In Verbindung mit weiteren Daten, z.B. dem Standort oder auch den verwendeten Endgeräten, werden ggf. auch die Preise für ausgewählte Produkte individuell gestaltet (vgl. ebd., S. 96).

Big-Data-Analysen haben inzwischen in viele Lebensbereiche Einzug gehalten (vgl. z.B. Düx & Sieben, 2015, S. 10ff.). Neben den genannten algorithmisch generierten maßgeschneiderten Angeboten und individuellen Preisen im Onlineshopping wird mit der ‚Filter-Bubble' die vom individuellen Verhalten im Netz abhängige selektive Präsentation von Informationen generell bezeichnet. Im Bereich der Gesundheit gelingt über die Auswertung von Aktivitäten in Suchmaschinen die lokale Vorhersage von Krankheitswellen, Krankenkassen gewähren Sondertarife für diejenigen, die ihre Vitaldaten überwachen lassen. Im Bereich des Verkehrs können durch die Analyse des Verkehrsaufkommens Umweltbelastungen gesenkt und Verkehrsflüsse optimiert werden, Versicherungen bieten auch hier günstige Konditionen, wenn Fahrzeug- und Bewegungsdaten zugänglich gemacht werden. Aber auch die Auswertung von Metadaten in sozialen Netzwerken führt zu immer differenzierterer Beschreibung von sozialen Gruppen oder Milieus, Learning Analytics als Auswertung von Lernaktivitäten im Netz erlaubt die Entwicklung von individuellen Fördermaßnahmen. Und nicht zuletzt kommunizieren in der sogenannten Industrie 4.0 Werkstücke, Transporteinrichtungen und Menschen miteinander und Arbeitsabläufe werden in das Internet der Dinge integriert, sodass Technik, Produktion und Absatzmarkt in einem soziotechnischen System verschmelzen (cyberphysical system) (vgl. Mainzer, 2014, S. 239).

Generell werden mit Big Data zum einen immer schneller wachsende Datenberge bezeichnet, zum anderen aber auch IT-Lösungen zur Analyse und Auswertung dieser Daten und zur Erkenntnisgewinnung (vgl. Mainzer, 2014, S. 232). Das massive Wachstum von Datenmengen wird sowohl durch das aktive Bereitstellen durch die Nutzer selbst als auch durch das – in vielen Fällen unbemerkte – Sammeln von Daten durch IT-Anbieter ermöglicht. Gapski (2015) unterscheidet zwischen inhaltsbezogenen Daten (z.B. Bilder, Videos, Texte), Prozessdaten (z.B. Übertragungsdaten, Sensordaten, Metadaten) und Programm-Daten (Code, Programme). So werden in sozialen Netzwerken z.B. Selfies als Inhalte eingestellt (s.o.), wobei das Einstellen dieser Daten gleichzeitig auch entsprechende Prozessdaten erzeugt, die sich z.B. in Verbindungsprotokollen finden oder automatisiert in Form von Metadaten zur Art des Bildes, der genutzten Webumgebung usw. erzeugt werden. Zukünftig werden mit dem Internet der Dinge im Grunde alle Objekte im Netz adressierbar und können miteinander kommunizieren. Insbesondere vielfältige Sensoren helfen Zustände zu erfassen und in Form von Daten über das Netz zu kommunizieren. In einfacher Form trifft dies schon auf Smartphones zu, die mit umfangreichen Sensoren ausgestattet sind und beispielsweise Ortsdaten liefern, über die Bewegungsprofile erstellt werden können. Sind zudem noch spezifische Apps installiert, können auch Vitaldaten, wie z.B. Herzfrequenz, Körpertemperatur oder Blutdruck übertragen werden. Solche Formen der Lebensprotokollierung („lifelogging") sind Quantifizierungen, die dem Gesundheitsmonitoring ebenso dienen können wie der Optimierung von Produktivität am Arbeitsplatz (vgl. z.B. Selke, 2014).

Big Data ist weniger eine neue Technologie als vielmehr eine neue Methode der Erkenntnisgewinnung, die durch die Auswertung von Daten mit Hilfe ‚intelligenter' Algorithmen erfolgt (vgl. Mayer-Schönberger, 2015, S. 14). Bisherige datengestützte Formen der Erkenntnisgewinnung gehen von Hypothesen aus, die sich an repräsentativ gewonnenen Stichproben einer Bewährungsprobe unterziehen lassen: Aber „in der Regel können wir aus den Stichproben nur jene Fragen beantworten, die uns schon von Anfang an bekannt waren" (ebd., S. 15). Mit Hilfe von Big Data Analytics können nun nahezu alle Daten zu einem bestimmten Phänomen analysiert werden und es lassen sich automatisiert neue Hypothesen generieren und evaluieren. „Zum Zeitpunkt der Datensammlung ist dabei typischerweise weder die Existenz der zu gewinnenden Informationen noch der Analysezweck bekannt. Diese Analysen werden daher oft, in Analogie zum Goldbergbau, als *Data Mining* bezeichnet: Das Schürfen nach wertvollen Informationen im großen Datenberg" (Grillenberger & Romeike, 2015b, S. 128, Hervorh. i.O., B.H.). Dies beschleunigt den Erkenntnisprozess und kann durchaus zu besseren Ergebnissen führen, als wenn komplexe mathematische Modelle mit nur wenigen Daten verwendet werden (vgl. Mayer-Schönberger, 2015, S. 16). Die Analysen sind detaillierter und Messfehler fallen weniger ins Gewicht. Ziel solcher Analysen ist die „Entdeckung neuer Zusammenhänge, Korrelationen und die Ableitung von Zukunftsprognosen" (Mainzer, 2014, S. 235). Insbesondere Kausalaussagen sind mit diesen Analysen aber nicht möglich, jedoch können bewährte Hypothesen zur Ursachenforschung herangezogen werden. Big-Data-Analysen können sowohl mit solchen Daten erfolgen, die über einen bestimmten Zeitraum gesammelt, in Datenbanken gespeichert und ex post ausgewertet werden, als auch in Echtzeit an sogenannten Datenströmen, etwa wenn Tweets im Kurznachrichtendienst Twitter analysiert werden (vgl. Grillenberger & Romeike, 2015a). In technischer Hinsicht sind insbesondere die Methoden der Clusterbildung, der Klassifikation und der Assoziation bedeutsam. Dabei dient die Clusterbildung dazu, Daten auf gemeinsame Merkmale hin zu analysieren und sie dann zusammenzufassen, die Kategorisierung bezeichnet die Zuordnung von Daten in vorab definierte Klassen und die Methode der Assoziation dient dazu, Zusammenhänge zwischen Merkmalen eines Datensatzes auszudrücken (vgl. Grillenberger & Romeike, 2015a, S. 138).

Mit dem Phänomen von Big-Data-Analysen sind zentrale Aspekte der Medienbildung und daraus resultierende schulische Aufgaben angesprochen:
- Datenberge wachsen, weil durch Mediennutzung bewusst Daten freigegeben werden und weil an vielen Stellen Daten erhoben und gesammelt werden, an denen dies nicht oder weniger offensichtlich ist. Eine notwendige Voraussetzung, sich als Individuum dazu zu verhalten, ist die Kenntnis entsprechender Prozesse. Während klassische, nicht vernetzte Medien noch ei-

nen überschaubaren Raum markieren und in ihren Reichweiten einzuschätzen sind, ist Big Data Ausdruck von Entgrenzungen und „die ‚Medien‘ der Medienbildung ... verflüchtigen sich in informationelle Umwelten" (Gapski, 2015, S. 74). Big Data verändert die Medienlandschaft damit grundlegend von singulären und einzelnen Bereichen zurechenbaren Angeboten zu diffusen digitalen Arenen, in denen nicht mehr das Individuum einem Angebot – sei es als Rezipient oder aktiv Handelnder – gegenübersteht, sondern quasi selbst zum Bestandteil des Angebots aus Interface, Informatiksystem und Daten wird. Dies bedeutet, dass schon ein Überblick über die Medienlandschaft ungleich anspruchsvoller wird.
– Mit Big-Data-Analysen sind maschinisierte Prozesse verbunden, die von Informatiksystemen ausgeführt werden. Insofern ist aus der Perspektive der Medienbildung damit grundsätzlich ein Verständnis der Formalisierung, Algorithmisierung und Automatisierung von Prozessen verbunden, aber in besonderer Weise auch ein Verständnis dafür, dass diese Algorithmen Auswirkungen auf das Alltagsleben haben, ohne dass es dazu einer spezifischen Beteiligung des Individuums bedarf: „Programme, die der Welt des Semiotischen, der Zeichen angehören, wirken direkt und ohne menschliche Vermittlung auf die physikalische Realität – und das wird für die Anwendungen der Zukunft immer mehr der Fall sein" (Schelhowe, 2006, S. 7f.). Dies bedeutet, dass Medienbildung auch die Auseinandersetzung mit Fragen unterschiedlicher Arten von Daten, ihrer Erhebung bzw. Sammlung und ihrer Auswertung im Sinne informatischer Grundprinzipien umfassen muss (zum Verhältnis von informatischer Bildung und Medienbildung vgl. Herzig, 2016).
– Eine für die Medienbildung besondere Herausforderung von Big Data ist die bereits angedeutete Reichweite der Auswirkungen auf Individuum und Gesellschaft. Neben allen positiven Effekten von Big Data werden insbesondere solche Szenarien als problematisch angesehen, in denen korrelative Analysen für kausale Zwecke missbraucht werden und individuelle Rechte und Freiheiten beschneiden: „Die permanente Vergangenheit und die vorhergesagte Zukunft sind – auf die einzelnen Menschen bezogen – die beiden großen Schattenseiten von Big Data" (Mayer-Schönberger, 2015, S. 19). Wenn in sozialen Netzwerken Daten erhoben, im Hintergrund ausgewertet werden und später an anderer Stelle in Lebenszusammenhänge eingreifen, dann wird die (Entscheidungs-)Freiheit des Einzelnen tangiert. Im Laufe der Mediengeschichte hat sich die Medienpädagogik unter unterschiedlichen Leitideen – von bewahrpädagogischen bis zu handlungs- und interaktionsorientierten Ansätzen (vgl. Tulodziecki et al., 2010, S. 154ff.) – mit immer wieder neuen Entwicklungen auseinandergesetzt. Unter der Perspektive eines mündigen und selbstbestimmten Subjekts wurden in jüngerer Vergangenheit Zielvorstellungen und pädagogische Maßnahmen zur

Ermöglichung und Förderung von Medienkompetenz oder Medienbildung diskutiert. Mit der Big-Data-Debatte stellt sich nun erstmals die Frage, ob eine solche Zielvorstellung überhaupt noch realistisch ist (vgl. Gapski, 2015, S. 78). Wenn das Individuum nicht mehr in der Lage ist, Funktionen von Medien und automatisierte Prozesse sowie deren Konsequenzen – sei es aus Komplexitätsgründen oder aus Gründen von Intransparenz – grundsätzlich einzuschätzen, dann muss ein Diskurs über die Befähigung des einzelnen Subjekts zum sachgerechten, selbstbestimmten, kreativen und sozial verantwortlichen Handeln auch auf einer höheren gesellschaftlichen Ebene geführt werden. Mit Hinweisen zur „digitalen Selbstverteidigung" haben Heuer & Tranberg (2013) Möglichkeiten aufgezeigt, sich auf individueller Ebene den Auswirkungen von Big Data zu entziehen. So wichtig und plausibel solche Werkzeuge sind, so darf sich eine Medienbildung aber nicht auf der pragmatischen Ebene der Protektion erschöpfen, sondern muss Individuen in die Lage versetzen, handlungs- und entscheidungsfähig zu bleiben.

– Die Schwierigkeit, verborgene Prozesse der Sammlung und Auswertung von Daten einzuschätzen, macht auch auf rechtliche Aspekte und die damit verbundenen Fragen der informationellen Selbstbestimmung, des Urheberrechts, des Schutzes der Privatsphäre und der Überwachung aufmerksam. Ging es im Kontext von Web 2.0 häufig noch um die Frage, welche Rechte zu beachten sind, wenn beispielsweise ein Bild für die eigene Webpräsenz verwendet wird, so ist dies im Kontext von Big Data im Zusammenspiel von Individuum, Internetkonzernen, Informatiksystemen und öffentlichen Institutionen ungleich komplexer. Entsprechend fordert Mayer-Schönberger, Big Data verbindlichen Regeln zu unterwerfen: „Das bedarf möglicherweise neuer Grundrechte, neuer Verantwortlichkeiten für jene, die Big Data einsetzen, aber auch neuer Institutionen, die die Regulierung und Kontrolle von Big Data übernehmen" (Mayer-Schönberger, 2015, S. 19).

5. Fazit

Mediatisierung und Digitalisierung kennzeichnen grundsätzliche Veränderungen im Sinne von gesellschaftlichen Transformationsprozessen, die nicht auf einzelne Lebensbereiche beschränkt sind, sondern Berufs-, Alltags- und Freizeitwelt gleichermaßen tangieren. Die Medienlandschaft als solche, die Breite der Medienangebote, die Ausdrucks- und Artikulationsformen, die Artefakte und Interfaces sowie die rechtlichen, ökonomischen, personellen und institutionellen Rahmenbedingungen unterliegen einem dynamischen Wandel, an dem der Einzelne nur dann aktiv teilnehmen und diesen mitgestalten kann, wenn er über eine grundlegende Medienbildung verfügt. Partizipation und gesellschaftliche Teilhabe hängen heute mehr denn je auch davon ab, inwieweit sich Menschen als Individuen und gemeinsam in der digitalen Welt orientieren und diese sinnstiftend in ihre Lebenszusammenhänge integrieren können.

Kinder und Jugendliche wachsen nicht nur in der digitalen Welt auf, sondern auch in sie hinein. In informellen Kontexten erwerben sie Kompetenzen in der Nutzung von (digitalen) Mediengeboten, ohne dass dies einer besonderen didaktischen oder erzieherischen Unterstützung bedarf. Es wäre allerdings verkürzt anzunehmen, dass damit auch gleichzeitig und quasi automatisch Anforderungen an Medienbildung erfüllt sind. Grundlegende Handhabungs- und Nutzungsformen zu beherrschen ist eine notwendige, aber bei weitem nicht hinreichende Voraussetzung für medienkompetentes Handeln. Insofern greifen Ansätze von Medienkompetenz oder Medienbildung, die im Wesentlichen auf instrumentelle Fertigkeiten fokussieren, deutlich zu kurz. Unabhängig von besonderen Erfordernissen, z.B. dem Umgang mit spezifischen Informatiksystemen in der beruflichen Bildung, geht es in der Medienbildung um allgemeinbildende Fragen. Ebenso wie beispielsweise in den Naturwissenschaften der allgemeinbildende Wert damit verbunden ist, grundlegende Phänomene, ihre Zusammenhänge und Auswirkungen sowie Erkenntnismethoden zu verstehen und diese sinnstiftend für den Auf- und Ausbau des Selbst- und Weltverhältnisses zu nutzen, so muss auch für die digitale Welt ein Einblick in grundlegende Phänomene von Digitalisierung und Mediatisierung sowie in Möglichkeiten der individuellen und gemeinschaftlichen gestaltenden Teilhabe ein wichtiges allgemeinbildendes Ziel sein. Fähigkeiten, Fertigkeiten und Einstellungen in dieser Richtung entwickeln sich nicht von allein, sondern bedürfen der didaktischen und erzieherischen Förderung und Unterstützung.

Angesichts der weitreichenden Bedeutung von Digitalisierung und Mediatisierung erscheint es verwunderlich, dass eine umfassende Medienbildung bildungspolitisch zwar vielerorts postuliert, eine verbindliche Umsetzung aber nur in Ansätzen realisiert ist. So komplex das Phänomen ist, so komplex ist allerdings auch der damit verbundene Bildungsprozess. Medienbildung sollte sich nicht in singulären Maßnahmen erschöpfen, sondern einen kontinuierlichen Prozess entlang der Bildungskette darstellen. Dies bedeutet, dass bereits im vorschulischen Bereich eine Auseinandersetzung mit Medien erfolgen sollte, die sich dann – idealtypisch im Sinne eines kumulativen Kompetenzerwerbs – in nachfolgenden Bildungseinrichtungen und -phasen fortsetzt. Man könnte es auch so formulieren, dass allen Kindern und Jugendlichen Möglichkeiten und Rahmenbedingungen geboten werden müssen, im Laufe ihrer Bildungskarriere Kompetenzen für ein sachgerechtes, selbstbestimmtes, kreatives und sozial verantwortliches Handeln in der digitalen Welt zu erwerben. Aufgrund der vielfältigen Facetten von Medienbildung und der unterschiedlichen fachlichen Bezüge wird Medienbildung in der Regel nicht als eigenes Fach unterrichtet, sondern fächerübergreifend. Für Schulen bedeutet dies, dass – neben der Entwicklung einer geeigneten Infrastruktur – ein schulisches Medienbildungskonzept entwickelt werden muss, in dem einzelne Fächer ihre Beiträge zu einer umfassenden Medienbildung einbringen. Dabei geht es einerseits um die Frage, wie digitale Medien für Lehr- und Lernzwecke genutzt werden können (als primär didaktische Frage) und anderseits um die Frage, wie eine bildende Auseinandersetzung mit digitalen Medien als Gegenstand von Lehr- und Lernprozessen erfolgen kann (als primär erzieherische Frage). Nicht zuletzt ist dafür eine angemessene Ausbildung von Lehrkräften erforderlich. Auch diese ist in der ersten (hochschulischen) Ausbildungsphase alles andere als obligatorisch. Hier muss neben einer allgemeinen medienpädagogischen Grundbildung auch in den Fächern bzw. Fachdidaktiken danach gefragt werden, wie sich das Selbstverständnis des jeweiligen Faches und seine Vermittlung vor dem Hintergrund von Digitalisierung und Mediatisierung verändern.

Literatur

BITKOM [Bundesverband Informationswirtschaft, Telekommunikation und Neue Medien e.V.] (Hrsg.). (2011). *Schule 2.0 – Eine repräsentative Untersuchung zum Einsatz elektronischer Medien an Schulen aus Lehrersicht.* Verfügbar unter: https://www.bitkom.org/Publikationen/2011/Studie/Studie-Schule-2-0/BITKOM-Publikation-Schule-20.pdf [24.08.16].

BITKOM [Bundesverband Informationswirtschaft, Telekommunikation und Neue Medien e.V.] (Hrsg.). (2015). *Digitale Schule – vernetztes Lernen. Ergebnisse repräsentativer Schüler- und Lehrerbefragungen zum Einsatz digitaler Medien im Schulunterricht.* Verfügbar unter: https://www.bitkom.org/Publikationen/2015/Studien/Digitale-SchulevernetztesLernen/BITKOM-Studie_Digitale_Schule_2015.pdf [24.08.16].

Bitter, G. & Corrall, A. (2014). The Pedagogical Potential of Augmented Reality Apps. *International Journal of Engineering Science Invention, 10,* 13–17.

Blömeke, S., Herzig, B. & Tulodziecki, G. (2007). *Gestaltung von Schule. Eine Einführung in Schultheorie und Schulentwicklung.* Bad Heilbrunn: Klinkhardt.

BMWi/BMI/BMVI [Bundesministerium für Wirtschaft und Energie, Bundesministerium des Innern, Bundesministerium für Verkehr und digitale Infrastruktur] (Hrsg.). (2014). *Digitale Agenda 2014–2017.* München: PRpetuum GmbH.

Bos, W., Eickelmann, B. & Gerick, J. et al. (2015). *ICILS 2013. Computer- und informationsbezogene Kompetenzen von Schülerinnen und Schülern in der 8. Jahrgangsstufe im internationalen Vergleich.* Münster: Waxmann.

Châlons, Ch. & Dufft, N. (2016). Die Rolle der IT als Enabler für Digitalisierung. In F. Abolhassan (Hrsg.), *Was treibt die Digitalisierung?* (S. 27–38). Wiesbaden: Springer.

Deutscher Bundestag. (2015). *Durch Stärkung der Digitalen Bildung Medienkompetenz fördern und digitale Spaltung überwinden.* Drucksache 18/4422.

Diederich, J. & Tenorth, H.-E. (1997). *Theorie der Schule.* Berlin: Cornelsen.

Döbeli Honegger, B. (2016). *Mehr als 0 und 1. Schule in einer digitalisierten Welt.* Bern: hep Verlag.

Donnachie, K. a. (2015). *Selfies, #ich. Augenblicke der Authentizität.* In Bieber, A. (Hrsg.), *Ausstellung Ego Update – Die Zukunft der Digitalen Identität* (S. 51–78). Düsseldorf: Forum Kultur.

Döring, N. (2014). Smartphones und jugendliche Kommunikationskultur. Von Selfies, Sexting, Sport-Apps & Co. In Aktion Jugendschutz (ajs) Landesarbeitsstelle Baden-Württemberg (Hrsg.), *Schriftenreihe Medienkompetenz: Zehn Jahre Web 2.0* (S. 20–31). Verfügbar unter http://www.nicola-doering.de/wp-content/uploads/2014/12/Döring-2014-Smartphones-und-jugendliche-Kommunikationskultur.pdf [24.08.2016].

Dräger, J. & Müller-Eiselt, R. (2015). *Die digitale Bildungsrevolution. Der radikale Wandel des Lernens und wie wir ihn gestalten können.* München: DVA.

Düx, S. & Sieben, G. (2015). *Big Data. Eine Arbeitshilfe für die Jugendarbeit.* Verfügbar unter: http://www.jfc.info/data/Big-Data_Broschu__re_WEB_V9.pdf [24.08.2016].

e-teaching.org Redaktion (2016). *Augmented Reality.* Verfügbar unter: https://www.e-teaching.org/didaktik/gestaltung/augmented_reality/index_html. [24.08.2016].

Eickelmann, B., Schaumburg, H., Drossel, K. & Lorenz, R. (2014). Schulische Nutzung von Neuen Technologien in Deutschland und im Internationalen Vergleich. In W. Bos et al. (Hrsg.), *ICILS 2013. Computer- und informationsbezogene Kompetenzen von Schülerinnen und Schülern in der 8. Jahrgangsstufe im internationalen Vergleich* (S. 197–230). Münster: Waxmann.

Gapski, H. (2015). Medienbildung in der Medienkatastrophe – Big Data als Herausforderung. In H. Gapski (Hrsg.), *Big Data und Medienbildung. Zwischen Kontrollverlust, Selbstverteidigung und Souveränität in der digitalen Welt* (S. 63–80). München: kopaed.

GI [Gesellschaft für Informatik] (2016). *Dagstuhl-Erklärung: Bildung in der digital vernetzten Welt.* Verfügbar unter: https://www.gi.de/fileadmin/redaktion/Themen/dagstuhl-erklaerung-bildung-in-der-digitalen-welt-2016.pdf [24.08.2016].

Grafe, S. (2008). *Problemlösefähigkeit beim Lernen mit Computersimulationen.* Bad Heilbrunn: Klinkhardt.

Grillenberger, A. & Romeike, R. (2015a). Big-Data-Analyse im Informatikunterricht mit Datenstromsystemen: Ein Unterrichtsbeispiel. In J. Gallenbacher (Hrsg.), *INFOS 2015 – Informatik allgemeinbildend begreifen. Lecture Notes in Informatics (LNI)* (S. 135–144). Bonn: Gesellschaft für Informatik.

Grillenberger, A. & Romeike, R. (2015b). Big-Data im Informatikunterricht: Motivation und Umsetzung. In J. Gallenbacher (Hrsg.), *INFOS 2015 – Informatik allgemeinbildend begreifen. Lecture Notes in Informatics (LNI)* (S. 125–134). Bonn: Gesellschaft für Informatik.

Haase, S., Kirstein, J., Neuhaus, W. & Nordmeier, V. (2015). Technology Enhanced Textbook (TET). Das digitale Lehrbuch der Zukunft. In M. Schuhen &

M. Froitzheim (Hrsg.), *Das Elektronische Schulbuch 2015. Fachdidaktische Anforderungen und Ideen treffen auf Lösungsvorschläge der Informatik* (S. 49-62). Münster: LIT Verlag.

Hattie, J. (2009). *Visible learning. A synthesis of over 800 meta-analyses relating to achievement*. London, New York: Routledge.

Herber, E. (2012). Augmented Reality – Auseinandersetzung mit realen Lernwelten. *Zeitschrift für e-learning, 3*, 7-13.

Herzig, B. (2003). Der Datenschutz, die Hacker und die Moral. Datenschutz als Thema politischer Bildung. *Gesellschaft, Wirtschaft, Politik. Sozialwissenschaften für politische Bildung, 1*, 99-109.

Herzig, B. (2012). *Medienbildung. Grundlagen und Anwendungen*. München: kopaed.

Herzig, B. (2014). *Wie wirksam sind digitale Medien im Unterricht?* Verfügbar unter: http://www.digitalisierung-bildung.de/wp-content/uploads/2014/11/Digitale MedienUnterricht_final.pdf [24.08.16].

Herzig, B. (2015). Digitale Medien in der Lehr-Lernforschung. Ergebnisse und Herausforderungen aus interdisziplinärer Sicht. In J. Knopf (Hrsg.), *Medienvielfalt in der Deutschdidaktik. Erkenntnisse und Perspektiven für Theorie, Empirie und Praxis* (S. 17-35). Baltmannsweiler: Schneider Verlag Hohengehren.

Herzig, B. (2016). Medienbildung und Informatische Bildung – Interdisziplinäre Spurensuche. *MedienPädagogik. Zeitschrift für Theorie und Praxis der Medienbildung 25*, 28. Oktober, 59-79. doi: 10.21240/mpaed/25/2016.10.28.X.

Herzig, B. & Grafe, S. (2007). *Digitale Medien in der Schule. Standortbestimmung und Handlungsempfehlungen für die Zukunft. Studie zur Nutzung digitaler Medien in allgemein bildenden Schulen in Deutschland*. Verfügbar unter: http://www2. uni-paderborn.de/fileadmin/kw/institute-einrichtungen/erziehungswissenschaft/arbeitsbereiche/herzig/downloads/forschung/Studie_Digitale_Medien.pdf [24.08.16].

Heuer, S. & Tranberg, P. (2013). *Mich kriegt ihr nicht. Die wichtigsten Schritte zur digitalen Selbstverteidigung*. Hamburg: Murmann Verlag.

Keupp, H. (2005). *Patchwork-Identität – Riskante Chancen bei prekären Ressourcen*. Verfügbar unter: http://www.ipp-muenchen.de/texte/keupp_dortmund.pdf [24.08.2016].

KIDS interactive (2016). *SchulAR – die Schulbuch-App*. Verfügbar unter: http://www.schular.de [24.08.2016].

KMK – Kultusministerkonferenz (2012). *Medienbildung in der Schule*. Beschluss der Kultusministerkonferenz vom 08.03.2013. Berlin: Sekretariat der KMK.

KMK – Kultusministerkonferenz (2016). *Strategie der Kultusministerkonferenz „Bildung in der digitalen Welt"*. Stand 27.04.2016. Berlin: Sekretariat der KMK.

Koile, K. & Singer, D. (2008). *Assessing the impact of a Tablet-PC-based Classroom Interaction System*. Verfügbar unter: http://projects.csail.mit.edu/clp/publications/ documents/KoileSingerWIPTE08.pdf [24.08.16]

Kozdon, B. (1974). *Wird das Schulbuch im Unterricht noch gebraucht? Situationsanalyse eines Mediums*. Bad Heilbrunn: Klinkhardt.

Krotz, F. (2012). Von der Entdeckung der Zentralperspektive zur Augmented Reality: Wie Mediatisierung funktioniert. In A. Hepp & F. Krotz (Hrsg.), *Mediatisierte*

Welten. Forschungsfelder und Beschreibungsansätze (S. 27–55). Wiesbaden: Springer.
Mainzer, K. (2014). *Die Berechnung der Welt. Von der Weltformel zu Big Data.* München: Verlag C.H. Beck.
Mayer-Schönberger, V. (2015). Was ist Big Data? Zur Beschleunigung des menschlichen Erkenntnisprozesses. *Aus Politik und Zeitgeschichte APuZ* 11-12/ 2195, S. 14–19.
Mayer, R. E. (2009). *Multimedia Learning.* Cambridge: University Press.
Moser, S. & Zumbach, J. (2012). Augmented Reality – erweiterte multimediale Lernerfahrungen. In E. Blaschitz et al. (Hrsg.), *Zukunft des Lernens* (S. 39–57). Glückstadt: vwh.
MPFS [Medienpädagogischer Forschungsverbund Südwest] (Hrsg.) (2015). JIM-Studie 2015. *Jugend, Information, (Multi-)Media. Basisuntersuchung zum Medienumgang 12- bis 19-Jähriger.* Stuttgart: Landesanstalt für Kommunikation Baden-Württemberg.
Müller, J. (2015). Digitalisierung – Die Grundlage der digitalen Gesellschaft. *LOG IN, 35* (180), 67–76.
Muuß-Meerholz, J. & Schaumburg, F. (2014). *Open Educational Ressources (OER) für Schulen in Deutschland 2014. Whitepaper zu Grundlagen, Akteuren und Entwicklungen.* Verfügbar unter: http://open-educational-resources.de/wp-content/uploads/sites/4/2014/03/OER-Whitepaper_OER-in-der-Schule-2014.pdf [24.08.2016].
Nieding, G., Ohler, P. & Rey, G. D. (2015). *Lernen mit Medien.* Paderborn: Schöningh.
Preußler, A., Kerres, M. & Schiefner-Rohs, M. (2014). Gestaltungsorientierung in der Mediendidaktik: Methodologische Implikationen und Perspektiven. In B. Schorb, A. Hartung, H. Niesyto, H. Moser & P. Grell (Hrsg.), *Jahrbuch Medienpädagogik 10. Methodologie und Methoden* (S. 253–274). Berlin: Springer.
Ready, D. (2014). *Student Mathematics Performance in the First Two Years of Teach to One: Math.* Teachers College, Columbia University. Verfügbar unter: http://www.newclassrooms.org/resources/Teach-to-One_Report_2013-14.pdf [24.08.2016].
Reckwitz, A. (2003). Grundelemente einer Theorie sozialer Praktiken. *Zeitschrift für Soziologie, 32* (4), 282–301.
Reinmann, G. & Häuptle, E. (2006). *Notebooks in der Hauptschule. Eine Einzelfallstudie zur Wirkung des Notebook-Einsatzes auf Unterricht, Lernen und Schule. Abschlussbericht.* Augsburg: Universität, Philosophisch-Sozialwissenschaftliche Fakultät.
Rettberg, J. W. (2014). *Seeing Ourselves through Technology: How we use Selfies, Blogs and wearable devices to see and shape ourselves.* Basingstoke: Palgrave Macmillan.
Schaumburg, H., Prasse, D., Tschackert, K. & Blömeke, S. (2007). *Lernen in Notebook-Klassen. Endbericht zur Evaluation des Projekts „1000mal1000: Notebooks im Schulranzen.* Verfügbar unter: http://www.kranich-gymnasium.de/notebook/n21evaluationsbericht.pdf [24.08.2016].
Schelhowe, H. (2006). Medienpädagogik und Informatik: Zur Notwendigkeit einer Neubestimmung der Rolle digitaler Medien in Bildungsprozessen. *MedienPädagogik. Zeitschrift für Theorie und Praxis der Medienbildung, 12,* 1–21.

Schorb, B. (2014). *Identität und Medien.* In A. Tillmann, S. Fleischer & K.-U. Hugger (Hrsg.), *Handbuch Kinder und Medien* (S. 171–180). Wiesbaden: VS Verlag für Sozialwissenschaften.

Schreiber, W., Sochatzy, F. & Ventzke, M. (2013). Das multimediale Schulbuch. In W. Schreiber, A. Schöner & F. Sochatzy (Hrsg.), *Analyse von Schulbüchern als Grundlage empirischer Geschichtsdidaktik* (S. 212–232). Stuttgart: Kohlhammer.

Seitz, K. (2007). Lernen in einer globalisierten Gesellschaft. In T. Rauschenbach, W. Düx & E. Sass (Hrsg.), *Informelles Lernen im Jugendalter. Vernachlässigte Dimensionen der Bildungsdebatte* (S. 63–91). Weinheim: Juventa.

Selke, S. (2014). *Lifelogging. Wie die digitale Selbstvermessung unsere Gesellschaft verändert.* Berlin: ECON.

Steinmaurer, Th. (2016). *Permanent vernetzt. Zur Theorie und Geschichte der Mediatisierung.* Wiesbaden: Springer VS.

Sweller, J. (2005). Implications of cognitive load theory for multimedia learning. In R. E. Mayer (Hrsg.), *The Cambridge Handbook of Multimedia Learning* (S. 19–30). New York: University Press.

Tamim, R. M., Bernard, R. M., Borokhovski, E., Abrami, P. C. & Schmid, R. F. (2011). What Forty Years of Research Says About the Impact of Technology on Learning. *Review of Educational Research, 81* (1), 4–28.

Tillmann, A. (2014). Selfies. Selbst- und Körpererkundungen Jugendlicher in einer entgrenzten Gesellschaft. In J. Lauffer & R. Röllecke (Hrsg.), *Lieben, Liken, Spielen. Digitale Kommunikation und Selbstdarstellung Jugendlicher heute* (S. 42–51). München: kopaed.

Tulodziecki, G., Grafe, S. & Herzig, B. (2013). *Gestaltungsorientierte Bildungsforschung und Didaktik. Theorie – Empirie – Praxis.* Bad Heilbrunn: Klinkhardt.

Tulodziecki, G., Herzig, B. & Grafe, S. (2010). *Medienbildung in Schule und Unterricht.* Bad Heilbrunn: Klinkhardt.

VBM (2014). *Digitale Schulbücher.* Verfügbar unter: http://digitale-schulbuecher.de/wp-content/uploads/2016/04/Flyer_DigitaleSchulbücher.pdf [24.08.2016].

Voß, G. G. (2004). Die Entgrenzung von Arbeit und Arbeitskraft. Eine subjektorientierte Interpretation des Wandels der Arbeit. *Mitteilungen aus der Arbeitsmarkt- und Berufsforschung, 3,* 473–487.

Wendt, B. (2015). Dissemination: Die Hashtag-Funktion und Identität. In A. Bieber (Hrsg.), *Ausstellung Ego Update – Die Zukunft der Digitalen Identität* (S. 82–94). Düsseldorf: Forum Kultur.

Winkler, H. (2004). Mediendefinition. *Medienwissenschaft – Rezensionen, Reviews, 1,* 9–27.

Andreas Büsch

Digital Natives and Digital Immigrants
Medienwelten und Medienkompetenz heutiger Schüler-, Lehrer- und Elterngenerationen

Sind Lehrer_innen als Digital Immigrants bei digitalen Medien ihren Schüler_innen, den (vermeintlichen oder tatsächlichen) Digital Natives technisch unterlegen, mithin weniger medienkompetent? Welches Verständnis von Medienkompetenz verbirgt sich dahinter und welche Herausforderungen muss sich die schulische Bildung angesichts der Digitalisierung stellen? Diesen Fragen geht der vorliegende Beitrag ausgehend von einer Problematisierung gängiger Typologien nach.

1. Haltung, bitte!

Wer die Debatte um digitale Medien als (schulischen) Bildungsgegenstand kritisch betrachtet kommt nicht umhin, eine Korrelation zwischen persönlicher Haltung der Diskutanten und der jeweils vorgetragenen Argumentationslinie zu entdecken. Insofern muss am Anfang wie am Ende der folgenden Überlegung eine kritische Überprüfung der jeweils eigenen Einstellung zu Medien und dem Megatrend Digitalisierung erfolgen. In Anlehnung an Süss (2015, S. 15) lassen sich dazu vier grobe Haltungen unterscheiden:

1. Ein *naiver Pessimismus,* demzufolge früher alles besser war und der Gebrauch digitaler Endgeräte ebenso wie die Digitalisierung an sich durchweg negativ gesehen wird. In anschaulich-ironischer Form hat dies Douglas Adams beschrieben: „Ich habe ein paar Regeln aufgestellt, die unsere Reaktionen auf technische Neuerungen beschreiben: Alles, was es schon gibt, wenn du auf die Welt kommst, ist normal und üblich und gehört zum selbstverständlichen Funktionieren der Welt dazu. Alles, was zwischen deinem 15. und 35. Lebensjahr erfunden wird, ist neu, aufregend und revolutionär und kann dir vielleicht zu einer beruflichen Laufbahn verhelfen. Alles, was nach deinem 35. Lebensjahr erfunden wird, richtet sich gegen die natürliche Ordnung der Dinge." (Adams, 2003, S. 134).
Aber völlig aus der Luft gegriffen erscheint diese Sicht der Dinge nicht: Smombies – so das Jugendwort des Jahres 2015, ein Kompositum aus Smartphone und Zombie – erfordern Bompeln, also in den Boden eingelassene Ampeln, die mittlerweile in einigen deutschen Städten erprobt wer-

den, um nicht bei auf das Smartphone gesenktem Kopf vor die nächste Straßenbahn zu laufen.

2. Ein *kritischer Pessimismus* wird von meist populärwissenschaftlichen Autoren gehegt. Medien im Allgemeinen und digitale Medien im Besonderen sind aus Sicht der Vertreter dieser Haltung in der Regel schädlich bis gefährlich und führen zu Verdummung, Vereinsamung und Verlust jeglicher Kultur. Die argumentativen Schwächen dieser Kulturpessimisten sind hinlänglich diskutiert (vgl. z.B. Büsch, 2012a), was sie aber nicht daran hindert, jedes Mal aufs Neue mit der Angst von Eltern und den – häufig leider nicht nur latenten – Vorbehalten gegenüber Medien von Pädagogen und Lehrern zu spielen.

Beiden Haltungen ist gemeinsam, dass sie letztlich geschichtsvergessen argumentieren: die Skepsis gegenüber dem jeweils Neuen ist ein durchgängiger Topos der gesamten Mediengeschichte – und zwar schon ab dem Aufkommen der Schrift, die Platon in seinem Dialog Phaidros kritisiert, weil sie der Fähigkeit zu freier Rede und Merkfähigkeiten abträglich sei und letztlich „nur Abbild und eine leblose Kopie des Urbildes der belebten und beseelten Sprache" (Janßen, 1995, S. 4). Die Befürchtungen, dass Medien zu sozialen Problemen führen und insbesondere auf die heranwachsende Generation negative Auswirkungen haben könnten, wurden vor allem intensiv beim Aufkommen des Films Ende des 19. Jahrhunderts diskutiert und waren letztlich Anstoß für die Frage nach einem gelingenden Jugendmedienschutz einerseits und einer sinnvollen pädagogischen Begleitung des Umgangs mit dem neuen Medium andererseits. Diese Debatten wiederholen sich mit dem Siegeszug des Fernsehens in den 70er Jahren des letzten Jahrhunderts und nun wiederum, angefacht durch die Digitalisierung und Vernetzung mit mobilen Endgeräten.

3. Am anderen Ende der Skala steht ein *naiver Optimismus*, wie ihn zum Beispiel größere Teile der Netz-Community noch vor einigen Jahren hatten, und der quasi eine Fortsetzung der Fortschritts- und Technikgläubigkeit in der intensiven ökonomischen Wachstumsphase der 50er und 60er Jahre des letzten Jahrhunderts ist. Aus dieser Perspektive wird (digitale) Technik sich letztlich immer zum Wohle der Menschen entwickeln, die sie benutzen – das Internet ist also per se dazu angetan, Wohlstand, Bildung und Beteiligung zu ermöglichen.

Diese Position übersieht aber die grundsätzliche Ambivalenz aller Medien, die als kulturelle Artefakte von Menschen geschaffen und somit zum Guten wie zum Schlechten nutzbar sind: „Die sozialen Netze sind imstande, Beziehungen zu begünstigen und das Wohl der Gesellschaft zu fördern, aber sie können auch zu einer weiteren Polarisierung und Spaltung unter Menschen und Gruppen führen. Der digitale Bereich ist ein Platz, ein Ort der Begegnung, wo man liebkosen oder verletzen, eine fruchtbare Diskussion führen oder Rufmord begehen kann." (Papst Franziskus, 2016, S. 3f.).

4. Ich plädiere daher für einen kritischen Optimismus, der eben diese Ambivalenzen aus Chancen einerseits und Herausforderungen andererseits wahr- und ernstnimmt. Denn Megatrends wie die Digitalisierung sind nicht aufhaltbar und erst recht nicht umkehrbar. Dies ist aber eben kein Grund für Kulturpessimismus, sofern die Entwicklung tendenziell Chancen birgt, die aber kritisch hinterfragt und durch gesellschaftliche Diskurse sowie Bildungsmaßnahmen begleitet werden müssen – Themen wie Datenschutz, Netzneutralität, Vorratsdatenspeicherung, Algorithmen, um nur einige aktuelle Beispiele zu nennen, bedürfen einer tiefergehenden Reflexion.
Der paradigmatische Unterschied zu einer pessimistischen Haltung ist die Blickrichtung auf Medien, die nicht bewahrpädagogisch fragt, was Medien mit uns machen, sondern genau umgekehrt: was wir mit Medien machen können.

Daran schließt sich eine weitere Differenzierung an, die wiederum als Frage nach dem eigenen Standpunkt verstanden werden kann: Der derzeitige gesellschaftliche Diskurs zu Digitalisierung wird aus mehreren Disziplinen heraus geführt, wobei die *technische Perspektive* mit der Debatte um Vernetzung, Konvergenz, neue Medien, Dienste und Apps, die Daten-Cloud sowie ökonomische Themen (Industrie 4.0, neue Geschäftsmodelle, New Economy, Social Media Marketing etc.) offensichtlich priorisiert werden. Insbesondere die beiden großen Kirchen haben dagegen wiederholt einen *medienethischen Beitrag* zum Diskurs über Digitalisierung geleistet und betont, dass dieser gesellschaftliche Megatrend einer kritisch-reflexiven Begleitung bedarf, da die Auswirkungen auf der Einzelnen wie die Gesellschaft (immer noch) nicht endgültig abzusehen sind und (medien-)philosophisch, medienethisch sowie rechtlich und ordnungspolitisch noch nicht eingeholt sind (vgl. dazu u.a. EKD/DBK, 1997; DBK, 2011; EKD, 2015; DBK, 2016).
Dass Digitalisierung auch ein *Bildungsthema* ist, beginnt sich erst in den letzten Jahren durchzusetzen (vgl. dazu u.a. DBK, 2011; DBK, 2016), wobei zumindest der bildungspolitische Diskurs zumindest in Teilen ebenfalls stark von Ökonomie getrieben scheint. Umso dringender sind die Fragen, welche Werte und Normen in unserer privaten wie beruflichen Kommunikation mit digitalen Medien gelten sollen – und welche Bildungsbedarfe in den verschiedenen Alterskohorten dazu bestehen.

2. Generationenbegriffe

Die Milieustudie des Deutschen Instituts für Vertrauen und Sicherheit im Internet (DIVSI) unterscheidet im Anschluss an das Sinus-Modell sieben Internetmilieus, die sich wiederum zu drei Gruppen zusammenfassen lassen (DIVSI, 2012, S. 31):
- „*Digital Natives* haben das Internet im vollen Umfang in ihren Alltag integriert und bewegen sich mit großer Souveränität und Selbstverständlichkeit in der digitalen Welt. Die Sphären online und offline verschmelzen in diesem Segment zunehmend. Rund 44 Prozent der Deutschen zählen zu dieser Gruppe.
- *Digital Immigrants* bewegen sich zwar regelmäßig, aber selektiv im Internet und stehen vielen Entwicklungen darin skeptisch gegenüber, insbesondere wenn es um die Themen Sicherheit und Datenschutz geht. Sie machen etwa 19 Prozent der Bevölkerung aus.
- *Digital Outsiders* sind vollkommen oder stark verunsichert im Umgang mit dem Internet und nutzen es deshalb so gut wie gar nicht. Sie machen rund 37 Prozent der deutschen Bevölkerung aus." (DIVSI, 2014, S. 19 – Hervorhebungen im Original).

Insofern die drei Gruppen bzw. sieben Milieus auffällig mit Alterskohorten korrelieren – etwas vereinfachend: je jünger, desto souveräner –, scheinen die Begriffe zur Segregierung der Gesellschaft in kompetente und inkompetente Internetnutzer etabliert. Die Zugehörigen der aktuellen „Generation Y", die die Geburtsjahrgänge 1980 bis 1999 umfasst und daher auch als „Millenials" bezeichnet wird, wären demnach die ersten Digital Natives. Aber stimmen diese Label überein mit dem Selbst- und Fremdbild der jeweiligen Generationen? Und was sagen diese „Generationenlabel" eigentlich aus?

Die Jugendsoziologie hat seit Helmut Schelsky und seiner skeptischen Generation immer wieder versucht, Zuschreibungen im Sinne eines Labeling Approach vorzunehmen, um das jeweils typische einer Kohorte fassbar zu machen – die nachfolgende Zusammenstellung soziologischer sowie literarischer Generationenlabels hat keinen Anspruch auf Vollständigkeit:
- Die skeptische Generation (Schelsky, 1957)
- Die verunsicherte Generation (Sinus, 1983)
- Generation X (Coupland, 1991)
- Generation Golf (Illies, 2001)
- Generation Praktikum (Stolz, 2005)
- Pragmatische Generation (Shell, 2006; Shell, 2010)
- Generation Y (u.a. Bund, 2014) = Millenials = Digital Natives (Barlow, 1996; Prensky, 2001) = Die Netzgeneration (DIVSI, 2014)

- Generation Z (Mohr, 2003; Scholz, 2014)
- Generation im Aufbruch (Shell, 2015)

Drei Aspekte fallen bei einer kritischen Überprüfung dieser Labels auf:
1. Der dabei genutzte Generationenbegriff stimmt nicht mit dem der Humanwissenschaften überein, da deutlich variierende und meist engere Zeitraster genutzt werden als die üblicherweise angenommenen 25 Jahre zwischen zwei Generationen.
2. Es handelt sich offensichtlich nicht immer um länger überdauernde Aspekte, auf die die verwendeten Labels abzielen, sondern zum Teil um eher kurzfristige soziale, kulturelle, mediale oder technische Erscheinungen.
3. Die Attribuierungen sind in sich nicht konsistent[1] und legen den Verdacht nahe, dass Marketing-Aspekte durchaus ein Motiv bei der Auswahl der Bezeichnungen sind.

Insgesamt handelt es sich bei diesen Generationenlabels daher wohl häufig um den mehr oder minder gelungenen Versuch von Publikumsmedien, die inhomogene Gesamtgruppe „Jugendliche" soweit zu simplifizieren, dass sie noch irgendwie zu verstehen und ihr Verhalten angemessen zu interpretieren ist.

Auch hinsichtlich der Dichotomie Digital Natives – Digital Immigrants[2] sind Zweifel angebracht, da zahlreiche Wegbereiter der Digitalisierung einerseits der Generation der Digital Immigrants angehören und andererseits von der Profession her eher fachfremd zentrale Beiträge lieferten:
- Konrad Zuse (* 1910, † 1995), der Erfinder der ersten vollautomatischen programmierbaren Rechenwerke, die den Kern jedes Computers ausmachen, war von Haus aus Bauingenieur.
- Vinton „Vint" Cerf (* 1943), Miterfinder des TCP-Protokolls und somit einer der Väter des Internet, ist Mathematiker.
- Tim Berners-Lee (* 1955), der Anfang der 90er Jahre des 20. Jahrhunderts am CERN die Seitenbeschreibungssprache HTML und das Konzept des

---

1   Generation X und Generation Y beziehen sich auf Geburtenjahrgänge (von 1965 bis 1980 bzw. 1980 bis 1995), Generation Z dagegen wurde von Mohr (2003) für die „78er", die kleinen Geschwister der „68er" eingeführt. Scholz (2014) u.a. bezeichnen dagegen mit Generation Z die Geburtsjahrgänge ab 1995. – Außerdem stehen literarische und ursprünglich soziologische Typisierungen nebeneinander. Bisweilen überschneiden sich schließlich die Labels: die im anglo-amerikanischen Sprachgebrauch so bezeichnete Generation X entspricht vom Geburtszeitraum 1965 bis 1980 der Generation Golf – dieser Begriff ist aber nur im deutschen Sprachraum geläufig.
2   Die Begriffe gehen zurück auf John Perry Barlow, Gründer der Electronic Frontier Foundation, der 1996 eine Unabhängigkeitserklärung des Cyberspace („A Declaration of the Independence of Cyberspace") gegen Zensurvorhaben im Internet veröffentlichte. In dieser heißt es „*You are terrified of your own children, since they are natives in a world where you will always be immigrants.*" (vgl. Barlow, 1996). Prensky verwendete dann zum ersten Mal die Gegenüberstellung „Digital Natives, Digital Immigrants" als Titel eines Aufsatzes (vgl. Prensky, 2001).

World Wide Web entwickelte und den ersten Webserver dort einrichtete, war Physiker, der in der Kernforschung das Problem riesiger Datenmengen hatte und diese verteilt mit Kollegen jeweils aktualisiert bearbeiten wollte.
- Tim O'Reilly (* 1954), auf den der Begriff des Web 2.0 zurückgeht – was heute angemessener als soziale Netze bezeichnet wird und immer noch ein zentraler Bestandteil von Social Media ist –, ist Verleger und hat ursprünglich Altertumswissenschaften studiert.

Nicht nur der Begriff der Digital Immigrants ist also fragwürdig; auch der Begriff der Digital Natives ist auf den zweiten Blick irreführend: Völlig unstrittig ist, dass eine Alterskohorte, die bei ihrer Geburt eine bestimmte Technik wie Elektrizität, motorgetriebene Fahrzeuge oder eben digitale Medien und Dienste vorfindet, mit dieser unbefangener und schon dadurch souveräner umgehen wird, als Menschen, für die diese technische Entwicklung im Laufe ihres Lebens eine möglicherweise herausfordernde oder irritierende Neuerung darstellt. Aber reicht die Nutzung bzw. Anwendung einer jeweils neuen Technik schon aus, um einen kompetenten Umgang damit behaupten zu können? Die durchaus auch von Jugendlichen wahrgenommenen Probleme im Umgang mit digitalen Medien (vgl. mpfs, 2015, S. 50–55) lassen diesbezüglich Zweifel aufkommen.

Die Frage muss also erlaubt sein, wer etwas von diesen irreführenden Attribuierungen hat? Wem außerhalb der Marketingbranche, die zwangsläufig Zielgruppen identifizieren und ansprechen muss, helfen solche plakativen Begrifflichkeiten? Welchen Erkenntnis- oder Erklärungswert bringt die (behauptete) Kluft zwischen Generationen? Und reichen Dichotomien zur Beschreibung sozialer Phänomene aus? Verdecken sie nicht vielmehr relevante Unterschiede und verhindern so eine notwendige Differenzierung?[3]

Eine sinnvollere Alternative besteht darin, nach medienbezogenen Handlungstypen zu differenzieren, d.h. Menschen nach ihrem Medienumgang bzw. ihrer Haltung zu Medien zu unterscheiden. Dazu gehören auch – aus der Perspektive von Eltern, Lehrern und Pädagogen – medienbezogene Erziehungsstile, die mit einer differenzierten Unterscheidung von Lebenswelten korrelieren.

3. Medienwelten und medienbezogene Handlungstypen

Die Frage nach den jeweils spezifischen Weisen der Medienaneignung und des Medienumgangs von Schülern, Eltern und Lehrern verweist auf den mediensozialisatorischen Ansatz an der Schnittstelle zwischen Kommunikationswissenschaft und Soziologie. Zentrale Annahmen sind, dass Medien eine eigenständi-

---

3 Auch die Rede vom sogenannten Digital Divide, der digitalen Teilung der Gesellschaft, ist insofern ideologieverdächtig, da sie nichts über die tatsächlichen Gründe dieser sozialen Spaltung aussagt, vgl. unten 3.2.

ge Sozialisationsinstanz neben den klassischen Instanzen (Elternhaus, Kindergarten, Schule etc.) sind, weil Lebenswelten von Kindern, Jugendlichen und Erwachsenen zumindest in modernen und damit medialisierten[4] Gesellschaften ganz wesentlich Medienwelten sind (vgl. Vollbrecht & Wegener, 2010): Medien machen inhaltlich einen großen Teil unseres Alltags aus, strukturieren ihn und sind Gegenstand von Aushandlungsprozessen zwischen den Generationen und in einer Generation. Die Medienforschung differenziert dabei eher nach Altersstufen (Kinder, Jugendliche, Erwachsene), die Soziologie nach Teilkulturen einer Gesellschaft bzw. Milieus (vgl. z.B. DIVSI, 2012). In Kombination der beiden disziplinären Zugänge lassen sich schlaglichtartig einige Feststellungen zu den verschiedenen Lebenswelten von Jugendlichen und Erwachsenen treffen.

3.1 Medienwelten Jugendlicher

Die jährlich durchgeführte, repräsentative JIM-Studie (mpfs, 2015) liefert hinsichtlich der Basisdaten zu Medienumgang und Medienaneignung Jugendlicher zwischen 12 und 19 Jahren keine großen Überraschungen, sondern eher die valide Bestätigung absehbarer Trends: Die Zielgruppe der Untersuchung ist vollausgestattet mit Handys, wobei dies zu 92% keine „Tastenhandys" mehr sind, sondern Smartphones. Fast die Hälfte der Jugendlichen besitzt ein Gerät der Marke Samsung. Den deutlichsten Zuwachs bei der Geräteausstattung Jugendlicher gibt es bei Tablet-PCs (29%, neun Prozentpunkte mehr als 2014; vgl. mpfs, 2015, S. 8).

Entsprechend gehören Smartphone- und Internetnutzung zu den wichtigsten medialen Freizeitbeschäftigungen, wobei die Mädchen das Handy bzw. Smartphone mehr nutzen (97% zu 91%). Umgekehrt spielen weit mehr Jungen (76%) als Mädchen (17%) Computerspiele (vgl. mpfs, 2015, S. 12). In der subjektiven Wichtigkeit spielt das Internet auch die Hauptrolle und hat damit „Musik hören" – 2013 noch auf Platz 1 – verdrängt (ebd., S. 14).

Mit fast 3,5 Stunden (208 Minuten; vgl. ebd, S. 30) hat die Nutzungsdauer im Vergleich zum Vorjahr nochmals um eine Viertelstunde zugenommen. Die Verteilung der inhaltlichen Nutzung ist dabei im Vergleich zu den Vorjahren stabil: Kommunikation ist nach wie vor die Hauptaktivität (40%), mit deutlichem Abstand gefolgt von Unterhaltung (26%). Spielen (20%) und Informationssuche (14%) haben nur nachgeordnete Bedeutung. Die bildungsbezogenen Unterschiede haben sich dabei im Vergleich zu früheren Jahren etwas nivelliert; jedoch gibt es bei Haupt- und Realschülern immer noch eine höhere Präferenz für Spiele als bei Gymnasiasten, die umgekehrt bei der Informationssuche leicht vorne liegen (vgl. ebd., S. 31).

---

4   Zur Problematik des Begriffs Medialisierung vgl. den Überblick von Meyen, 2009.

Die Ergebnisse der Studie, die sich auf die Nutzung problematischer Medieninhalte beziehen, geben auch in 2015 wenig Anlass zur Entspannung: Zwar gab gut ein Viertel (26%) aller Jugendlichen an, dass Freunde oder Bekannte schon einmal pornographische oder gewalthaltige Videos geschickt bekommen haben (vgl. ebd., S. 51), was gegenüber 2014 einen Rückgang um drei Prozentpunkte bedeutet. Die Nutzung gewalthaltiger Games ist allerdings im Vergleich zum Vorjahr unverändert: 71% geben an, dass Freunde solche Spiele spielen und 43% spielen selbst solche Spiele (vgl. ebd., S. 45).

Erstmals erfasst wurden 2015 Konflikte rund um die Mediennutzung. Dabei gaben die Jugendlichen bei allen angebotenen Kategorien mehrheitlich an, „nie" Stress oder Ärger wegen ihrer Mediennutzung zu haben. Sofern es über die Dauer oder Intensität der Mediennutzung Konflikte mit Eltern gibt, ist dies insgesamt noch am ehesten wegen der Spielenutzung (13% „häufig", 18% „gelegentlich", 25% „selten"). An zweiter Stelle der Konfliktthemen steht die „Handynutzung zu Hause" (11% „häufig", 14% „gelegentlich", 25% „selten"). Letzteres ist – analog zu den Nutzungspräferenzen – eher ein Thema für Mädchen; das Thema „Spiele" ist eher ein Problem bei Jungen (vgl. ebd., S. 53).

Insgesamt zeigt die JIM-Studie 2015, dass die Jugendlichen über ein umfassendes Medienensemble verfügen, mit dem sie bedürfnisbezogen durchaus differenziert umgehen. Die hohe subjektive Wichtigkeit und Nutzungsintensität insbesondere von Smartphones belegt aber auch die Notwendigkeit von Medienbildung für alle Altersstufen: „Heranwachsende auch in einer diesbezüglich kritischen und reflektierten Mediennutzung zu unterstützen und diese zu fördern, ist angesichts der hohen Geschwindigkeit der sich verändernden Angebote eine große Herausforderung. Erwachsene können hier mit gutem Vorbild vorangehen." (ebd., S. 58) – so die Forderung der Autor_innen der Studie. Aber können Erwachsene dies wirklich leisten?

3.2 Medienwelten Erwachsener

Die ARD/ZDF-Langzeitstudie Massenkommunikation ist eine weltweit einzigartige repräsentative Längsschnittstudie zur Mediennutzung, die seit 1965 alle fünf Jahre durchgeführt wird. Sie bezieht die gesamte Wohnbevölkerung ab 14 Jahren in Deutschland (in Haushalten mit Festnetzanschluss) ein. Aus den umfangreichen Ergebnissen können wiederum nur einige Aspekte herausgegriffen werden, die deutlich auf eine milieuspezifische Mediennutzung hinweisen: Eine differenzierte Betrachtung der täglichen Mediennutzungsdauer nach Sinus-Milieus (vgl. Sinus-Institut, 2016) ergibt im Vergleich zur Gesamtgruppe (515 min) eine deutlich unterdurchschnittliche Nutzungsdauer für die Konservativ-Etablierten (483 min) und Expeditiven (492 min) sowie für Liberal-Intellektuelle (501 min) und Sozial-Ökologische (502 min) (vgl. Engel & Mai, 2015, S. 429). Es fällt auf, dass diese unterdurchschnittliche Nutzung durchweg mit Milieus der Oberschicht/ Oberen Mittelschicht korreliert.

Betrachtet man die Internetnutzung (gesamt: 107 min) gesondert, fallen wiederum die Konservativ-Etablierten (74 min), aber mehr noch Prekäre (68 min), Bürgerliche Mitte (66 min) und Traditionelle (59 min) als Ausreißer nach unten auf (vgl. ebd.). Hier fällt der Zusammenhang aller vier Milieus mit der traditionellen Grundorientierung bzw. – für bürgerliche Mitte und Prekäre – der Positionierung in der mittleren Mittelschicht bzw. unteren Mittelschicht/ Unterschicht auf, was letztlich die Ergebnisse anderer Studien zu den Gründen der Nicht-Nutzung von Internet bestätigt: vor allem ältere Menschen, Frauen, Nicht-Berufstätige und Menschen mit formal geringeren Bildungsabschlüssen sowie Menschen aus bestimmten geografischen Regionen beteiligen sich nicht an der Internetnutzung (vgl. Initiative D21, 2015, S. 16–17, sowie Gerhards & Mende, 2009, S. 366), so dass es sich offensichtlich um eine entlang der genannten Merkmale beschreibbare soziale Spaltung handelt, die der digitalen Spaltung vorausliegt und von dieser noch verstärkt wird.

Fragt man über die (formale) Nutzung hinaus nach den (inhaltlichen) Motiven der Internetnutzung, so scheint die Wissenskluft-Hypothese im Sinne einer Unterscheidung in eher informationsorientierte und eher unterhaltungsorientierte Mediennutzung neue Nahrung zu bekommen: die eindeutig informationsbezogenen Nutzungsmotive „... weil ich Denkanstöße bekomme" und „... weil ich mich informieren möchte" steigen mit formaler Bildung; die eher unterhaltungsbezogenen Motive „... weil ich dabei entspannen kann" und „... weil ich mich dann nicht alleine fühle" sinken dagegen mit formaler Bildung (vgl. Breuning & Engel, 2015, S. 329).

Das bedeutet zumindest, dass es starke Indizien für einen milieuspezifischen Medienumgang gibt, wie er auch in der MedienNutzerTypologie (MNT, vgl. Eckert & Feuerstein, 2015) abgebildet wird. Diese „nimmt die Segmentierung der Gesellschaft in einzelne Typen anhand von Variablen vor, die besonders eng mit der Mediennutzung verknüpft sind. So spielen Merkmale wie Freizeitverhalten, Themeninteressen, Lebensziele, Grundwerte, aber auch Musikpräferenzen als Ausdruck des Lebensstils eine entscheidende Rolle. Mediennutzung selbst wird nicht für die Typenbildung verwendet, da es ansonsten zu einem zirkulären Schluss kommen würde, wenn Mediennutzung durch Mediennutzung erklärt würde. Aufgrund dieses Konstruktionsprinzips muss die neujustierte MNT relevante gesellschaftliche Veränderungen berücksichtigen, um die Mediennutzung erklären zu können." (Eckert & Feuerstein, 2015, S. 482) Auch die MNT 2015 unterscheidet wie die Sinus-Milieus in einem Koordinatensystem zwischen traditionellen und modernen Orientierungen; für die traditionellen Gruppen[5] bestätigt sie den leicht (Hochkulturorientierte: 77%; Häusliche: 65%) bzw. deutlich

---

5   Die MNT spricht im Gegensatz zu SINUS und anderen von Typen bzw. Gruppen, aber nicht von Milieus.

unterdurchschnittlichen (Zurückgezogene: 39%; Traditionelle: 29%) Anteil der Onlinenutzer (Gesamt: 78%) (vgl. ebd., S. 485).[6]

Diese Unterschiede stehen aber nicht nur für sich, sondern werden auch pädagogisch relevant, wie die DIVSI-U9-Studie zeigt, in der in Anlehnung an die o.g. Internet-Milieus (vgl. DIVSI, 2015, S. 19–21) Eltern zum Medienumgang ihrer Kinder im Alter bis zu acht Jahren sowie zu medienbezogenen Erziehungsauffassungen befragt werden (vgl. DIVSI, 2015). Die Dringlichkeit der Vermittlung von Medienkompetenz wird dabei einmal mehr unterstrichen, da Kinder immer früher Erfahrungen mit dem Internet machen: Über 50% der 8-Jährigen nutzen das Internet und – nach Aussagen ihrer Eltern – über 10% der 3-Jährigen (vgl. ebd., S. 68). Dabei spielt das Einkommen der Eltern keine Rolle für den Besitz der Kinder an eigenen Mediengeräten: „Kinder haben nahezu vergleichbare Möglichkeiten, auf Spielekonsolen, Smartphones und Computer bzw. Laptops zuzugreifen. Ob sie die Geräte besitzen, hängt dabei ebenso wenig vom Einkommen ihrer Eltern ab wie die Frage, ob sie sie nutzen." (DIVSI, 2015, S. 16) Dass die Kinder der Unbekümmerten Hedonisten – in den DIVSI-Internet-Milieus das der modern Orientierten in der unteren sozialen Lage – bei allen erfragten Gerätetypen mit Ausnahme von (Tasten-)Handys sogar führend sind (vgl. ebd., S. 21–54), bestätigt dies deutlich und zeigt darüber hinaus, dass sich Angehörige der unteren sozialen Lage an denen der oberen (Digital Souveräne) stärker orientieren als an den traditionelleren der gleichen sozialen Lage. Zugleich legt dies den Verdacht nahe, dass Mediengeräte als (unterstellte) Statussymbole in den modernen Milieus eine sehr große Rolle spielen.

Daher kann die Frage nicht mehr lauten, *ob* Medienbildung vermittelt werden muss, sondern nur noch wie dies bestenfalls erfolgen sollte. Dabei wird aber ein verhängnisvoller Unterschied zwischen den Milieus im Erziehungsstil bezüglich des Medienumgangs deutlich: Während die Verantwortungsbedachten Etablierten (das traditionelle Milieu der oberen sozialen Lage) sehr klar auf Regeln, Grenzen und Kontrolle bzw. Begleitung der Mediennutzung ihrer Kinder setzen, vertrauen „Unbekümmerte Hedonisten ... relativ sorglos darauf, dass ihren Kindern im Netz nichts passiert und sie nur kindgerechte Seiten besuchen. Konkrete Sicherheitsvorkehrungen für den Schutz der eigenen Kinder treffen sie vergleichsweise selten. Dass die Eltern Kinder- und Jugendschutzprogramme auf den Geräten installieren, mit denen die Kinder online gehen, findet im Milieuvergleich am seltensten statt (32%, gesamt: 54%). Charakteristisch für die Eltern aus diesem Milieu ist es, „aus dem Bauch heraus" zu handeln und weniger an mögliche Konsequenzen des eigenen Handelns oder das der eigenen Kinder zu denken. Informationen oder unterstützende Maßnahmen, um für mehr Sicherheit ihrer Kinder im Umgang mit digitalen Medien zu sorgen, emp-

---

6 Damit ist zugleich ausgesagt, dass rein demografische Kriterien wie Alter oder Geschlecht keinesfalls ausreichen, um kompetentes oder weniger kompetentes Medienhandeln erklären zu können; vgl. 1.

finden sie im Vergleich zu den Eltern aus den anderen Internet-Milieus überdurchschnittlich oft als uninteressant." (DIVSI, 2015, S. 36)

Die Konsequenz ist analog der Wissenskluft-Hypothese eine Art Knowledge Gap 1.0, denn die Kenntnisse der Eltern und Kinder bezüglich digitaler Medien korrelieren entlang der formalen Bildung: Wenn Eltern souverän mit dem Internet umgehen, vermitteln sie das offensichtlich auch ihren Kindern. Umgekehrt gilt dies aber leider auch: Sorglosigkeit produziert wenig Reflexivität. „Das Korrespondieren elterlicher und kindlicher Selbsteinschätzung bei der Internetkompetenz ist eine wichtige Erkenntnis, wenn es um die Klärung der Frage geht, inwiefern in Deutschland eine digitale Chancengleichheit existiert. Eine Voraussetzung dafür wäre, dass Kinder – unabhängig von sozialer Lage und digitaler Lebenswelt der Eltern – mit den gleichen Startvoraussetzungen für die Teilhabe an der digitalisierten Gesellschaft ausgestattet sind." (DIVSI, 2015, S. 107)

Die derzeitige Situation führt aber in Verbindung mit dem elterlichen Laissez-faire in unteren Milieus stattdessen noch zu einem Knowledge Gap 2.0: Kinder von Eltern mit einer höheren formalen Bildung nutzen das Internet deutlich umfangreicher bzw. inhaltlich breiter aufgestellt und mit einem deutlichen Informationsfokus. Das gilt sogar für die Nutzung von Spielen, die in Lern- und Unterhaltungsspiele differenziert werden können (vgl. DIVSI, 2015, S. 66). „Wie Kinder mit digitalen Medien konkret umgehen und was sie im Internet machen, unterscheidet sich vor allem entlang der formalen Bildungsgrade der Eltern.
- Kinder von Eltern mit geringer formaler Bildung haben im Kontext Spiele einen stärkeren Unterhaltungsfokus und nutzen das Internet deutlich seltener für Informationssuche und Lernzwecke als Kinder von Eltern mit formal höherer Bildung.
- Je geringer die formale Bildung der Eltern, desto weniger engagiert sind sie, ihre Kinder in die digitale Welt aktiv zu begleiten; sie sind vielmehr der Meinung, man bräuchte Kinder beim Erlernen des Umgangs mit digitalen Medien nicht anzuleiten, da sie dies von allein lernen würden." (DIVSI, 2015, S. 17 – Gliederung im Original)

Diese – schlaglichtartig ausgewählten – Befunde weisen deutlich darauf hin, dass es digitaler Bildung bedarf, die aktuell als Forderung vor allem an Schule herangetragen wird. Zwar ist kritisch anzumerken, dass in den aktuellen bildungspolitischen Debatten im Kontext der Digitalisierung (vgl. Deutscher Bundestag, 2015; KMK, 2016) außerschulische Felder der Kinder- und Jugendbildung ebenso vernachlässigt werden wie die Erwachsenenbildung mit Aus-, Fort- und Weiterbildung. Allerdings bietet Schule als System eben einen verbindlichen Rahmen, in dem jede Alterskohorte verbindlich erreicht werden kann.

Andreas Büsch

3.3 Exkurs: Was bedeutet Digitale Bildung?

Wenn auch Digitalisierung unbestritten seit ca. zwei Jahrzehnten der Megatrend ist, der mittlerweile auch begrifflich in der Mitte der Gesellschaft angekommen ist, so ist doch die Frage, ob die zahlreichen Attribuierungen von Prozessen und gesellschaftlichen Phänomenen als „digital" sinnvoll und mehr als publikumswirksame Marketingsprache sind. Mithin muss auch die Frage erlaubt sein, was der (bildungs-)politisch derzeit allenthalben genutzte Begriff der Digitalen Bildung bezeichnen soll.

So wie es keine digitale Gesellschaft gibt, sondern bestenfalls eine von der Digitalisierung geprägte bzw. mit ihr befasste Gesellschaft[7], so ist auch der Begriff der digitalen Bildung bestenfalls als Hashtag geeignet. Bei näherer Betrachtung sind damit – in je nach Verwendungskontext unterschiedlichen Anteilen – drei verschiedene Prozesse gemeint, die alle im schulischen Kontext eine Rolle spielen:

1. Bildung mit Hilfe digitaler Medien – Lernen mit Medien
Die entsprechenden Überlegungen zur Nutzung digitaler Medien in Lehr-Lern-Kontexten sind klassischer Gegenstand der Mediendidaktik, die sich mindestens seit den 70er Jahren des letzten Jahrhunderts immer wieder mit der Integration alltagskulturell vertrauter Medien in Unterrichtszusammenhänge auseinandersetzen muss. Damit verknüpft sind immer auch Ausstattungs-Fragen, die aber angesichts der für vernetztes und verteiltes Arbeiten notwendigen Infrastruktur weiter greifen als bei der Anschaffung einer Tafel oder eines Overhead-Projektors und auch rechtliche und medienethische Implikationen haben. Inwiefern die Möglichkeiten digitaler Geräte und Dienste genutzt und der mögliche Paradigmenwechsel zu einem wirklich interaktiven, schülerzentrierten Lernen bereits gelungen ist, wird zu prüfen sein.

2. Bildung durch digitale Medien – Lernen durch Medien
Insofern sich Kinder und Jugendliche immer mit Medien auseinandersetzen, sich den Umgang mit Geräten, Diensten und Angeboten aneignen sowie rezeptiv und produktiv mit den medial vermittelten Inhalten auseinandersetzen, geschieht Medienaneignung (auch) in Selbstsozialisation. Diese reicht aber wie beschrieben nicht aus, um über eine reine Anwendungskompetenz hinaus

---

7 „Vor allem begründet die binäre Codierung nicht – auch nicht das darauf beruhende technologische System – in irgendeiner Form ‚Gesellschaft'. Die Übertragung eines evolutionär relativen, naturwissenschaftlichen oder technischen Kalküls auf einen soziologischen Grundbegriff ist ein schlichter Kategorienfehler. ... Selbst angesichts der wirtschaftlichen und kulturellen Effekte, die mit der Infrastruktur des elektrischen Stroms und der künstlichen Beleuchtung einhergingen, ist kaum je ein Sozialforscher darauf gekommen, dies als konstitutiv für eine ‚elektrische Gesellschaft' anzusehen." (Lutz Hachmeister: Es gibt keine digitale Gesellschaft. FAZ vom 1.6.2015, S. 9)

selbstständig, subjektiv sinnvoll und verantwortlich mit digitalen Medien umgehen zu lernen.

3. Bildung auf den Umgang mit digitalen Medien hin – Lernen über Medien
Als dritte Facette ist daher die Vermittlung von Medienkompetenz bzw. Medienbildung[8] durch intentionale Bildungsvorgänge zu nennen, wie sie durch kompetente Lehrkräfte z.B. im schulischen Rahmen geschehen müsste. Idealerweise entsprechen sich dabei Form und Inhalt, d.h. digitale Medien bzw. Digitalisierung werden nicht nur als Themen, sondern auch durch Nutzung entsprechender Medien behandelt. Dies setzt aber voraus, dass Lehrkräfte inhaltlich wie didaktisch sicher mit digitalen Medien agieren können, selbst also kompetent mit digitalen Medien umgehen können, was durch entsprechende Studien- und Ausbildungsinhalte sicherzustellen wäre. Verschiedene Studien lassen dabei aber noch relativ großen Nachholbedarf erkennen.

3.4 Lehrer und digitale Medien[9]

Die Forderung nach einer Grundbildung Medien für pädagogische Fachkräfte ist in den letzten Jahren wiederholt gestellt worden (vgl. dazu Büsch, Missomelius & Kommer, 2016, S. 209) – die Realität der Ausbildung wie der schulischen Praxis ist von den skizzierten Erfordernissen noch weit entfernt.

Nach Selbstaussagen von Lehrern trauen sich zwar gut 86% zu, computergestützten Unterricht vorzubereiten (vgl. Telekom-Stiftung, 2015, S 30), gleichzeitig finden aber 82% der Lehrer, „dass die Uni sie besser auf den Einsatz von Computern im Unterricht vorbereiten sollte" (ebd., S. 31). Nur 54% halten die IT-Ausstattung ihrer Schule für ausreichend (ebd., S. 20)[10] und sogar nur 36% halten die pädagogische Unterstützung in Sachen Computer für ausreichend (ebd., S. 24). Schließlich befürchten 48% schlechtere Schreibfähigkeiten der Schüler, wenn sie Computer im Unterricht einsetzen (ebd., S. 29). So kann auch das Fazit des internationalen Vergleichs kaum verwundern: „In keinem

---

8 Zur Verhältnisbestimmung der beiden Begriffe vgl. u.a. Büsch, 2012b sowie Thomann, 2015.
9 Bei einem Vergleich der Literaturlage fällt auf, dass insbesondere die Altersgruppe der Kinder und Jugendlichen sehr gut beforscht ist, gefolgt von Erwachsenen. Zu Eltern an sich gibt es kaum medienwissenschaftliche Forschung; Lehrer scheinen außerhalb mediendidaktischer und damit funktional auf ihr professionelles Handeln bezogener Untersuchungen bisher kein Gegenstand der medienbezogenen Forschung zu sein. Allerdings ist auch fraglich, ob sich ihre medienbezogenen Einstellungen und Verhaltensweisen signifikant von denen anderer Erwachsener unterscheiden.
10 Allerdings gibt es zwischen den Bewertungen durch Lehrer in Bundesländern, die in diesem Punkt zur Spitzengruppe gehören (64,8% der Lehrer finden dort die schulische IT-Ausstattung ausreichend) und denen, die zur unteren Ländergruppe gehören (39,4%) eine große Abweichung (vgl. Telekom-Stiftung, 2015, S. 20).

Teilnehmerland der internationalen Schulleistungsstudie ICILS 2013 wurden Computer seltener im Unterricht eingesetzt als in Deutschland." (ebd., S. 12)

Die Gründe für die Defizite in schulischer Medienbildung sind vielfältig; die Studie „Medienbildung an deutschen Schulen" der Initiative D21 fasst diesbezüglich mehrere Papiere von Initiativen, Verbänden, Politik und Wissenschaft zusammen und gruppiert diese in vier Problembereiche (vgl. Initiative D21, 2014, S. 62–71). Die nachfolgende Aufzählung lehnt sich an diese Zusammenstellung an und erweitert sie punktuell:

1. Strukturelle Probleme auf Ebene von Politik und Verwaltung (vgl. Initiative D21, 2014, S. 62):
   - Schwierige Bund-Länder-Koordination aufgrund des grundgesetzlich verankerten Kooperationsverbots im Bildungsbereich (Art. 91b GG)
   - Koordination zwischen Bundesländern und innerhalb von Bundesländern problematisch
   - Doppelzuständigkeit von Schulträgern und Schulverwaltung in den Kommunen
   - Fehlende Nachhaltigkeit von Maßnahmen zur Implementierung von Medienbildung aufgrund von zeitlich, lokal und inhaltlich begrenzten Projekten

2. Ausbildungsbezogene Probleme (vgl. Initiative D21, 2014, S. 65):
   - Fehlende medienpädagogische Grundbildung in Studium und Referendariat
   - Zu wenige Fortbildungen zu digitalen Medien; bei denen, die stattfinden: zu starker Fokus auf Technikkompetenz und es werden die Lehrer mit dem größten Fortbildungsbedarf nicht erreicht
   - Über längere Zeit wurden zu wenig junge medienaffine Lehrer eingestellt (Einstellungsstopp in den 90er Jahren)
   - Bei jüngeren Lehrern Diskrepanz zwischen eigener Nutzung digitaler Medien und deren pädagogischem Einsatz

3. Infrastrukturelle Probleme (vgl. Initiative D21, 2014, S. 67):
   - Schlechte Ausstattung und Anbindung von Schulen; fehlendes ausreichendes WLAN
   - Häufig keine professionelle Administration schulischer IT (damit kein IT-Management gemäß ITIL 3 usw.)
   - Urheberrechtliche Probleme und fehlender Zugang zu digitalen Inhalten, die Qualitätsstandards für schulische Zwecke genügen

4. Probleme der Medienkompetenz-Vermittlung (vgl. Initiative D21, 2014, S. 70):
– Fehlende Voraussetzungen gemäß 1. bis 3.
– Fokus auf fachliche Kernkompetenzen und Erziehung verhindert Medienbildung
– Erhöhter Druck auf Lehrer und Schüler durch Leistungsvergleichsstudien
– Starrer Unterrichtsrahmen lässt keinen Raum für kreative Projekte der Medienaneignung
– Mögliche Synergien zwischen Medienbildung und aktuellen pädagogischen Herausforderungen werden nicht genutzt
– Unsicherheiten bezüglich Datensicherheit, Datenschutz und Urheberrechten; BYOD oder „Klassensatz" von Laptops bzw. Tablets

Das Ziel und Idealbild sind dagegen medienkompetente Lehrer_innen, die aufgrund ihrer (differenziert) positiven Einstellung zu Medien und aufgrund eigener Reflexivität medienkompetente Schüler_innen heranbilden, da eine Korrelation von Lehrer- und Schülerverhalten wie bei Eltern auch (vgl. 3.2) anzunehmen ist. Dazu brauchen Lehrer_innen grundständige Medienbildung in der (hochschulischen) Ausbildung sowie kontinuierlich adäquate Fortbildungsangebote, um vorhandene Defizite kompensieren und mit aktuellen Medienentwicklungen Schritt halten zu können. Voraussetzung dafür wiederum sind Rahmen-Ausbildungspläne, die Medienpädagogik in der hochschulischen Ausbildung sowie in verbindlichen Fortbildungsangeboten verpflichtend verankern. Damit verbunden sein muss eine Abkehr von der Ausstattungs- und Technik-Fixierung und eine Hinwendung zum Primat der Pädagogik, das zunächst nach den pädagogischen bzw. didaktischen Zielen fragt und dann nach dem angemessenen Einsatz digitaler Medien – und nicht umgekehrt: das Whiteboard wurde angeschafft, was machen wir nun damit?

Dies alles gilt unabhängig von der Frage, welche Motivation hinter der Beschäftigung mit Digitalisierung steckt: sowohl aus technischen wie ökonomischen als auch politischen Überlegungen heraus ist die Vermittlung von Medienkompetenz für eine moderne Gesellschaft existenziell, wenn nicht soziale Ungleichheiten verstärkt werden sollen, die aus unterschiedlich kompetentem Umgang mit digitalen Medien herrühren und zu einem „*second digital divide*" (Niesyto, 2016, S. 20) führen. Das heißt es geht beim Thema Medienkompetenz ganz wesentlich um die Herstellung von Möglichkeiten zur Partizipation – ohne jedoch die tatsächlich vorhandenen milieuspezifischen Rezeptionsmuster und Medienpräferenzen als defizitär zu verurteilen (vgl. ebd.).

4. Medienkompetenz – was soll das sein?

Gegen mögliche Verkürzungen und Missverständnisse gilt es diesen Kernbegriff näher zu bestimmen. Dies wird durchaus dadurch erschwert, dass der ursprünglich genuin *medienpädagogische* Grundbegriff auch in bildungs*politischen* Diskursen genutzt wird und nicht erst im Kontext von Industrie 4.0 und Digitaler Agenda auch zu einem *ökonomisch-qualifikatorischen* Imperativ geworden ist.

Seit der Einführung des Begriffs durch Baacke (1973; 1999) ist der Begriff umfangreich diskutiert und kritisiert worden; verschiedene Autoren haben dazu unterschiedliche Fassungen vorgelegt (vgl. u.a. Groeben, 2002; Schorb, 2008), die jedoch alle nicht die Kriterien einer Definition im Sinne der Logik erfüllen. Mit Spanhel ist daher anzunehmen, dass sich „der Begriff nicht definieren, sondern nur explizieren lässt" (Spanhel, 2002, S. 48), wozu ich folgenden Vorschlag machen möchte:

Medienkompetenz bezeichnet ein komplexes Bündel von medienbezogenen Fähigkeiten und Wissensbeständen, dessen Bezugsrahmen die kommunikative Kompetenz im Sinne von Habermas darstellt. Näherhin sind sieben Teilbereiche (Kompetenzfelder) zu unterscheiden, die jeweils einer bestimmten Ebene bzw. einem entsprechenden Bildungsziel zugeordnet werden können:

Kompetenzfeld	Ebene / Bildungsziel
1. Ästhetische Kompetenz	Wahrnehmung
2. Sachkompetenz	Wissen
3. Kritische Kompetenz	Reflexion
4. Ethische Kompetenz	
5. Genusskompetenz	Handeln
6. Gestalterische Kompetenz	
7. Soziale Kompetenz	

Tabelle 1: Medienkompetenzfelder und Bildungsziele

1. Ästhetische Kompetenz
Es geht bei Medienkompetenz ja nicht um die Mediennutzung an sich, als Selbstzweck, sondern es geht um Kommunikation: Unsere Sinne, mit denen wir auch die Zeichen der Medien – Bilder, Töne, Schrift, Zeichen und Symbole – wahrnehmen, konstituieren *unseren Bezug zur Welt, die uns materiell, personal und sozial umgibt, und machen uns darin handlungsfähig*. Mit unseren Sinnen nehmen wir wahr; über unsere Sinne teilen wir uns gleichzeitig wieder mit, interagieren und kommunizieren.

Der Bezug zur Sachkompetenz (s. 2.) ist unmittelbar und zwangsläufig: Ich kann nur erkennen, worüber ich mir zumindest ansatzweise im Klaren bin; das schlechterdings Unbekannte und Fremde entgeht möglicherweise meiner Wahrnehmung, die es daher entsprechend zu schulen gilt. Aber auch der Bezug zu den Lebensaltern ist offensichtlich: sowohl beim Kleinkind, das seine Sinne erst noch entwickeln und koordinieren lernen muss, als auch beim alten Menschen, bei dem Sinnesmodalitäten wiederum physischer Alterung unterliegen und damit zwangsläufig den Zugang zur Welt, zu Menschen und Medien beeinflussen.

2. Sachkompetenz
Dies ist die wissensbezogene Dimension der Medienkompetenz. Sie ist ebenfalls unabdingbar, denn jegliche Beschäftigung mit Medien – sei es für Bildung, Information oder Unterhaltung – setzt Kenntnisse des Angebots und wie ich es nutzen kann voraus. Das heißt, in dieser Dimension geht es um das *Wissen um Geräte und Dienste*, um *Hard- und Software und um Kenntnisse von deren Handhabung*: Was ist und wie funktioniert Snapchat? Wieso finde ich bei Google vielleicht doch nicht alles, was es im Web gibt?

Neben diesem Funktionswissen benötigen wir auch Orientierungswissen (Schorb, 2008, S. 79) über Organisation und Strukturen des Mediensystems, die individuellen Zugänge dazu und deren Nutzung: So gibt es z.B. in Deutschland aus historischen Gründen öffentlich-rechtliche und private Rundfunkanbieter, mit durchaus unterschiedlichen Aufträgen und Zielsetzungen.

Schließlich gehören dazu auch Kenntnisse über Formate und Präsentationsformen der einzelnen Mediengattungen: Tagesschau und Akte 2012 sind nun einmal etwas anderes und die angebotenen Inhalte sind entsprechend anders zu bewerten.

3. Kritische Kompetenz
Diese umfasst zwei Facetten: im Sinne des ursprünglichen *krinein* (griechisch für unterscheiden) geht es zunächst einmal um das Auseinanderhalten einzelner Phänomene im Gesamt der umgebenden Welt von Sinneseindrücken: Die vermeintliche Einheit ist bei unterscheidender Betrachtung tatsächlich eine Vielheit, so wie eine Schulklasse zwar eine Gruppe ist, die aber aus vielen Individuen besteht.

Im abgeleiteten Sinn geht es um eine auf entsprechenden Urteilen beruhende differenzierte und differenzierende Kritik im engeren Wortsinn. Denn außer der Sachkompetenz bedürfen wir – gerade angesichts eines medialen Überangebots – auch der Fähigkeit, eine Situation bzw. ein Medium überhaupt als jeweils subjektiv relevant zu erkennen.

Die Folge dieser kritischen Differenzierung sind dann qualitative Urteile über Medienprodukte und Inhalte. Das sind dann im Sinne des Nutzenansatzes der Medienwirkungsforschung notwendige Abwägungen (Was habe ich davon?) und entsprechende Selektionsentscheidungen (welche Medien nutze ich, welche nicht).

Eine besondere Rolle spielt die Differenzierungsfähigkeit hinsichtlich der „Realität der Massenmedien" (Luhmann, 1996): Inwiefern erzeugen Medien eine Realität statt sie nur zu präsentieren? Was ist real, was ist fiktional? Was ist wahr und welche Gültigkeit können mediale Aussagen beanspruchen?

4. Ethische Kompetenz

Im unmittelbaren Anschluss an die kritische Kompetenz müssen das Wissen und die Urteile über Medien ebenso wie die Praxis im Medienumgang durch den Rezipienten reflexiv rückgebunden werden an handlungsleitende Prinzipien und ethische Maßstäbe des Handelns. Das heißt, wir müssen humane oder christliche Werte ebenso mitdenken wie Grundrechte, bürgerliche Rechte etc.

Aus Sicht der katholischen Kirche sind Medien immer soziale Kommunikationsmittel, das heißt, Medien sind die Instrumente, mit denen Kommunikation in modernen Gesellschaften organisiert wird, die diese überhaupt ermöglicht und erhält. Mit Rückgriff auf Communio et Progressio lassen sich dabei vier Dimensionen ethischer Verantwortung in Bezug auf Medien identifizieren:

— eine ethische Verantwortung der Kommunikatoren,
— eine ethische Verantwortung der Rezipienten,
— eine ethische Dimension von Inhalt und Form von Medien und
— eine Ethik der Kommunikationsprozesse (vgl. CeP, 1971).

Dieser ethischen Dimension kommt in Zeiten des Social Web besondere Bedeutung zu, da unter den Bedingungen interaktiver, digitaler Medien jeder „Prosumer" ist, d.h. einerseits in der Rolle des Rezipienten zugleich Produzent und Konsument (consumer) von Medien ist und andererseits in der Rolle des Produzenten bzw. Nutzers von Mediengeräten zugleich Merkmale des Professionellen und des Konsumenten aufweist. Insofern ist die ethische Kompetenz in doppelter Hinsicht relevant – sowohl für den Medienproduzenten als auch für den Medienrezipienten, wobei ich im sogenannten Web 2.0 eben beide Rollen in mir vereine.

Sie durchzieht daher als ein normativer Leitfaden die verschiedenen Dimensionen der Medienkompetenz; es kann keine Medienkompetenz ohne normative Dimension geben.

Außerdem lassen sich nur aus einer ethischen Kompetenz heraus Anforderungen an das gesellschaftlich und politisch bedingte System der (Massen-) Medien formulieren, das mit seinen Inszenierungen zu großen Teilen außerhalb der Verfügbarkeit des Einzelnen liegt. Diese abstrakten Überlegungen werden bei Stichworten wie Datenschutz, Vorratsdatenspeicherung, NSA usw. sehr konkret.

5. Genusskompetenz
Dieser Punkt ist mir sehr wichtig: Medienumgang hat nicht nur etwas mit Verstand und Vernunft zu tun, sondern es geht auch um Unterhaltung und Genuss. Das ist eine klare Gegenposition gegen eine Verengung der Medienrezeption im Anschluss an die ideologiekritische Ästhetik Adornos. Wir verdanken sie Norbert Groeben[11], der eine Wertschätzung des Unterhaltungsbedürfnisses postuliert: Weil mir Medien Genuss versprechen, wende ich mich ihnen zu und identifiziere mich mit ihnen bzw. den Aussagen, Handlungen und Protagonisten darin. Erst die „Einbeziehung des Unterhaltungsbedürfnisses und der von diesem aus zu konzipierenden Genussfähigkeit" (Groeben, 2002, S. 171) ermöglicht eine tatsächliche Orientierung an der Lebenswelt der Subjekte. Ohne eine solche ehrliche Erdung der Mediennutzung ließen sich kaum realistische medienpädagogische Konzepte konstruieren.

Zudem ist es gerade angesichts eines medialen Überangebots wichtig, die eigenen Bedürfnisse und die eigene Rezeptionsfähigkeit zu kennen und einschätzen zu können, welchen subjektiven Nutzen mir welche Medien bringen.

6. Gestalterische Kompetenz
Bei einer bloßen Rezeption von Medien stehen zu bleiben, hieße, dem veralteten Paradigma der Massenkommunikation – einer spricht, schreibt oder sendet, viele hören zu, lesen und rezipieren – weiter anzuhängen. Die einzige Partizipationsmöglichkeit wäre dann die Herstellung von „Gegenöffentlichkeit".

Dagegen stehen wir längst bei der Frage, wie wir in interaktiven Medienwelten – Social Media, also sozialen Netzen und entsprechenden Diensten – angemessen partizipieren können. Allerdings sind wir damit längst bei Post-Privacy-Debatten – wieviel Transparenz und mithin Intimität gehört ins Netz? –, um nur *ein* aktuelles Schlaglicht auf das Thema zu werfen. Damit ist es nochmal neu notwendig, sich als Individuum die Fähigkeit zu verschaffen, die je eigene Kommunikation unter Einbezug und Nutzung von Medien angemessen zu gestalten. Dies gilt für formelle oder informelle soziale Kommunikation genauso wie für künstlerische oder kreative Zwecke des Selbstausdrucks.

Die Herstellung von Gestaltungsspielräumen dafür und die Analyse ihrer Möglichkeitsbedingungen verweisen dabei nochmals auf die kritische und die reflexive Kompetenz.

7. Soziale Kompetenz
Gegen das mögliche Missverständnis einer individuellen Verkürzung ist zu betonen, dass Medienkompetenz eine soziale Kategorie ist, die eben nicht auf das Individuum und seine Kompetenzen beschränkt werden darf, sondern die ge-

---

11 Baacke hat zumindest auch die Gefahr der rationalistischen Verkürzung des Kompetenzbegriffs gesehen, wenn „die Körperlichkeit des Menschen und seine Emotionalität … nicht mitgedacht" werden (vgl. Baacke, 1997, S. 100).

samte Gesellschaft als medial vermittelte Realität zum Gegenstand hat und – quasi nochmals selbstreflexiv – sich an dieser medial vermittelten Gesellschaft immer wieder ausrichten muss.

Das Wissen um die in Gesellschaften, Milieus und Gruppen gültigen Codes befähigt uns, „auf die mit den Medien verbundenen Kommunikationsangebote und Zumutungen sinnvoll eingehen zu können" (Moser, 2010, S. 245). Und dies bedeutet unter den Bedingungen des Social Web auch, die sozialen Implikationen der verschiedenen konvergierenden Rollen als Rezipienten und Produzenten zu kennen und zu beherrschen, um die eigenen Lebenswelten mit und durch Medien angemessen gestalten zu können.

Kommunikative Kompetenz als Bezugsrahmen
Denn letztlich geht es nochmal um Kommunikation: Kommunikative Kompetenz ist einerseits der Oberbegriff, aus dem heraus Baacke im Anschluss an Habermas (und mit diesem an Chomskys Kompetenz-Begriff) den Begriff der Medienkompetenz entwickelt hat (vgl. Baacke, 1973); Medienkompetenz ist daher ein Teilbereich bzw. eine „Besonderung" (Baacke, 1999, S. 32) der Kommunikativen Kompetenz.

Zugleich ist Kommunikative Kompetenz auch die Zielvorstellung, durch die Medienkompetenz inhaltlich qualifiziert wird, durch die sie als zentrales Mittel für kommunikative Prozesse der Aushandlung und als kommunikative Performanz mit und durch Medien ihren Wert erhält.

Damit zeigt sich nochmals die zirkuläre Grundstruktur des Konzepts Medienkompetenz, die einerseits Voraussetzung für Handeln in der Mediengesellschaft ist, andererseits auch ihr Ziel sein soll. Denn auf der Ebene der Performanz geht es letztlich um die kompetente Beteiligung an sozialer Kommunikation, gerade mit und durch Medien. Eine spezifische Facette ist dabei die medienbezogene Anschlusskommunikation, die ihrerseits wieder die Entwicklung der übrigen Medienkompetenzkomponenten unterstützt.

Zusammenfassend lässt sich festhalten: Medienkompetenz bezeichnet als Konzept ein Bündel von Kompetenzen, Fähigkeiten und Wissensbeständen, das Menschen befähigt, kommunikativ in unterschiedlichen Medienwelten zu partizipieren und zwar in einer subjektiv sinnvollen und sozial verantwortlichen Mediennutzung als Rezipient und Produzent.

5. Herausforderungen an (schulische) Bildung durch Digitalisierung: Was ist zu tun?

Mit Blick auf Schule stellt sich damit nochmals die Frage, wie diese Medienkompetenz im Zeitalter der Digitalisierung angemessen zu vermitteln ist. Vor dem Hintergrund des beschriebenen Medienkompetenz-Konzeptes stellen sich dabei einerseits für die Kinder und Jugendlichen spezifische Herausforderungen, andererseits für die Lehrerinnen und Lehrer.

Auf Seiten der Jugendlichen geht es darum, sich tatsächlich als Digital Natives und nicht als Digital Naives zu erweisen, also über die sozialisierten Technik- und Bedienkompetenzen hinaus tatsächlich in den beschriebenen Dimensionen kompetent zu werden und die vorhandenen Geräte und Dienste ebenso lustvoll wie verantwortlich zu nutzen. Vor allem geht es darum, ein Medialitätsbewusstsein zu schaffen, das die Implikationen der Mediennutzung und die medienethische Perspektive der Verantwortung für das eigene Handeln als Rezipient wie Produzent von Medien in den Blick nimmt.

Insofern diese Aufgaben nie abgeschlossen sind, geht es auch für Pädagog_innen wie für alle Erwachsenen immer wieder um die individuelle Rekonstruktion von Medienkompetenz für Kommunikation, Unterhaltung und Information, um neue mediale Angebote und Techniken angemessen beurteilen und sinnvoll sowie verantwortlich nutzen zu können.

Neben dieser eher individuellen Herausforderung, die eigene Medienkompetenz weiter zu entwickeln, ist es Aufgabe von erwachsenen Bürger_innen, (Medien-)Bildung zu verantworten und zu ermöglichen! Gerade angesichts einer zunehmenden Gefährdung des ursprünglichen Bildungsmoratoriums durch eine immer stärkere Ökonomisierung und Quantifizierung von Bildung, gilt es Strukturen in Lebenswelten herzustellen und zu sichern, die auf allen Ebenen und in allen Handlungsfeldern „entlang der Bildungskette" den Prozess und Erwerb von Bildung ermöglichen – auch und gerade in Bezug auf Medien.

Dazu gehört auch, sich selbst kundig zu machen in Themen der Medienentwicklung wie der Netzpolitik und sich an gesellschaftlichen Diskursen zu Medien und zu Bildungspolitik zu beteiligen.

Neben diesen „persönlichen Aufgaben" stehen eine Reihe struktureller Veränderungen im Bereich Schule an. Diese umfassen die – bisweilen seit Jahren bekannten – Aufgaben,
- Medienbildung verbindlich in allen pädagogisch relevanten Studien- und Ausbildungsgängen zu etablieren;
- an einer vertikalen und horizontalen Integration im Bildungsbereich mitzuwirken, also quasi „Bildung 4.0" analog zu den integrativen Prozessen zu schaffen, wie sie unter dem Schlagwort Industrie 4.0 im herstellenden und verarbeitenden Gewerbe diskutiert werden; eine entsprechende Initiative im Bildungsbereich, bei der sich vorschulische, schulische, außerschulische Bildungsträger zusammensetzen und gemeinsam überlegen, wie Kinder und Jugendliche mit Blick auf Medienumgang bestmöglich zu begleiten sind;
- die notwendigen Veränderungen in Infrastruktur und Ausstattung, verbunden mit der nötigen Verwaltungsvereinfachung und einer Professionalisierung von Administration und Support einzuleiten;

- Medienbildung als Querschnittsaufgabe zu begreifen und verbindlich in Schule zu implementieren und dabei Schnittstellen in allen Fächern aufzuzeigen und zu nutzen;
- die dazu notwendigen didaktischen Konzepte zu entwickeln, die digitalen Medien adäquat sind und nicht nur tradierte Nutzungsformen auf neue Geräte zu übertragen;
- Rechtssicherheit für die Nutzung von digitalen Inhalten zu schaffen; OER zu nutzen und eigene Lehr- und Lernmaterialien unter CC-Lizenzen zur Verfügung zu stellen;
- Freiräume für kreative Medienkompetenzprojekte zu schaffen und schließlich
- Digitalisierung als unumkehrbaren Megatrend kritisch-optimistisch zu begleiten.

Schließlich können konkrete Schritte zur Vermittlung von Medienkompetenz im Zeitalter der Digitalisierung darin bestehen,
1. im eigenen Einflussbereich medienbezogene Projekte in den Unterricht einzubeziehen und durch diese praktische Medienarbeit Medienkompetenz in den beschriebenen Dimensionen zu vermitteln (vgl. Baacke, 1999).
2. Im nächsten Schritt gilt es, Bildung durch Reflexion über Medien zu vermitteln. Dies geschieht vor allem als Erfahrungsaustausch in Anschlusskommunikation über medial vermittelte Erfahrungen, seien dies massenmediale Produkte oder eben kommunikative Akte in Social Media.
3. Eng damit verbunden ist die Aufgabe, Wertediskurse anzuleiten. Insofern Medien ja schon Werte auswählen und präsentieren, gilt es diese Werte reflexiv bewusst zu machen, zur Diskussion zu stellen und das eigene Medienhandeln auf Werte und Normen hin zu überprüfen. Denn es ist mittlerweile unstrittig, „dass Medien weder im Positiven noch im Negativen eine inhaltliche Qualität hinsichtlich der Wertevermittlung an sich haben, sondern dass die Kommunikation von Werten in digitalen Medien wesentlich von der Wert- und Medienkompetenz der Nutzerinnen und Nutzer abhängt." (Büsch & Schreiber, 2016) Insofern ist Medienbildung immer auch – angesichts von Cybermobbing, Hate Speech etc. dringend notwendige – Wertebildung!
4. Schließlich – und damit schließt sich der Bogen zum ersten Schritt – geht es immer auch um (verantworteten) Genuss: Unterhaltung, Spaß und Kreativität sollten beim Umgang mit (digitalen) Medien nicht zu kurz kommen! Denn andernfalls besteht die Gefahr, doch wieder rein rational und damit an der emotionalen Lebenswelt von Kindern und Jugendlichen vorbei das Thema Medien zu behandeln.

Dass es dabei einer großen Sensibilität bedarf, um Kinder und Jugendliche in ihren Lebenswelten angemessen zu begegnen und sie auf dem Weg zu mündigen Bürger_innen im digitalen Zeitalter zu begleiten, steht außer Frage. Aber das wiederum ist eine zentrale Kompetenz, die Lehrer_innen auch unabhängig von Digitalisierung und Medien benötigen.

Literatur

Adams, D. (2003). *Lachs im Zweifel. Zum letzten Mal per Anhalter durch die Galaxis*. München: Heyne.
Baacke, D. (1999). Medienkompetenz als zentrales Operationsfeld von Projekten. In ders., S. Kornblum, J. Lauffer, L. Mikos & G. Thiele (Hrsg.), *Handbuch Medien: Medienkompetenz. Modelle und Projekte*. (S. 31–35). Bonn: Bundeszentrale für politische Bildung.
Baacke, D. (1973). *Kommunikation und Kompetenz. Grundlegung einer Didaktik der Kommunikation und ihrer Medien* (3. Aufl., 1980). München: Juventa.
Barlow, J. P. (1996). *A Delacaration of the Independence of Cyberspace*. Verfügbar unter: https://www.eff.org/de/cyberspace-independence [25 08.2016].
Breunig, C. & Engel, B. (2015). Massenkommunikation 2015: Funktionen und Images der Medien im Vergleich. *Media Perspektiven 8/2015*, 323–341. Verfügbar unter: http://www.ard-werbung.de/fileadmin/user_upload/media-perspektiven/pdf/2015/07082015_Breunig_Engel.pdf [25.08.2016].
Büsch, A. (2012a). Leider nur plakative Panikmache. Rezension zu Manfred Spitzer: Digitale Demenz. Wie wir uns und unsere Kinder um den Verstand bringen. München: Droemer 2012. *AKSB-Inform 3/2012*, 10–11. Verfügbar unter: http://www.aksb.de/upload/dateien/RezensionBuesch_Spitzer.pdf [25.08.2016].
Büsch, A. (2012b). Bildung in Zeiten des Social Web. In H. Ziegler & R. Bergold (Hrsg.), *Neue Vermessungen. Katholische Erwachsenenbildung heute im Spannungsfeld von Kirche und Gesellschaft* (Festschrift 50 Jahre KEB Saarland) (S. 275–303). Merzig: Gollenstein.
Büsch, A., Missomelius, P. & Kommer, S. (2016). Grundbildung Medien für pädagogische Fachkräfte. Selbstverständlichkeit oder Utopie. In I. Pöttinger, T. Kalwar & R. Fries (Hrsg.), *Doing politics. Politisch agieren in der digitalen Gesellschaft* (S. 209–213). München: kopaed.
Büsch, A. & Schreiber, B. (2016). Let's talk about Werte. Ethische Herausforderungen für die Medienpädagogik durch die Digitalisierung. In D. Meister, M. Brüggemann & T. Knaus (Hrsg.), *Kommunikationskulturen in digitalen Welten. Konzepte und Strategien der Medienpädagogik und Medienbildung* (S. 55–81). München: kopaed.
Bund, K. (2014). *Glück schlägt Geld. Generation Y: Was wir wirklich wollen*. Hamburg: Murmann.
Päpstliche Kommission für die Instrumente der sozialen Kommunikation (Hrsg.). (1971). *Communio et Progressio (CeP). Pastoralinstruktion über die Instru-

mente der sozialen Kommunikation vom 23. Mai 1971. Verfügbar unter: http://www.kamp-erfurt.de/level9_cms/download_user/Internetseelsorge/Grundlagentexte/1971-Communio_et_Progressio.pdf [25.08.2016].

Coupland, D. (1991). *Generation X. Geschichten für eine immer schneller werdende Kultur*. München: Goldmann.

Deutscher Bundestag, 18. Wahlperiode (2015). *Durch Stärkung der Digitalen Bildung Medienkompetenz fördern und digitale Spaltung überwinden*. Antrag der Fraktionen der CDU/CSU und SPD vom 24.03.2015. Drucksache 18/4422. Verfügbar unter: http://dipbt.bundestag.de/dip21/btd/18/044/1804422.pdf [25.08.2016].

DIVSI (2015). *U9-Studie. Kinder in der digitalen Welt*. Hamburg. Verfügbar unter: https://www.divsi.de/wp-content/uploads/2015/06/U9-Studie-DIVSI-web.pdf [25.08.2016].

DIVSI (2014). *U25-Studie. Kinder, Jugendliche und junge Erwachsene in der digitalen Welt*. Hamburg. Verfügbar unter: https://www.divsi.de/wp-content/uploads/2014/02/DIVSI-U25-Studie.pdf [25.08.2016].

DIVSI (2012). *DIVSI-Milieustudie zu Vertrauen und Sicherheit im Internet*. Hamburg. Verfügbar unter: https://www.divsi.de/wp-content/uploads/2013/07/DIVSI-Milieu-Studie_Gesamtfassung.pdf [25.08.2016].

Eckert, M. & Feuerstein, S. (2015). Neujustierung der MedienNutzerTypologie. Veränderungen und Grundcharakteristik der MedienNutzerTypen. *Media Perspektiven 11/2015*, 482–496. Verfügbar unter: http://www.ard-werbung.de/fileadmin/user_upload/media-perspektiven/pdf/2015/11-2015_Eckert_Feuerstein.pdf [25.08.2016].

Evangelische Kirche in Deutschland (EKD) (Hrsg.). (2015). *Kommunikation des Evangeliums in der digitalen Gesellschaft*. Lesebuch zur Tagung der EKD-Synode 2014 in Dresden. 2. Aufl., Hannover. Verfügbar unter: https://www.ekd.de/download/synode2014-lesebuch.pdf [25.08.2016]

EKD/DBK = Kirchenamt der EKD und Sekretariat der Deutschen Bischofskonferenz (Hrsg.). (1997). *Chancen und Risiken der Mediengesellschaft. Gemeinsame Erklärung der katholischen Deutschen Bischofskonferenz und des Rates der Evangelischen Kirche in Deutschland (EKD)*. Gemeinsame Texte, Nr. 10, Bonn/Hannover. Verfügbar unter: http://www.dbk.de/fileadmin/redaktion/veroeffentlichungen/gem-texte/GT_10.pdf [25.08.2016].

Engel, B. & Mai, L. (2015). Mediennutzung und Lebenswelten 2015. Ergebnisse der ARD/ZDF-Langzeitstudie Massenkommunikation. *Media Perspektiven 10/2015*, 427–441. Verfügbar unter: http://www.ard-werbung.de/fileadmin/user_upload/media-perspektiven/pdf/2015/10-15_Engel_Mai.pdf [25.08.2016].

Gerhards, M. & Mende, A. (2009). Offliner: Ab 60-jährige Frauen bilden die Kerngruppe. *MediaPerspektiven 7/2009*, 365–376. Verfügbar unter: http://www.ard-zdf-onlinestudie.de/fileadmin/Onlinestudie_2009/Gerhards_7_09.pdf [25.08.2016].

Groeben, N. (2002). Dimensionen der Medienkompetenz: Deskriptive und normative Aspekte. In ders. & B. Hurrelmann (Hrsg.), *Medienkompetenz. Voraussetzungen, Dimensionen, Funktionen* (S. 160–197). Weinheim: Juventa.

Illies, F. (2001). *Generation Golf. Eine Inspektion*. Frankfurt: Fischer.

Initiative D21 (2015). *D21-Digital-Index 2015. Die Gesellschaft in der digitalen Transformation.* Verfügbar unter: http://www.initiatived21.de/wp-content/uploads/2015/11/D21_Digital-Index2015_WEB2.pdf [25.08.2016].

Initiative D21 (2014). *Medienbildung an Deutschen Schulen. Handlungsempfehlungen für die digitale Gesellschaft.* Berlin. Verfügbar unter: http://www.initiatived21.de/wp-content/uploads/2014/11/141106_Medienbildung_Onlinefassung_komprimiert.pdf [25.08.2016].

Janßen, B. (1995). *Medienkritik bei Platon und Medienkritik heute.* Verfügbar unter: http://www.linse.uni-due.de/tl_files/PDFs/ESEL/Janssen_Medienkritik.pdf [25.08. 2016].

KMK = Sekretariat der Ständigen Konferenz der Kultusminister der Länder in der Bundesrepublik Deutschland (2016). *Strategie der Kultusministerkonferenz „Bildung in der digitalen Welt"* – Entwurf vom 27.04.2016. Verfügbar unter: https://www.kmk.org/fileadmin/Dateien/pdf/PresseUndAktuelles/2016/Entwurf_KMK-Strategie_Bildung_in_der_digitalen_Welt.pdf [25.08.2016].

Luhmann, N. (1996). *Die Realität der Massenmedien.* Opladen: Westdeutscher Verlag.

MDG/Sinus Sociovision (2013). *MDG-Milieuhandbuch 2013. Religiöse und kirchliche Orientierungen in den Sinus-Milieus.* Heidelberg/München.

Meyen, M. (2009). Medialisierung. *Medien & Kommunikationswissenschaft 57 (2009)*, H. 1, 23–38. Verfügbar unter: https://www.lmz-bw.de/fileadmin/user_upload/Medienbildung_MCO/fileadmin/bibliothek/meyen_medialisierung/meyen_medialisierung.pdf [25.08.2016].

Mohr, R. (2003). *Generation Z oder von der Zumutung, älter zu werden.* Frankfurt: Fischer.

mpfs (2015). *JIM-Studie 2015. Jugend – Information – (Multi-)Media. Basisuntersuchung zum Medienumgang 12- bis 19-Jähriger.* Verfügbar unter: https://www.mpfs.de/fileadmin/files/Studien/JIM/2015/JIM_Studie_2015.pdf [18.11.2016].

Niesyto, H. (2016). Perspektiven der Medienbildung in einer digitalisierten Gesellschaft. Zur Geschichte und aktuellen Herausforderungen einer politisch-kulturellen Medienbildung. *Journal für politische Bildung 5 (1),* 16–24.

Papst Franziskus (2016). *Kommunikation und Barmherzigkeit – eine fruchtbare Begegnung. Botschaft zum 50. Welttag der sozialen Kommunikationsmittel.* Verfügbar unter: http://www.dbk.de/fileadmin/redaktion/diverse_downloads/Botschaften/2016-Botschaft_50-Welttag_der_Sozialen_Kommunikationsmittel.pdf [25.08.2016].

Prensky, M. (2001). Digital Natives, Digital Immigrants. *On the Horizon* (MCB University Press, Vol. 9 No. 5, October 2001). Verfügbar unter: http://www.marcprensky.com/writing/Prensky%20-%20Digital%20Natives,%20Digital%20Immigrants%20-%20Part1.pdf [25.08.2016].

Schelsky, H. (1957). *Die skeptische Generation. Eine Soziologie der Deutschen Jugend.* Düsseldorf: Diederichs.

Scholz, C. (2014). *Generation Z: Wie sie tickt, was sie verändert und warum sie uns alle ansteckt.* Weinheim: Wiley VCH.

Schorb, B. (2008). Handlungsorientierte Medienpädagogik. In U. Sander, F. von Gross & K. Hugger (Hrsg.), *Handbuch Medienpädagogik* (S. 75–86). Wiesbaden: VS Verlag für Sozialwissenschaften.

Sekretariat der Deutschen Bischofskonferenz (DBK) (Hrsg.). (2011). *Virtualität und Inszenierung. Unterwegs in der digitalen Mediengesellschaft* (Die deutschen Bischöfe. Erklärungen der Kommissionen, Nr. 35), Bonn. Verfügbar unter: http://www.dbk.de/fileadmin/redaktion/diverse_downloads/presse/KO_35.pdf [25.08.2016].

Sekretariat der Deutschen Bischofskonferenz (DBK) (Hrsg.). (2016). *Medienbildung und Teilhabegerechtigkeit. Impulse der Publizistischen Kommission der Deutschen Bischofskonferenz zu den Herausforderungen der Digitalisierung* (Arbeitshilfen, Nr. 288), Bonn. Verfügbar unter: http://www.dbk-shop.de/de/deutsche-bischofskonferenz/arbeitshilfen/medienbildung-teilhabegerechtigkeit [13.02.2017].

Shell-Deutschland Holding (Hrsg.). (2015). *Jugend 2015. Eine pragmatische Generation im Aufbruch* (17. Shell Jugendstudie). Frankfurt: Fischer.

Shell-Deutschland Holding (Hrsg.). (2010). *Jugend 2010. Eine pragmatische Generation behauptet sich* (16. Shell Jugendstudie). Frankfurt: Fischer.

Shell-Deutschland Holding (Hrsg.). (2006). *Jugend 2006. Eine pragmatische Generation unter Druck* (15. Shell Jugendstudie). Frankfurt: Fischer.

Sinus-Institut (2016). *Die Sinus-Milieus in Deutschland 2016*. Vergfügbar unter: http://www.sinus-institut.de/fileadmin/user_data/sinus-institut/Bilder/sinus-mileus-2015/2016-02-08_Website-Abbildungen_Die_Sinus-Milieus_in_Deutschland_2016.png [25.08.2016].

Sinus Markt- und Sozialforschung GmbH (1983). *Die verunsicherte Generation. Jugend und Wertewandel. Ein Bericht des SINUS-Instituts im Auftrag des Bundesministers für Jugend, Familie und Gesundheit*. Opladen: Leske + Budrich.

Spanhel, D. (2002). Medienkompetenz als Schlüsselbegriff der Medienpädagogik? *Forum Medienethik 1/2002*, 48–53.

Stolz, M. (2005). Generation Praktikum. *Die Zeit Nr. 14, 31.03.2005*. Verfügbar unter: http://www.zeit.de/2005/14/Titel_2fPraktikant_14 [25.08.2016].

Süss, D. (2015). *Digitale Medien als Lebens-, Genuss- und Suchtmittel für Jugendliche*. Referat beim 32. GMK-Forum Kommunikationskultur. Verfügbar unter: http://www.gmk-net.de/fileadmin/pdf/Praesentationen/forum2015_suess.pdf (09.08.2016).

Telekom-Stiftung (2015). *Schule digital. Der Länderindikator*. Verfügbar unter: https://www.telekom-stiftung.de/sites/default/files/dts-library/materialien/pdf/schule digital_2015_web.pdf [25.08.2016].

Thomann, M. (2015). Medienkompetenz oder Medienbildung? Zur Frage nach dem Zielwert medienpädagogischer Praxis. *MedienPädagogik 23. Feb.*, 1–14. Verfügbar unter: http://www.medienpaed.com/globalassets/medienpaed/2015/thomann1502.pdf [25.08.2016].

Vollbrecht, R. & Wegener, C. (Hrsg.). (2010). *Handbuch Mediensozialisation*. Wiesbaden: VS Verlag.

Michael Kerres

Digitalisierung als Herausforderung für die Medienpädagogik: „Bildung in einer digital geprägten Welt"

1. Einleitung

Der Beitrag erörtert die Implikationen der aktuellen Diskussion über die Digitalisierung für die Medienpädagogik. Die Digitalisierung durchzieht alle Fachgebiete und Lehrinhalte. Medienbildung ist insofern integral zu konzipieren und bezieht sich auf die Fähigkeit, digitale Technik zu verstehen, ihre Funktionen zu nutzen und ihre Implikationen zu reflektieren.

Im Kern geht es um die Frage, wie Bildung zu verstehen ist, um die gesellschaftliche Herausforderung der Digitalisierung angemessen einzulösen. Medienbildung ist nicht additiv zu bisherigen Kompetenzen anzulegen, sondern kann als Disposition, Transaktion oder Transformation aufgefasst werden.

2. Digitale Kompetenz als Kulturtechnik?

Lesen, Schreiben, Rechnen: Dies sind Fertigkeiten, die oft als elementare Kulturtechniken bezeichnet werden, um am Wissen einer Kultur partizipieren zu können. Sie werden als Bestandteile einer Grundbildung verstanden, wie sie die UNESCO-Definition von 1978 anführte. Die Fähigkeit, mit dem Computer und digitalen Medien umzugehen, wird in manchen Publikationen als neue Kulturtechnik bezeichnet, um den Rang dieser Kompetenz in der bildungspolitischen Diskussion hervorzuheben. Die UNESCO ergänzte 2005 das einfache um ein erweitertes Verständnis von Grundbildung, mit dem *alle* Kompetenzen in den Blick genommen werden, die für die Teilhabe an gesellschaftlicher Kommunikation erforderlich sind. Damit wird der Erkenntnis Rechnung getragen, dass Literalität keine singuläre Kompetenz im engeren Sinne darstellt, sondern als kulturell eingebettete, gesellschaftlich ausgehandelte, soziale Handlungspraxis zu verstehen ist (vgl. Grotlüschen & Linde, 2006; Maye, 2010).

„Grundbildung" geht es zuallererst um die Befähigung zur kulturellen Teilhabe. Sie bezieht sich dabei auf alle Bildungssektoren, umfasst das formale, nonformale wie auch informelle Lernen und passt damit zu der europäischen Agenda des *lifelong learning*. Die Versuche, Grundbildung („basic education") inhaltlich zu fassen, sind vielfältig und sind – wegen ihrer ganz unterschiedlichen Zugänge zum Thema – kaum zu vereinheitlichen (Grotlüschen & Linde,

2006). In allen Fällen tauchen die Schlagworte neue Medien, IT-Fertigkeiten, digital literacy u.ä. auf – freilich neben Gesundheitsbildung, ökonomischer Grundbildung oder sozialen Grundkompetenzen (BMBF/KMK, 2012).

Der Europäische Referenzrahmen „Schlüsselkompetenzen für lebenslanges Lernen" (2007) führt „Computerkompetenz" als einen von acht Kompetenzbereichen auf – neben z.B. Bürgerkompetenz, unternehmerischer Kompetenz oder Kulturbewusstsein. Zunehmend wird auch die Bedeutung digitaler Medien für die Partizipation an Prozessen gesellschaftlicher Meinungsbildung und Entscheidungsfindung erkannt und im Rahmen der politischen Bildung wird die Forderung nach der Entwicklung von „digital citizenship" laut (vgl. Banks, 2008).

Bereits in den 1980er Jahren wurde „informationstechnische Grundbildung" als Pflichtfach in deutschen Bundesländern in der Sekundarstufe eingeführt und – aus verschiedenen Gründen – relativ bald wieder aufgegeben. Koerber & Peters (1993) sprechen von der Krise entsprechender Angebote und erläutern Hintergründe für das Scheitern (s.a. Peschke, 1989).

Vom nationalen Bildungsministerium in den USA ging ab ca. 1980 die Diskussion über „21st century skills" aus, die den grundlegenden Wandel der gesellschaftlichen Anforderungen deutlich machte, und wie sich diese Anforderungen in Bildungsinhalten und didaktischen Methoden niederschlagen müssen (Beetham & Sharpe, 2013). Die dabei herausgearbeiteten „21st century skills" fordern *deep learning, higher order skills* und Problemlösefertigkeiten. Die Digitalisierung der Lebens- und Arbeitswelt wird sowohl als Treiber dieser Entwicklung als auch als Mittel zur Bewältigung erkannt. *Digital literacy* – verstanden als Fähigkeit, digitale Technik zu nutzen – hat dabei den Begriff der *media literacy* weitgehend abgelöst (Kim, 2015).

Interessanterweise ist die deutschsprachige Diskussion, die seit den 1970er Jahren zunächst um „Medienkompetenz" und seit etwa 2000 um „Medienbildung" zentriert ist, mit der englischsprachigen Diskussion über Media Literacy oder Digital Literacy wenig verzahnt. Der Sammelband von Bachmaier (2010) versucht, entsprechende Brücken zu schlagen. Dabei wird auch deutlich, dass in der englischsprachigen Diskussion zusätzlich zwischen *competence* und *competency* unterschieden wird: „competence, which is given a generic and holistic meaning refers to a person's capacity, and the term ‚competency', which refers to specific capabilities" (Eraut, 1994, S. 174).

Im deutsch- wie auch englischsprachigen Raum dominieren Ansätze, die *computer* oder *digital literacy* als „neue Kulturtechnik" zusätzlich zu vorliegenden Kulturtechniken bzw. Kompetenzen von Grundbildung auffassen (vgl. Abb. 1), wenn sie etwa von „digitaler Bildung" sprechen. Im Folgenden soll aufgezeigt werden, dass die dem Begriff zugrundeliegende Vorstellung über die Rolle der digitalen Technik beim Lernen und Verstehen zu problematisieren ist. Dazu müssen wir den kognitiven Prozess der Wissenserschließung genauer ansehen.

3. Erschließung von Wissen mit digitalen Medien

Lesen, Schreiben und Rechnen verweisen weniger auf bestimmte Techniken, sondern auf Modi der Erschließung von Wissen einer Kultur. Wissen ist immer in bestimmter Weise codiert und die zu entwickelnde Fähigkeit im Umgang mit Wissen besteht darin, die dabei verwendeten Symbolsysteme zu verstehen, sie rezeptiv und produktiv zu nutzen. Wir erschließen uns das Wissen der Welt über den Code, der einer Information zugrunde liegt. Lesen und Schreiben beziehen sich auf das Symbolsystem Text. Rechnen beruht auf Informationen, die als Zahlen codiert sind und die (Re-)Produktion von Musik basiert auf der Notation von Klängen (vgl. Weidenmann, 1997).

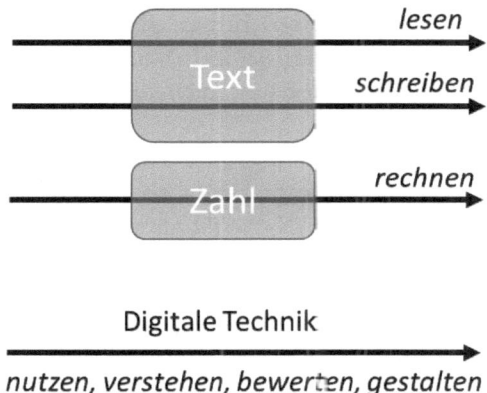

Abbildung 1: Techniken der Erschließung kulturellen Wissens

Für das Verstehen der dabei übermittelten Informationen ist es aber zunächst irrelevant, auf welcher Art von Datenträger (analog oder digital codiert) diese gespeichert sind und über welches Transportmedium sie übermittelt werden: Ob ich die Zeitung als Printmedium oder als digitale Ausgabe erhalte, ist für den Verstehensprozess wenig bedeutsam, auch wenn Unterschiede in den Darstellungsformaten relevant sind. Verwiesen sei hier auf die erweiterten Möglichkeiten, multimediale Informationen im digitalen Medium zu inkludieren, über Links auf andere Information zu verweisen oder Kommentare auf der Webseite der Zeitung zu hinterlassen.

Die Implikationen der Digitalisierung für den Verstehensprozess medialer Information sind je nach Fachgebiet genauer herauszuarbeiten. Die Digitalisierung verändert zwar maßgeblich, wie in einer Gesellschaft Informationen produziert, bereitgestellt und disseminiert werden, der Verstehensprozess der dabei übermittelten Information ist dagegen weniger *fundamental* verändert, als es auf den ersten Blick erscheinen mag: Ich sollte weiterhin Textsorten kennen und bewerten können (wie Nachricht, Kommentar, aber auch Blog oder Tweet); ich sollte mit Zahlen umgehen können (Algebra, Analysis, aber auch digitale Werkzeuge); ich sollte Musik hören und einordnen können (und auch die Implikationen des Streamings von Musik im Netz verstehen).

Damit wird deutlich, dass solche Lehr-Lernziele eng an die jeweiligen Fachgebiete geknüpft sind, und es bleibt die Frage, was es genau meint, beim Lernen dieser Sachverhalte von einer „Medienkompetenz" zu sprechen: Die Erschließung dieser Lehrinhalte war und ist immer an „Medien" gebunden (gewesen) und wirft die Frage auf, inwiefern sich die Lehrinhalte bzw. -ziele der Fachgebiete durch die Digitalisierung einfach weiterentwickeln oder tatsächlich eine fundamentale Erweiterung erfahren.

Wenn im Deutschunterricht der 70er Jahre nicht nur Romane und Werke der Literatur, sondern auch Comics behandelt wurden, verwies dies auf einen veränderten Kulturbegriff. Wenn im Deutschunterricht nun Blogs oder soziale Plattformen reflektiert werden, dann zeigt dies, wie sich Lehrinhalte veränderten Lebenswelten anpassen. Ob die Deutschlehrerin damit auch „digitale Bildung" vermittelt, bleibt im Grunde eher sekundär.

Bestimmte Phänomene sind im Kontext der digitalen Medien tatsächlich neu entstanden und für die kompetente Nutzung und Bewertung digital gespeicherter Informationen wichtig, wie z.B. die (Nicht-)Löschbarkeit von eigenen Informationen, der Umgang mit Informationen, die von anderen im Netz bereitgestellt werden und die Implikationen des Datenschutzes. Aber auch hier bleibt die Frage, ob sich diese Themen „generisch" in einem eigenen Themenfeld „Medienerziehung" behandeln lassen oder sich entsprechende Kompetenzen letztlich nur „im Kontext" eines Faches oder Themas entwickeln lassen, z.B. wenn im Rahmen einer Hausarbeit ein Plagiat aufgedeckt wird, oder die Frage besteht, wo die Klassenliste mit persönlichen Daten im Netz abgelegt wird.

Es bestehen Parallelen zur Diskussion über „Methodenkompetenz": Inwieweit lässt sich Methodenkompetenz losgelöst von Fachinhalten konzeptualisieren? Gibt es allgemeine, „generische" Problemlösekompetenzen, die ganz unabhängig von Inhalten trainiert werden können? Hier existieren zwei unterschiedliche Vorstellungen: In der berufspädagogischen Diskussion wurde Methodenkompetenz lange als eigenständiger Kompetenzbereich – neben Fach- und Sozialkompetenz – konzipiert. Zusehends folgt die Diskussion jedoch einem Modell, das Methoden-, Lern- und kommunikative Kompetenzen *querliegend* zu Fachkompetenzen auffasst (vgl. Sloane & Dilger, 2005; Euler & Hahn, 2007). Dies schließt an das Verständnis an, das in der psychologischen Bildungsforschung – als Ergebnis entsprechender Untersuchungen – favorisiert wird. Dabei wird Methodenkompetenz *domänenspezifisch*, also als *Teil* von Fachkompetenzen, aufgefasst (vgl. Schaper, 2012). Diese theoretische Überlegung hat weitreichende Folgen für die Bildungspraxis: Denn wenn Methodenkompetenz nicht generisch konzeptualisiert werden kann, dann sind Trainings einer Methodenkompetenz, die *losgelöst* von Inhalten angelegt sind, problematisch einzuschätzen. Und auch für *Medienkompetenz* stellt sich die Frage, inwieweit sich diese in separaten Unterrichtseinheiten aufgreifen lässt oder inwieweit diese „an Domänen" zu binden ist. Gibt es ein Training von „Medienkompetenz" – jenseits der Fertigkeit, elementare Funktionen von Geräten bedienen zu können, die nicht an das Verstehen der übermittelten bzw. erzeugten Information und der zugrundeliegenden Codes gebunden werden können?

Tatsächlich hat die Digitalisierung grundlegende Implikationen für die gesellschaftliche Konstruktion von Wissen. Sie transformiert soziale Praxen der Wissenserschließung und -kommunikation und stellt unsere Kompetenzen im Umgang mit medial übermitteltem Wissen infrage: Die Vorgänge der Buchproduktion musste ich weder kennen noch verstehen, um einen spannenden Roman zu schätzen. Den Fernseher kann ich nutzen, eben ohne die Arbeitsweise einer Kathodenstrahlröhre zu verstehen. Mit der Digitalisierung stellt sich die Frage erneut, nämlich: Was müssen wir über digitale Systeme wissen, um sie bedienen, in ihren Funktionen für unsere Ziele nutzen und ihre Implikationen verstehen zu können? Es spricht vieles dafür, Grundprinzipien der Digitalisierung als Teil einer Allgemeinen Bildung aufzufassen und in Curricula auf den verschiedenen Bildungsstufen und Fachgebieten einzubinden. Dabei bleibt weiterhin die Frage, ob dies – in der Schule – dann tatsächlich eines eigenen Faches bedarf, in dem diese Kompetenzen vermittelt werden sollten oder ob sie letztlich eben doch in einen *fachlichen* Kontext (also im Fach Deutsch, Geografie, Musik) einzubinden sind?

Die Dagstuhl-Erklärung[1] (2016), in der sich Expert/innen aus Informatik und Medienpädagogik verständigt haben, spricht von einem „eigenständigen Lernbereich", der explizit in schulischen Curricula ausgewiesen werden sollte und betont zugleich die „Aufgabe aller Fächer, fachliche Bezüge zur Digitalen Bildung zu integrieren" (vgl. Döbeli Honegger, 2016). Dabei sollte es neben der Beherrschung technischer Systeme insbesondere um das Verstehen von digitaler Technik gehen: Was bedeutet digitale Informationsverarbeitung, wie wird sie im Computer umgesetzt und was hat das für Implikationen? Im Alltag finden sich viele Fehlannahmen über das Funktionieren digitaler Technik, was unmittelbare Auswirkungen auf die Computernutzung hat (wie z.B. ein fehlendes Verständnis für Vorgänge wie das Speichern und die Ablageorte von Dokumenten, etwa im Kontext des „cloud computing"). Morris & Goodman (2006) beziehen dies vor allem auf ältere Menschen; Kleimann u.a. (2003) hatten aber auch für Studierende die Kluft aufgezeigt: Wenige Probleme in der Gerätebedienung stehen einem teilweise nur geringen Verständnis von fortgeschrittenen Funktionen gegenüber.

---

1 Vgl. https://www.gi.de/aktuelles/meldungen/detailansicht/article/dagstuhl-erklaerung-bildung-in-der-digitalen-vernetzten-welt.html

Michael Kerres

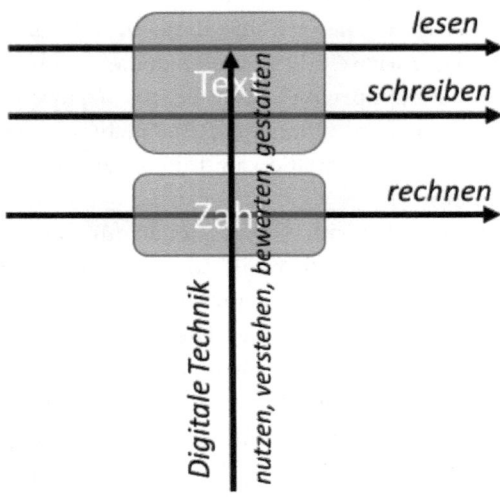

Abbildung 2: Durchdringung von Kulturtechniken durch die Digitalisierung

Damit wird deutlich, dass sich die Kompetenz im Umgang mit digitaler Technik nur schwerlich und nur in geringen Teilen zu „Lesen, Schreiben, Rechnen" *hinzufügen* lässt. Die digitale Technik wird vielmehr dadurch bedeutsam, dass sie alle anderen Kulturtechniken maßgeblich durchdringt und prägt. Modi der Wissenserschließung wie Lesen, Schreiben oder Rechnen lassen sich nicht mehr denken ohne digitale Technik, und dies zieht sich durch alle Fachgebiete und Themenbereiche des Lernens. Genau dies macht die Besonderheit der aktuellen Diskussion aus: Medienkompetenz bezog sich bislang auf Artefakte, die sich auf bestimmte Ausschnitte des Lebens beziehen. Zeitung, Radio und Fernsehen als Medien der Information und der Unterhaltung wurden vor allem in der Freizeit genutzt; für das eigentliche Lernen in Schule und Hochschule, für berufliche Tätigkeiten oder andere gesellschaftliche Anforderungen blieben diese Medien in ihrer Relevanz vergleichsweise randständig.

Dies spiegelt sich auch in der Verortung der Medienpädagogik wider, die lange Zeit primär im Kontext der außerschulischen Pädagogik und Sozialpädagogik diskutiert wurde und dort ihre wichtigsten Handlungsfelder fand. Die Diskussion über das Konstrukt Medienkompetenz entstand in der Zeit von Printmedien, Film, Fernsehen und Radio. Zu den bis heute diskutierten Dimensionen der Medienkompetenz meint Moser, dass sehr deutlich wird, „dass diese zu einer Zeit formuliert wurden, als vom Computer als Medium noch nicht die Rede war." (Moser, 2000, S. 215).

Groeben & Hurrelmann (2002) nennen als Dimensionen der Medienkompetenz das Wissen über Medien und die Fähigkeit, Medien auszuwählen und zu rezipieren; es geht um die Fähigkeit, sich mit Medieninhalten kritisch auseinanderzusetzen und sich aktiv über Medien in Diskurse einzubringen und Anschluss zu finden. Genussfähigkeit ist eine weitere Dimension des Modells, die sich auf die Unterhaltungsfunktion von Medien in der Freizeit bezieht. Nach Spanhel (2002) zielt Medienerziehung auf den Prozess, „in dem der Heranwachsende und der Erwachsene sein ganzes Leben hindurch eine kritische Distanz zu den Medien und ihren Weiterentwicklungen aufbaut und eine Verantwortungshaltung gegenüber den Medien und im Umgang mit ihnen einnimmt" (S. 52). Wenn sich Schule dem Thema Medien widmete, dann war dies der Versuch, ein Thema der Lebenswelt in der Schule reflexiv zu verarbeiten, z.B. wenn ein Zeitungsartikel analysiert wurde oder über eine Fernsehreportage diskutiert wurde. Die Lernenden sollten dabei u.a. verstehen, wie Informationen in Medien transportiert werden und welche Mechanismen der Verfälschung dabei stattfinden: Der „mündige Rezipient" von Medien in der Lebenswelt stand als Ziel im Vordergrund. Auch die aktive Medienarbeit, in der die Produktion von Medien aufgegriffen wurde, diente letztlich dem Ziel, nämlich Medien – in der Freizeit – kompetent nutzen zu können.

Am Ausgang der Epoche der analogen Medien lässt sich – quasi rückblickend – betrachten, wie Medienkompetenz für die „alten" Medien aufgefasst wurde? Haben unsere Eltern verstanden, wie der Bleisatz im Zeitungsdruck funktionierte und was das Einstanzen beim analogen Video macht? Wer kennt die Austastlücke bei der Übertragung des Fernsehsignals und versteht, wie Videotext übermittelt wird? Hat Schule „Buchkompetenz" vermittelt? Wir müssen davon ausgehen, dass diese analogen Medien kompetent genutzt werden konnten, ohne solche technischen Funktionen zu verstehen.

Mit dem Schlagwort Digitalisierung ändert sich für die Diskussion in der Medienpädagogik zunächst Folgendes: Es geht nicht mehr primär um Medienkompetenzen für Phänomene *außerhalb* von (hoch-)schulischem Lernen und Beruf, in bestimmten abgegrenzten Bereichen der privaten Lebenswelt, insbesondere der Freizeit von Menschen. Denn die Digitalisierung liegt quer zu allen lebensweltlichen Vollzügen, Themen, Fächern und Kompetenzen; sie tritt nicht als Anforderung zu den vorhandenen Inhalten hinzu, sondern sie durchdringt diese. Die Herausforderungen, die mit der Digitalisierung verbunden sind, lassen sich nicht durch Zusatzkurse, optionale Wahlangebote oder zusätzliche Pflichtfächer abdecken. Es besteht die Gefahr, dass auf diese Weise das Thema Digitalisierung in Randbereiche abgeschoben wird. Hinzu kommt die bereits erwähnte Problematik, dass sich die hier relevanten Kompetenzen nicht in generischen Kursangeboten – jenseits spezifischer Kontexte – „einüben" lassen. Ähnlich wie Methodenkompetenzen müssen wir davon ausgehen, dass Fähigkeiten in der Nutzung von digitalen Medien und Werkzeugen immer eng an inhaltliche Domänen gebunden sind. Es erscheint deswegen fraglich, inwiefern es z.B. zielführend ist, Kurse zur Bedienung einer Präsentationssoftware anzubieten. Die kompetente Nutzung der Software ist im Fach zu üben, weil sich die Kompetenz, Inhalte aufzubereiten und zu präsentieren, nur in dem fachlichen Zusammenhang artikuliert.

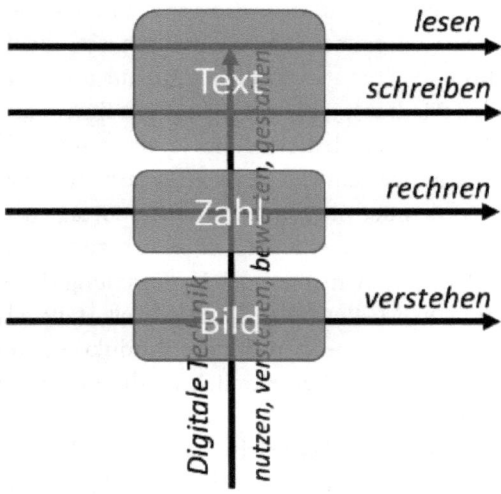

Abbildung 3: Visuelle Information als Symbolsystem

Eine weitreichendere, eher kulturtheoretische Frage ist, ob wir eine Verschiebung der in unserer Kultur vorherrschenden Symbolsysteme beobachten können und auf welche Weise die Digitalisierung hierzu beiträgt. Der Buchdruck hatte wesentlich dazu beigetragen, dass Schrift zum zentralen Symbolsystem unserer Kultur avancierte. Der Erfolg des Fernsehens hat in den letzten 50 Jahren die Bedeutung bildhafter Darstellungen von Information und Wissen forciert. Die Digitalisierung und das Internet übertragen Text wie Bild gleichermaßen: SMS, E-Mail und andere Kommunikationsdienste basieren auf der Codierung durch Text. Durch hohe Bandbreiten werden über das Internet immer mehr Videos abgerufen und verfügbar. Statt das an Sendezeiten gebundene Fernsehen konsumieren Menschen Videos zunehmend über das Internet, seien es Folgen von Serien, Podcasts oder Channels. Auch Vorträge, Vorlesungen oder Präsentationen werden zunehmend als aufgezeichnete Videos verfolgt und weniger häufig als Text gelesen. Insofern ist die These einer zunehmenden Bedeutung der bildhaften bzw. audiovisuellen Darstellung von Information naheliegend und wird die medienpädagogische Diskussion weiter beschäftigen (vgl. Lundy & Stephens, 2015; Hassett, 2016).

4. Medienkompetenz, Medienbildung oder Bildung in einer digitalen Welt?

Informationen werden über technische Medien verfügbar gemacht, über Bücher, Zeitungen, Radio, Fernsehen oder eben über Datenträger, wie eine DVD, oder das Internet. Diese jeweiligen Medien bzw. Medientechnik muss ich zunächst auf einer basalen Ebene „kompetent" bedienen können: z.B. ein Gerät einschalten und Inhalt auswählen können. Auf dieser Ebene bleibt die Frage, inwieweit ein Bedarf besteht, entsprechende „Basiskompetenzen" in den verschiedenen Generationen zu vermitteln. Wir können davon ausgehen, dass der größte Teil der Menschen in Industrieländern über ein digitales (mobiles) Endgerät verfügt und dessen elementare Funktionen bedienen kann. Aus Studien zum Nutzungsverhalten von Studierenden ist allerdings gleichzeitig bekannt, dass etwa Studierende keineswegs in der Breite fähig sind, fortgeschrittene Recherchetechniken anzuwenden oder die Qualität von Internetseiten adäquat einzuschätzen (Kleimann u.a., 2008). Hier wird bereits deutlich, dass sehr genau zu definieren ist, über welche Kompetenz wir sprechen. Es hilft auch etwa zu verstehen, wie binäre Logik funktioniert und was einen Algorithmus ausmacht. Doch was das für unser (Zusammen-)Leben bedeutet, kann erst erkannt werden, wenn wir die digitale Technik für die Berechnung von Zahlen, für die Analyse von Texten oder die Erzeugung von Musik verstehen.

Die medienpädagogische Diskussion über Medienkompetenz hat deswegen immer – jenseits solcher Basiskompetenzen – den Fokus auf den aktiven Umgang mit medialer Information gesetzt: das Verstehen und Verarbeiten der Information, wie z.B. Informationen in Massenmedien generiert werden, wie sie beeinflusst werden und Rezipienten manipulieren, dass Nachrichten z.B. immer ausgewählt und dadurch Sichtweisen transportiert werden, und dass Bilder in Fernsehnachrichten Emotionen übermitteln, die oftmals unseren Eindruck stärker prägen als das gesprochene Wort. Dieses Wissen – als Teil von Medienkompetenz – ist grundsätzlicher, allerdings ist auch hier kein grundsätzlicher Unterschied zwischen analoger und digital verarbeiteter Information zu erkennen.

Die medienpädagogische Diskussion hat sich in den letzten Jahren verstärkt dem Begriff der „Medienbildung" zugewendet, auch um der Engführung des Begriffs Medienkompetenz, wie er in der öffentlichen Diskussion verwendet wird, zu entgehen (Tulodziecki, 2015; Meder, 2007; Spanhel, 2010; Jörissen & Marotzki, 2009; Herzig, 2012; Moser, 2006; Bachmair, 2010; Herzig, 2001). Anders als etwa von Baacke (1973) ursprünglich intendiert, wird Medienkompetenz nämlich vielfach reduziert auf die Fertigkeiten im Umgang mit analogen oder digitalen Medien. Aufenanger forderte bereits (2000): „Diese sozialtechnologische und affirmative Variante des Begriffs der Medienkompetenz, die dieser auch sehr schnell nahe legt, muss überwunden und durch die grundlegenden Aspekte von Erziehung und Bildung ergänzt werden." Mit Medienkompetenz verbinden sich in der öffentlichen Auffassung zumeist Trainings zur Computernutzung oder auch Veranstaltungen, in denen vor den Gefahren der digitalen Medien gewarnt wird, über die Handynutzung an Schulen oder Cybermobbing gesprochen wird.

Der 2009 vorgelegte Bericht der vom BMBF beauftragten Expertenkommission zur Medienbildung markiert einen Einschnitt der Diskussion. Er erschien unter dem Titel: „Kompetenzen in einer digital geprägten Kultur" (BMBF, 2009). Damit wurde signalisiert, dass es nicht mehr um Medienkompetenz als eigenständigen Kompetenzbereich geht, sondern eben um die Kompetenzen, die erforderlich sind, um eine „digital geprägte Kultur" zu bewältigen. Im Untertitel findet sich freilich bereits der Begriff „Medienbildung" und im weiteren Text dominiert weiter der Begriff „Medienkompetenz".

In dem Text werden vier Kompetenzbereiche der Medienbildung benannt, die den folgenden Themenfeldern zugeordnet sind:
1. Information und Wissen: Zugang zum Wissen einer Kultur
2. Kommunikation und Kooperation: Teilhabe am gesellschaftlichen Diskurs
3. Identitätssuche und Orientierung: „Entwicklung der Persönlichkeit als ein Sich-ins-Verhältnis-Setzen zur Welt"
4. Digitale Wirklichkeiten und produktives Handeln: (selbstständige) Aneignung und Nutzung komplexer IT-Anwendungen mit Bezug zur Lebens- und Arbeitswelt

Diese Systematik schließt unmittelbar an einen Bildungsbegriff an, der Bildung als ein reflektiertes Verhältnis des Menschen zu den Dingen (Punkt 1), zu den Anderen (Punkt 2) und zu sich (Punkt 3) versteht (etwa bei Marotzki, 1990; Meder, 2007). Zusätzlich findet sich der Aspekt der Handlungsorientierung im Kontext der digitalen Lebens- und Arbeitswelten. Es ist damit auch erkennbar, dass die Medienthematik im Diskurs der Bildungswissenschaft nicht mehr losgelöst von dem Verständnis der zentralen Begriffe Bildung und Kompetenz diskutiert werden kann.[2]

Die Begriffe „digitale Bildung" oder „digitale Kompetenz" helfen dabei kaum weiter. Sie tauchen regelmäßig in der bildungspolitischen Diskussion auf und wollen den Fokus auf „das Digitale" lenken. Dennoch bleibt unklar, in welcher Weise sie sich von einer „analogen Bildung" oder einer „analogen Kompetenz" absetzen (können) und sie bleiben – vor allem – dem Gedanken verhaftet, dass es hier im Kern um eine *zusätzliche* Anforderung geht.

---

2 Die Erklärung der KMK folgt dieser Formulierung, wonach Medienbildung „auf ein sachgerechtes, selbstbestimmtes, kreatives und sozial verantwortliches Handeln in der medial geprägten Lebenswelt" abzielt (vgl. „Medienbildung in der Schule", Beschluss der Kultusministerkonferenz vom 8. März 2012).

Das Strategiepapier[3] der Kultusminister der Länder in der Bundesrepublik Deutschland nutzt die Formulierung „Bildung in einer digitalen Welt". Der Titel signalisiert diese neue Position: Es geht nicht mehr um eine Medienkompetenz, die neben den Unterrichtsinhalten aufgegriffen wird, sondern: „Wenn der schulische Bildungsauftrag sich in der ‚digitalen Welt' nachhaltig verändert, dann wird perspektivisch Medienbildung keine schulische Querschnittsaufgabe mehr sein, sondern integraler Bestandteil aller Unterrichtsfächer." Auch die Landesregierung NRW hatte in der zweiten Jahreshälfte 2015 einen öffentlichen Dialogprozess unter dem Label „NRW 4.0 – Lernen im digitalen Wandel" begonnen, in dem ein Leitbild für das Lernen in NRW entwickelt wurde. Die Beteiligung von fünf Ministerien signalisiert, dass die Landesregierung die Reichweite der Thematik sieht und als ressortübergreifende Aufgabe erkannt hat.

Wenn wir heute über Medienkompetenz oder -bildung sprechen, dann meint dies „Bildung in einer durch digitale Technik geprägten Welt". Da die Digitalisierung die Lebenswelt maßgeblich durchdringt, erfahren wir diese durch digitale Medien. Unsere Teilhabe an Kultur, die Kommunikation mit Anderen basiert weitreichend auf digitalen Medien und auch unsere Sicht auf uns selbst wird beeinflusst durch Artefakte, die wir mit digitalen Werkzeugen herstellen. In dieser Sicht wird anerkannt, dass die Medienthematik nicht mehr „neben" anderen Lerngegenständen steht, wie dies in der früheren Medienpädagogik – und den analogen Medien – gebräuchlich war.

Reflektieren wir mit dieser Überlegung nochmals die medienpädagogische Diskussion, dann lassen sich zwei kritische Pole identifizieren, die bis heute immer wieder unaufgelöst die Diskussion bestimmen: Auf der einen Seite finden wir eine Tendenz, Medienkompetenz oder -bildung auf die Bedienung von Geräten zu reduzieren und damit auf ein vergleichsweise triviales Problem. Auf der anderen Seite wird Medienkompetenz oder -bildung teilweise ganz abstrakt als Fähigkeit betrachtet, sich das Wissen der Kultur über Medien zu erschließen, sich über Medien auszudrücken und am gesellschaftlichen Diskurs teilzuhaben. Damit besteht die Gefahr, dass sich das Konstrukt in Überlegungen auflöst, wie sie etwa in der „Theorie des kommunikativen Handelns" von Habermas (1981) beschrieben worden sind, wenn es ganz grundlegend um das Handeln von Menschen in Gesellschaften geht (vgl. Schäfer, 2005). Dies liegt genau daran, dass Handeln von Menschen in modernen Gesellschaften essenziell mit und über (technische) Medien funktioniert – nur wird die Rolle der Medien in der Soziologie und Erziehungswissenschaft selten klar genug mit bedacht.

Wenn wir nun also erkennen, dass die Digitalisierung derart durchdringend ist, kann es konsequent sein, auf die Konstrukte Medienkompetenz oder Medienbildung zu verzichten und stattdessen präziser über „Bildung in einer digital geprägten Welt" zu sprechen. In jedem Fall gilt es einen Weg zu

---

3 Verfügbar unter: https://www.kmk.org/fileadmin/Dateien/pdf/PresseUndAktuelles/2016/Entwurf_KMK-Strategie_Bildung_in_der_digitalen_Welt.pdf [27.04.2016].

finden, um den beiden skizzierten Gefahren zu entgehen: Die Diskussion der Medienpädagogik löst sich gleichermaßen auf, wenn sie sich auf Bedienungsfertigkeiten reduziert und auch, wenn sie sich in der Ubiquität des Gesellschaftlichen auflöst. Sie ist entweder zu nahe an der Technik oder zu weit weg von dem konkreten Anliegen der Medienpädagogik. Schon früher wurde gefordert, die Medienpädagogik möge sich von ihrem „Lieblingskonstrukt" Medienkompetenz lösen (Kübler, 1996), um die eigene Disziplin zu begründen und die Bedeutung des Medialen in der Entwicklung von Individuen und Organisationen, von Gesellschaft und Kultur zu fokussieren. Letztlich erscheint der Weg, wie ihn Döbeli (2015) skizziert hat, und der die Grundlage der o.g. Dagstuhl-Erklärung darstellt, gangbar: Es geht um die Fähigkeit, a) digitale Technik zu verstehen, b) ihre Funktionen für den Zugang zu Wissen, die Entwicklung von Identität und Teilhabe an Gesellschaft zu nutzen und c) ihre Implikationen zu reflektieren. Diese Sicht bleibt eng genug an dem Medialen und berücksichtigt gleichzeitig die Reichweite des medienpädagogischen Anliegens, ohne sich in allgemeinen Kategorien menschlichen Handelns aufzulösen.

5. „Bildung in einer digitalen Welt" als Disposition, Transaktion und Transformation

Mit „Bildung in einer von digitalen Medien geprägten Kultur" rückt die medienpädagogische Diskussion den Bildungsbegriff in den Vordergrund und ist damit stärker an die bildungstheoretische Diskussion zu binden. Danach kann Bildung grundsätzlich verstanden werden als ein reflektiertes Verhältnis des Menschen zu sich, zu anderen und zur Welt. Analysiert man die Vorstellung von Menschen, Organisationen oder Kulturen über Bildung, dann lässt sich feststellen, wie sich Bildung als Ergebnis von Konstruktionsprozessen generiert. Borst (2016) zeigt die historische Entwicklung verschiedener normativer Theorien von Bildung auf. George Kelly (2003) hat in seiner Psychologie der persönlichen Konstrukte eine Methode vorgelegt, mit der Bedeutungen analysiert werden können, die Individuen in Lern- und Entwicklungsprozessen entwickelt haben. Auch auf der Ebene von Organisationen lassen sich unterschiedliche Verständnisse von Bildung und Bildungssteuerung identifizieren: So unterscheidet Wilkesmann (2013) ein transaktionales und ein transformatives Verständnis von Bildungssteuerung. Führt man diese – sich ergänzenden – normativen und deskriptiven Überlegungen zusammen, können drei Bildungskonzepte mit Bezug auf Medien konturiert werden, die im Folgenden genauer erläutert werden.

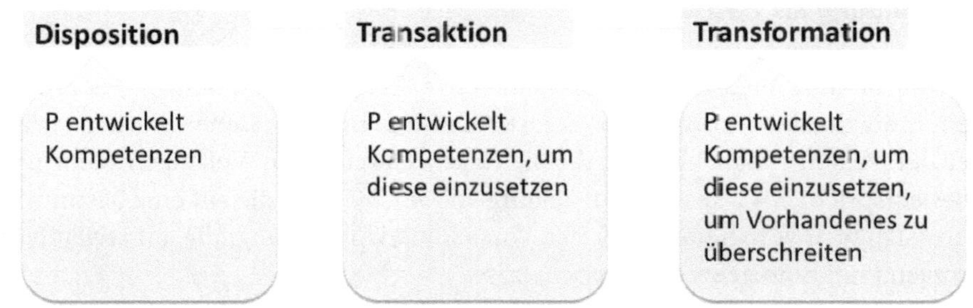

Disposition	Transaktion	Transformation
P entwickelt Kompetenzen	P entwickelt Kompetenzen, um diese einzusetzen	P entwickelt Kompetenzen, um diese einzusetzen, um Vorhandenes zu überschreiten

Abbildung 4: Medienbildung als Disposition, Transaktion und Transformation

5.1 Medienbildung als Disposition

Ein – vor allem alltagssprachlich verbreitetes – Verständnis von Bildung fokussiert die individuelle Aneignung von Wissen und Fähigkeiten zur Ausbildung der individuellen Persönlichkeit. Bildung ist dabei primär etwas, was sich „in" der Person niederschlägt: Die Person eignet sich Wissen an, sie trainiert Fertigkeiten, sie „bildet sich", wenn sie sich mit Neuem auseinandersetzt und lernt. Bildung entfaltet das eigene Selbst, das in der Person bereits angelegt ist und durch Lernen bzw. im dialektischen Prozess der Wechselwirkung mit der Umwelt angeregt wird. Bildung als Disposition meint dann, die Person verfügt über Wissen oder Fertigkeiten.

Ein großer Teil des Lernens in der allgemeinbildenden Schule und der Hochschule ist *nicht* auf eine Verwertung und Vorbereitung auf eine Tätigkeit außerhalb der Lernsituation angelegt. Sie soll „bildend" sein im Sinne einer „Allgemeinbildung", die grundlegende Dispositionen schaffen soll, um sich in einer Gesellschaft zurechtzufinden. Dies bedeutet – in einem weiteren Sinne – *auch*, in der Lage zu sein, sich auf dem Arbeitsmarkt einzufinden. Allerdings ist Bildung nur dann allgemein, wenn sie den Menschen umfassend betrachtet und alle lebensweltlichen Anforderungen in Betracht zieht.

In diesem Verständnis wäre Medienbildung dann etwas, das in der Person angelegt ist. Diese Disposition bezieht sich auf die Gesamtheit von Wissensbestandteilen und Fertigkeiten, die die Person in der Interaktion mit Umwelt erworben hat, und über die sie verfügen kann. Es geht etwa um Wissen über Medien und Fertigkeiten in der Bedienung von Geräten und Software, bei der Auswahl und der Bewertung von Inhalten, bei der Produktion und Distribution von Medieninhalten. Über digitale Medien erschließen wir uns das Wissen der Welt, wir treten mit anderen in Kontakt und entwickeln unsere Persönlichkeit (etwa über Äußerungen und Selbstdarstellungen im Internet).

5.2 Bildung als Transaktion

Sowohl Bildungstheorien wie auch subjektive Theorien der Bildung gehen über den individuellen Prozess der Selbstentfaltung hinaus. Denn Bildung eröffnet der Person Möglichkeiten, die sie in lebensweltlichen Vollzügen einbringt. Dies entspricht etwa unserer Vorstellung von *Ausbildung*, die auf eine bestimmte Berufstätigkeit vorbereitet, oder der Vorstellung von Bildung, die auf allgemeine Problemlösekompetenzen ausgerichtet ist.

Eine transaktionale Sicht auf Bildung geht somit über die Entfaltung von Anlagen einer Person als Disposition hinaus und betont den Tauschwert von Kompetenzen:

> „Kompetenz ist nach diesem Verständnis eine Disposition, die Personen befähigt, bestimmte Arten von Problemen erfolgreich zu lösen, also konkrete Anforderungssituationen eines bestimmten Typs zu bewältigen." (Klieme u.a., 2003)

Bildung wird zu etwas, das ich erwerbe und andernorts einsetzen oder eintauschen kann. Bildung kann – im Anschluss an Bourdieu – als Kapital betrachtet werden, das sich konvertieren lässt. Diese Vorstellung fokussiert die Folgen und den Nutzen des Lernens. Wenn z.B. Hochschulbildung „employability" vermitteln soll, dann liegt der Wert von Hochschulbildung nicht mehr „in sich selbst", sondern in seiner Qualität als auf dem Arbeitsmarkt konvertierbare kulturelle Kapitalsorte. Studiengänge werden zunehmend so ausgestaltet, dass die Einmündung in Arbeitsmärkte gelingen kann. Das Studium wird zur Eintrittskarte in eine Berufstätigkeit, auch wenn sie nicht als Ausbildung für eine bestimmte Tätigkeit angelegt ist. Gleichwohl besteht das Paradox, dass ein oberflächliches Training von Fertigkeiten gerade nicht hilfreich ist, um Anforderungen der Praxis langfristig und nachhaltig bewältigen zu können. Das Verstehen komplexer Zusammenhänge und das methodische Erarbeiten von Problemlösungen erscheinen bei der zunehmenden Dynamik der Gesellschaft und der beruflichen Anforderungen geradezu als der ideale Schlüssel zur Vorbereitung.

Medienbildung wäre hier im Ganzen zu betrachten als eine Kompetenz, die dazu beiträgt, gesellschaftliche Anforderungen in einer „von der digitalen Technik geprägten Welt" einzulösen. Sie ist allerdings nicht auf eine Liste bestimmter Wissensbestände oder Fertigkeiten zu reduzieren, weil die Medien und technischen Werkzeuge in den Problemlöseprozess unmittelbar eingebunden sind. So wie Methodenkompetenzen eng an Domänen geknüpft sind, wären auch Medienkompetenzen an bestimmte Themenbereiche oder Fachinhalte zu binden.

5.3 Medienbildung als Transformation

Der Bildungsbegriff kann schließlich über das transaktionale Verständnis hinausgehen. Bildung kann Vorhandenes überschreiten, auf neue Wege und Einsichten führen, Organisationen verändern und Kultur erneuern. Dewey beschrieb den Inquiry-Prozess des Lernens, der von einer Irritation ausgehend bildende Erfahrung eröffnet (vgl. Kerres & de Witt, 2004). In der Tradition von Humboldt versteht Koller (2002) Bildung nicht nur als Aneignungsprozess, sondern ...

> „(1) als ein[en] Prozess der Transformation (2) grundlegender Figuren des Welt- und Selbstverhältnisses (3) in Auseinandersetzung mit Krisenerfahrungen, die die etablierten Figuren des bisherigen Welt- und Selbstverhältnisses in Frage stellen" (Koller 2012, S. 20f.).

Damit wird deutlich, dass Bildung als Transformation kein Regelfall ist und nicht zuverlässig „hergestellt" werden kann, sondern als unbestimmtes Ergebnis eines überdeterminierten Prozesses aufzufassen ist. Das Neue, das hierbei entstehen kann, kann sich auf Erfahrungen und Einsichten des Individuums beziehen, auf kollektive Praxen oder gesellschaftliche Entwicklungen, wie es bildungstheoretische Ansätze, etwa im Kontext der kritischen Theorie, diskutiert haben. Es entsteht nicht aus der Person, sondern als „responsives Geschehen, bei dem das Subjekt auf einen Anspruch antwortet, der von einem anderen Ort aus ergeht, und dem es sich nicht […] entziehen kann." (Koller, 2007, S. 48)

Medienbildung bezieht sich in diesem Zusammenhang auf die Chance für den Einzelnen, neue – medial vermittelte – Wege der Artikulation von Persönlichkeit mit und in Medien zu finden, neue Wege der Beziehungsgestaltung und Verständigung mit anderen Menschen zu entwickeln oder neue Zugänge zu dem Wissen einer Kultur zu öffnen. Medien werden hier als „Wege" betrachtet, die Neues erschließen, und damit den Einzelnen, die Organisation/Institution oder die Gesellschaft verändern können.

6. Schluss

Wir erleben eine Umbruchphase, in der viele gesellschaftliche Prozesse und Institutionen durch die Digitalisierung herausgefordert sind. Bisherige Handlungspraxen werden dabei irritiert. Der Ruf nach digitaler Bildung zeigt die Verunsicherung bei der Anpassung an die „neuen" Medien. „Computerkompetenz" erscheint am Ende vergleichsweise trivial, wenn sie sich auf die elementaren Fertigkeiten der Bedienung von Geräten bezieht. Für die jüngere Generation sind die digitalen Medien „einfach da".

Es bleibt die Frage, inwiefern die aktuelle Diskussion zu „digitaler Kompetenz" ein Übergangsphänomen ist, das diese Verunsicherung anzeigt, und an welchen Punkten tatsächlich neue Kompetenzen zu erkennen sind, die für die Bewältigung von Lebenswelt erforderlich sind und in einen grund-/allgemeinbildenden Kanon einzubringen sind. Die laute Forderung nach digitaler Bildung projiziert die gesellschaftliche Verunsicherung auf „das Digitale". Doch „das Digitale" wird gar nicht als solches beherrschbar, es wird wesentlich nur „im Medium" der Sache verstehbar. Veränderungen durch die Digitalisierung entstehen bei den Lehrinhalten selbst und in der gesellschaftlichen Kommunikation. Es geht eben nicht mehr darum, „eine Unterrichtseinheit zur Medienkompetenz" in Curricula unterzubringen, sondern die *gesamten* Curricula im Hinblick auf die Digitalisierung zu hinterfragen und ggf. zu erneuern.

Literatur

Aufenanger, S. (2000). Medien-Visionen und die Zukunft der Medienpädagogik. Plädoyer für Medienbildung in der Wissensgesellschaft. *medien praktisch. Zeitschrift für Medienpädagogik, 93*, 4–8.

Baacke, D. (1973). *Kommunikation und Kompetenz. Grundlegung einer Didaktik der Kommunikation und ihrer Medien*. München: Juventa.

Bachmair, B. (2010). Bildung in der Mediengesellschaft – Medienbildung als Grundbegriff der Medienpädagogik. In B. Bachmair (Hrsg.), *Medienbildung in neuen Kulturräumen*. Wiesbaden: VS Verlag für Sozialwissenschaften. Verfügbar unter: http://www.springerlink.com/content/qp3w511556u45871/ [31.10.2016].

Banks, J. A. (2008). Diversity, Group Identity and Citizenship Education in a Global Age. *Educational Researcher, 37*(3), 129–139. Verfügbar unter: http://doi.org/10.3102/0013189X08317501 [31.10.2016].

Beetham, H. & Sharpe, R. (2013). *Rethinking Pedagogy for a Digital Age: Designing for 21st Century Learning*. New York: Routledge.

BMBF. (2009). *Kompetenzen in einer digital geprägten Kultur. Medienbildung für die Persönlichkeitsentwicklung, für die gesellschaftliche Teilhabe und für die Entwicklung von Ausbildungs- und Erwerbsfähigkeit. Bericht der Expertenkommission des BMBF zur Medienbildung*. Bonn. Verfügbar unter: http://www.dlr.de/pt/Portaldata/45/Resources/a_dokumente/bildungsforschung/Medienbildung_Broschuere_2010.pdf [31.10.2016].

Borst, E. (2016). *Theorie der Bildung: Eine Einführung* (4. Aufl.). Baltmannsweiler: Schneider Hohengehren.

Dagstuhl-Erklärung (2016). *Bildung in der digitalen vernetzten Welt*. Verfügbar unter: https://www.gi.de/aktuelles/meldungen/detailansicht/article/dagstuhl-erklaerung-bildung-in-der-digitalen-vernetzten-welt.html [31.10.2016].

Döbeli Honegger, B. (2016). *Mehr als 0 und 1: Schule in einer digitalisierten Welt* (1. Aufl.). Bern: hep verlag.

Eraut, M. (1994). *Developing professional knowledge and competence.* London: Taylor & Francis.
Euler, D. & Hahn, A. (2007). *Wirtschaftsdidaktik.* Bern: Haupt.
Europäische Kommission. Generaldirektion Bildung und Kultur (2007). *Schlüsselkompetenzen für lebenslanges Lernen. Ein Europäischer Referenzrahmen.* Luxemburg: Amt für amtliche Veröffentlichungen der Europäischen Gemeinschaften. Verfügbar unter: http://www.kompetenzrahmen.de/files/europaeische-kommission2007de.pdf [31.10.2016].
Groeben, N. & Hurrelmann, B. (2002). *Medienkompetenz: Voraussetzungen, Dimensionen, Funktionen.* München: Juventa.
Grotlüschen, A. & Linde, A. (2006). Literalität nach der Schulzeit. Kooperation von Primarstufe, Lehrerbildung und den Grundbildungsangeboten der Erwachsenenbildung. In A. Grotlüschen & A. Linde (Hrsg.), *Literalität, Grundbildung oder Lesekompetenz? Beiträge zu einer Theorie-Praxis-Diskussion* (1. Aufl.). Münster: Waxmann.
Habermas, J. (1981). *Theorie des kommunikativen Handelns.* Frankfurt: Suhrkamp.
Hassett, D. D. (2016). Visual Language, Visual Literacy: Education à la Modes. In J. Moss & B. Pini (Hrsg.), *Visual Research Methods in Educational Research* (S. 133–149). Basingstoke: Palgrave Macmillan UK. Verfügbar unter: http://link.springer.com/chapter/10.1057/9781137447357_8 [31.10.2016].
Herzig, B. (2001). Medienbildung und Informatik. Zur Fundierung einer integrativen Medienbildungstheorie. In R. Keil-Slawik & H. Meschenmoser (Hrsg.), *Informatikunterricht und Medienbildung* (S. 107–121). Berlin: Springer.
Herzig, B. (2012). *Medienbildung: Grundlagen und Anwendungen.* München: kopaed.
Jörissen, B. & Marotzki, W. (2009). *Medienbildung – eine Einführung.* Stuttgart: UTB.
Kelly, G. A. (2003). A brief introduction to personal construct theory. In F. Fransella (Hrsg.), *International handbook of personal construct psychology* (S. 3–20). New York, NY, US: John Wiley & Sons Ltd.
Kerres, M. & de Witt, C. (2004). Pragmatismus als theoretische Grundlage zur Konzeption von eLearning. In D. Treichel & H. O. Meyer (Hrsg.), *Handlungsorientiertes Lernen und eLearning. Grundlagen und Beispiele.* München: Oldenbourg.
Kim, J. H. (2015). Pedagogical Approaches to Media Literacy Education in the United States. In M. N. Yildiz & J. Keengwe (Hrsg.), *Handbook of Research in Media Literacy in the Digital Age* (S. 52–74). IGI Global.
Kleimann, B., Özkilic, M. & Göcks, M. (2008). *Studieren im Web 2.0. Studienbezogene Web- und E-Learning-Dienste* (HISBUS-Kurzinformation Nr. 21). Hannover: HIS. Verfügbar unter: https://hisbus.his.de/hisbus/docs/hisbus21.pdf [31.10.2016].
Klieme, E., Avenarius, H., Blum, W., Dübrich, P., Gruber, H., Prenzel M., Gruber, H., Prenzel, M., Reiss, K., Riquarts, K., Rost, J., Tenorth, H.-E. und Vollmer, H. J. (2003). *Zur Entwicklung nationaler Bildungsstandards (Expertise).* Bonn: BMBF. Verfügbar unter: https://www.bmbf.de/pub/Bildungsforschung_Band_1.pdf [31.10.2016].
Koerber, B. & Peters, I. R. (1993). Informatikunterricht und informationstechnische Grundbildung — ausgrenzen, abgrenzen oder integrieren? In K. G.

Troitzsch (Hrsg.), *Informatik als Schlüssel zur Qualifikation* (S. 108–115). Berlin, Heidelberg: Springer. Verfügbar unter: http://link.springer.com/chapter/10.1007/ 978-3-642-78529-0_13 [31.10.2016].
Koller, H.-C. (2002). Bildung und kulturelle Differenz. Zur Erforschung biographischer Bildungsprozesse von MigrantInnen. In M. Kraul & W. Marotzki (Hrsg.), *Biographische Arbeit* (S. 92–116). Opladen: Leske & Budrich.
Kübler, H.-D. (1996). Kompetenz der Kompetenz der Kompetenz ... Anmerkungen zur Lieblingsmetapher der Medienpädagogik. *Medien praktisch*, 2(78), 11–15.
Lundy, A. D. & Stephens, A. E. (2015). Beyond the Literal: Teaching Visual Literacy in the 21st Century Classroom. *Procedia – Social and Behavioral Sciences*, 174, 1057–1060. Verfügbar unter: http://doi.org/10.1016/j.sbspro.2015.01.794 [31.10.2016].
Marotzki, W. (1990). *Entwurf einer strukturalen Bildungstheorie: biographietheoretische Auslegung von Bildungsprozessen in hochkomplexen Gesellschaften*. Weinheim: Deutscher Studien Verlag.
Maye, H. (2010). Was ist eine Kulturtechnik? *Zeitschrift für Medien- und Kulturforschung*, 1, 121–135.
Meder, N. (2007). Theorie der Medienbildung. Selbstverständnis und Standortbestimmung der Medienpädagogik. In W. Sesink, M. Kerres & H. Moser (Hrsg.), *Jahrbuch Medienpädagogik, 6* (S. 55–73). Wiesbaden: VS.
Morris, A., Goodman, J. & Brading, H. (2006). Internet use and non-use: views of older users. *Universal Access in the Information Society*, 6(1), 43–57. Verfügbar unter: http://doi.org/10.1007/s10209-006-0057-5 [31.10.2016].
Moser, H. (2000). *Einführung in die Medienpädagogik. Aufwachsen im Medienzeitalter*. Opladen: Leske & Budrich.
Moser, H. (2006). Standards für die Medienbildung. Ein Standardmodell aus der Schweiz. *Computer + Unterricht*, 63, 49–55.
Peschke, R. (1989). Die Krise des Informatikunterrichts in den neunziger Jahren. In F. Stetter & W. Brauer (Hrsg.), *Informatik und Schule 1989: Zukunftsperspektiven der Informatik für Schule und Ausbildung* (S. 89–98). Berlin, Heidelberg: Springer. Verfügbar unter: http://link.springer.com/chapter/10.1007/978-3-642-75163-9_8 [31.10.2016].
Schäfer, K.-H. (2005). *Kommunikation und Interaktion: Grundbegriffe einer Pädagogik des Pragmatismus*. Wiesbaden: VS.
Schaper, N. (2012). *Fachgutachten zur Kompetenzorientierung in Studium und Lehre*. HRK-Fachgutachten (nexus). Bonn: Hochschulrektorenkonferenz. Verfügbar unter: https://www.hrk-nexus.de/fileadmin/redaktion/hrk-nexus/07-Downloads/07-02-Publikationen/fachgutachten_kompetenzorientierung.pdf [31.10.2016].
Sekretariat der ständigen Konferenz der Kultusminister der Länder in der Bundesrepublik Deutschland (2016). *Strategie der Kultusministerkonferenz „Bildung in der digitalen Welt"*. Stand: 27.04.2016, Version 1.0 (Entwurf). Verfügbar unter: https://www.kmk.org/fileadmin/Dateien/pdf/PresseUndAktuelles/ 2016/Entwurf_ KMK-Strategie_Bildung_in_der_digitalen_Welt.pdf [31.10.2016].
Sloane, P. F. & Dilger, B. (2005). The Competence Clash – Dilemmata bei der Übertragung des ‚Konzepts der nationalen Bildungsstandards' auf die berufliche

Bildung. *Berufs- und Wirtschaftspädagogik – online, Prüfungen und Standards in der beruflichen Bildung.* Verfügbar unter: http://www.bwpat.de/ausgabe8/sloane_dilger_bwpat8.shtml [31.10.2016].

Spanhel, D. (2002). Medienkompetenz als Schlüsselbegriff der Medienpädagogik? *Forum Medienethik, Medienkompetenz – Kritik einer populären Universalkonzeption*, 1, 48–53.

Spanhel, D. (2010). Bildung in der Mediengesellschaft. Medienbildung als Grundbegriff der Medienpädagogik. In B. Bachmair (Hrsg.), *Medienbildung in neuen Kulturräumen*. Wiesbaden: VS.

Tulodziecki, G. (2015). Dimensionen von Medienbildung. Ein konzeptioneller Rahmen für medienpädagogisches Handeln. *MedienPädagogik. Zeitschrift für Theorie und Praxis der Medienbildung.* Verfügbar unter: http://www.medienpaed.com/globalassets/medienpaed/2015/tulodziecki1506.pdf [31.10.2016].

Weidenmann, B. (1997). Multicodierung und Multimodalität im Lernprozess. In L. Issing & P. Klimsa (Hrsg.), *Information und Lernen mit Multimedia* (S. 65–84). Weinheim: Beltz.

Wilkesmann, U. (2013). Effects of Transactional and Transformational Governance on Academic Teaching: Empirical evidence from two types of higher education institutions. *Tertiary Education and Management*, 19(4), 281–300. Verfügbar unter: http://doi.org/10.1080/13583883.2013.802008 [31.10.2016].

William Middendorf

Landesinitiativen zur Förderung des schulischen Lernens im digitalen Wandel

1. Einleitung

„Lernen im digitalen Wandel", so nannte die NRW-Landesregierung ihr Leitbild, das sie am 28.09.2016 der Öffentlichkeit vorstellte und das die Grundlage für die Gestaltung des Bereichs der Bildung zur Förderung der Teilhabe am digitalen Leben, der Bildungsqualität, der Bildungsgerechtigkeit und der wirtschaftlichen Wettbewerbsfähigkeit bilden soll.[1]

Mit der Digitalisierung verbinden sich nicht nur für Wirtschaft (Industrie 4.0) und Verwaltung (E-Government) Chancen und Herausforderungen, sondern auch für den gesamten Bildungsbereich. Auf Bundesebene hatte Bundesbildungsministerin Johanna Wanka im Oktober 2016 mit ihrem Projekt „DigitalPakt#D" einen Pakt zwischen Bund und Ländern mit einem Fördervolumen von 5 Mrd. Euro angekündigt, um alle 40.000 Schulen in Deutschland mit Computern und WLAN auszustatten und das Lernen mit digitalen Medien in der Lehrerbildung und der Unterrichtsentwicklung zu verankern.[2]

Vor dem Hintergrund der technologischen Entwicklungen und insbesondere der zunehmenden Digitalisierung hatte bereits 2012 die Kultusministerkonferenz (KMK) mit ihrem Beschluss „Medienbildung in der Schule" die Medienbildung zur Pflichtaufgabe schulischer Bildung erklärt und fünf „Dimensionen" der Bildungsbedeutsamkeit digitaler Medien genannt:
- „die Förderung der Qualität des Lehrens und Lernens durch Medien,
- die Möglichkeiten der gesellschaftlichen und kulturellen Teilhabe und Mitgestaltung,
- die Identitäts- und Persönlichkeitsbildung der Heranwachsenden,
- die Ausbildung von Haltungen, Wertorientierungen und ästhetischem Urteilsvermögen sowie
- den notwendigen Schutz vor negativen Wirkungen der Medien und des Mediengebrauchs."[3]

---

1   Vgl. Landesregierung NRW (Hrsg.). *Leitbild „Lernen im digitalen Wandel"*. Verfügbar unter: https://www.land.nrw/sites/default/files/asset/document/leitbild_lernen_im_digitalen_wandel.pdf [04.10.2016].
2   Vgl. https://www.welt.de/politik/deutschland/article158640491/Milliardenprogramm-fuer-WLAN-und-Computer-in-Schulen.htm [10.10.2016].
3   Sekretariat der KMK (Hrsg.). *Medienbildung in der Schule. Beschluss der Kultusministerkonferenz vom 8. März 2012*. Verfügbar unter: http://www.kmk.org/fileadmin/Dateien/veroeffentlichungen_beschluesse/2012/2012_03_08_Medienbildung.pdf [05.10.2016].

Vier Jahre später legte die KMK einen Entwurf für die Strategie „Bildung in der digitalen Welt"[4] vor und identifizierte hierin für den Bereich der schulischen Bildung sechs Kompetenzbereiche, nämlich (1) Suchen und Verarbeiten, (2) Kommunizieren und Kooperieren, (3) Produzieren, (4) Schützen, (5) Problemlösen und (6) Analysieren und Reflektieren.

Nun ist die KMK ein Gremium der Abstimmung und Koordination der schulpolitischen Entscheidungen, die auf der Ebene der Bundesländer getroffen werden, die im föderativen System der Bundesrepublik Deutschland die Zuständigkeit für den Bereich der schulischen Bildung haben.

Dementsprechend sind für den Stellenwert digitaler Medien in der schulischen Erziehung und Bildung neben den Aktivitäten der einzelnen Schule die konkreten Initiativen des einzelnen Bundeslandes zur Förderung des Lernens mit digitalen Medien und über digitale Medien maßgeblich.

Das im vorliegenden Band dokumentierte „Münstersche Gespräch zur Pädagogik" im Jahr 2016 hat sich hier mit den Initiativen des Landes Nordrhein-Westfalen auseinandergesetzt. Diese sollen nachfolgend dargestellt und mit denen des Landes Baden-Württemberg verglichen werden, das mit seinem „Strategiepapier Medienbildung in Baden-Württemberg"[5] ein umfassendes und beispielhaftes Konzept vorgelegt hat und insofern eine Referenz für die Initiativen eines Bundeslandes darstellen kann.

Neben dem Vergleich der beiden Bundesländer sollen deren Maßnahmen auch vor dem Hintergrund der Erkenntnisse bewertet werden, die in empirischen Studien zum Unterstützungsbedarf hinsichtlich des schulischen Lernens im Kontext digitaler Medien gewonnen wurden.

2. Schulisches Lernen im digitalen Wandel – Initiativen des Landes Nordrhein-Westfalen

Der Erwerb von Medienkompetenz wird als Aufgabe aller Schulformen und Unterrichtsfächer verstanden; ein eigenständiges Fach oder ein eigenständiger Kurs für den Erwerb etwa einer informatischen Grundbildung existiert nicht.[6]

Im Auftrag des nordrhein-westfälischen Ministeriums für Schule und Weiterbildung (MSW) nimmt die Medienberatung NRW die Aufgabe wahr, Schulen,

---

4   Vgl. Sekretariat der KMK (Hrsg.). *Entwurf für die Strategie „Bildung in der digitalen Welt"*. Verfügbar unter: https://www.kmk.org/fileadmin/Dateien/pdf/PresseUndAktuelles/2016/Entwurf_KMK-Strategie_Bildung_in_der_digitalen_Welt.pdf [05.10.2016].
5   Vgl. *Strategiepapier „Medienbildung in Baden-Württemberg"*. Verfügbar unter: https://beteiligungsportal.baden-wuerttemberg.de/fileadmin/redaktion/beteiligungsportal/StM/151027_Entwurf_Strategiepapier-Medienbildung.pdf [05.10.2016].
6   Vgl. RdErl. d. MSW v. 10.08.2011, *ABl. NRW*, S. 497.

Schulträger und Lehrerfortbildung bei der Schul- und Unterrichtsentwicklung mit Medien zu unterstützen.

2.1 Der Medienpass NRW

Das zentrale Element der Unterstützungsmaßnahmen ist die Initiative „Medienpass NRW", die eine Förderung der Medienkompetenz in den fünf Bereichen (1) Bedienen/Anwenden, (2) Informieren/Recherchieren, (3) Kommunizieren/Kooperieren, (4) Produzieren/Präsentieren und (5) Analysieren/Reflektieren anstrebt.[7] Der eigentliche Medienpass dient dabei der Dokumentation des Niveaus der Medienkompetenz der Schülerinnen und Schüler. Diese Dokumentation erfolgt auf der Grundlage eines Kompetenzrahmens, der für die Stufen Elementarbereich, Primarbereich, Erprobungsstufe (Jahrgangsstufen 5/6) und die Jahrgangsstufen 5 bis 7 die Orientierung für die jeweils zu erreichenden Fähigkeiten bietet.

Der Lehrplankompass zeigt auf, wo die Anforderungen des Kompetenzrahmens sich curricular verankern lassen und somit in den Schulunterricht integriert werden können. Zudem gibt der Lehrplankompass für die Lehrkräfte praktische Hinweise auf Unterrichtsmaterialien und mögliche Kooperationspartner. Das in Abb. 1 dargestellte Beispiel für die Grundschule soll das Konzept des Medienpasses exemplarisch veranschaulichen:

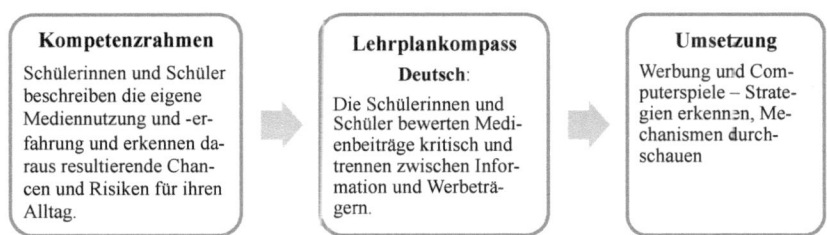

Abbildung 1: Umsetzungsbeispiel Medienpass (Quelle: Leitfaden zum Medienpass NRW, S. 12)

Unter dem Link https://www.medienpass.nrw.de/de/content/computerspiele werden dann Materialien für die Lehrkraft zur Verfügung gestellt.

---

7   Medienberatung NRW (Hrsg.). *Leitfaden zum Medienpass NRW*, S. 5. Verfügbar unter: http://www.lehrplankompass.nrw.de/Medienberatung-NRW/Publikationen/Leitfaden_Medeinpass_Final.pdf [05.10.2016].

2.2 Digitale Medien zur Unterstützung der Unterrichts- und Lernprozesse

Im Bereich der digitalen Lernmittel sind Initiativen des Landes eingeleitet, sie stehen aber noch eher am Anfang. Mit der Entwicklung je eines digitalen Schulbuchs für Geschichte (mBook[8]) und Biologie (BioBook[9]) sowie der Erprobung beider Medien an Projektschulen sind erste Schritte einer systematischen Nutzung digitaler Lernmedien (insbesondere Multimedia und Animationen) getan.

Nach einer Projektphase bietet das Land den Schulen seit dem Schuljahr 2016/17 die Plattform „Logineo" an. Mit Logineo wird eine von kommunalen Rechenzentren entwickelte Basisinfrastruktur für Schulen geschaffen, die einen landesweit standardisierten digitalen Lern- und Arbeitsraum ermöglicht. Logineo stellt den Schulen nicht nur die für Kollaborationsplattformen üblichen Kommunikations- und Organisationsfunktionen zur Verfügung, sondern soll den Benutzern über eine einmalige Authentifizierung (Single Sign-on) die Möglichkeit bieten, auf alle Anwendungen zuzugreifen, für die sie ein lokales Zugriffsrecht haben. Zu diesen Anwendungen sollen insbesondere der Landesserver „learn:line NRW" mit seinen digitalen Medien, die vom Schulministerium zur Verfügung zu stellenden Fortbildungsmaterialien sowie „digitale Produkte des Schulmarktes" zählen.[10]

Zudem ist geplant, an Logineo sukzessiv auch die für die zweite Phase der Lehrerausbildung zuständigen Zentren für schulpraktische Lehrerausbildung, die für die lokale und regionale Lehrerfortbildung zuständigen Kompetenzteams sowie die Bezirksregierungen anzubinden.

Logineo verfügt zudem über Schnittstellen für die Nutzung der Lernplattform Moodle, des Schulverwaltungsprogramms Schild NRW und der Plattform von QUA-LIS NRW (Qualitäts- und Unterstützungsagentur – Landesinstitut für Schule).

Um insbesondere die digitalen Medien im Unterricht nutzen und insgesamt medienkompetent handeln zu können, müssen Schülerinnen und Schüler über basale informatische Kenntnisse und Fertigkeiten verfügen, die sich z.B. auf Grundfunktionen des Betriebssystems wie Öffnen, Kopieren und Speichern von Dateien, die Nutzung einfacher Möglichkeiten des an der Schule eingesetzten Textverarbeitungsprogramms oder den Einsatz von Suchmaschinen beziehen. Solche Fähigkeiten müssen systematisch erworben und eingeübt werden. Dies ist zum einen in einem fächerübergreifenden Ansatz möglich, bei dem die einzel-

---

8   Vgl. http://www.medienberatung.schulministerium.nrw.de/Medienberatung-NRW/Lernmittel/Dateien/mBook/Theoretische_und_didaktische_Hintergründe_mBook.pdf [06.10.2016].
9   Vgl. http://fwu.de/wp-content/uploads/sites/2/2016/03/Flyer_BioBook-NRW_web_2.pdf [06.10.2016].
10 Vgl. http://www.logineo.schulministerium.nrw.de/LOGINEO/Basis-Infrastruktur-für-Schulen-in-NRW/ [11.10.2016].

Landesinitiativen zur Förderung des schulischer Lernens im digitalen Wandel

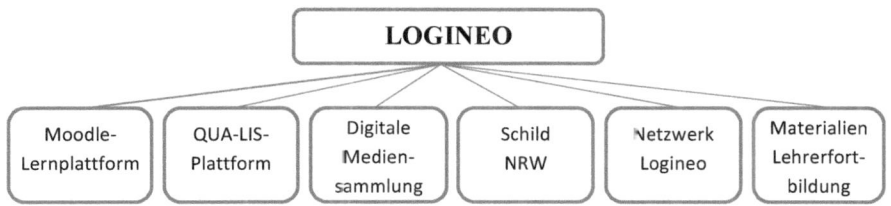

Abbildung 2: Geplante Schnittstellen Logineo (Quelle: http://www.schulentwicklung. nrw.de/abitur-online/upload/ amtsblatt- 2015-11-15-logineo-moodle-plattform. pdf)

nen Unterrichtsfächer jeweils bestimmte Aufgaben einer solchen informatischen Grundbildung übernehmen. Ein solcher Ansatz setzt ein abgestimmtes und verbindliches Vorgehen der Fachgruppen voraus.

Die informatische Grundbildung kann aber auch im Rahmen eines eigenständigen Unterrichtsfachs oder eines auf einzelne Jahrgangsstufen beschränkten eigenständigen Kurses erfolgen.

In Nordrhein-Westfalen ist die Medienbildung gemäß den Kernlehrplänen bzw. Bildungsplänen Aufgabe aller Unterrichtsfächer, wobei die Vorgaben hier je nach Erscheinungsjahr der Fachcurricula unterschiedlich differenziert und konkret sind. So heißt es etwa in dem aktuellen Kernlehrplan Englisch aus dem Jahr 2007 für die Sekundarstufe I des Gymnasiums lediglich, dass die Schülerinnen und Schüler im Rahmen der zu erwerbenden methodischen Kompetenzen digitale Medien im Unterricht einsetzen und mithilfe des Internets Recherchen durchführen können sollen.[11] Im entsprechenden Kernlehrplan für das Fach Mathematik, ebenfalls aus dem Jahr 2007, wird immerhin der Einsatz von Tabellenkalkulation, Funktionsplotter und Geometriesoftware zum Erkunden inner- und außermathematischer Zusammenhänge vorgesehen.[12]

Allerdings sind die Kernlehrpläne in der Sekundarstufe I nicht so konzipiert, dass sich über eine „Vernetzung" eine systematische informatische Grundbildung ergäbe. Ebenso fehlt eine mediendidaktische Konzeption, die auf einen koordinierten und (fach-)didaktisch legitimierten Einsatz digitaler Medien zur Unterstützung von Unterrichts- und Lernprozessen abzielt; die Hinweise im Medienpass NRW (Kompetenzrahmen und Lehrplankompass, s.o.) haben eher den Charakter von Verweisen auf Anknüpfungsmöglichkeiten.

---

11 Vgl. Ministerium für Schule und Weiterbildung NRW (Hrsg.). (2007). *Lernlehrplan für den verkürzten Bildungsgang des Gymnasiums – Sekundarstufe I (G8) in Nordrhein-Westfalen, Englisch*. Düsseldorf, S. 27 und 35.
12 Vgl. ders. (Hrsg.). (2007). *Lernlehrplan für den verkürzten Bildungsgang des Gymnasiums – Sekundarstufe I (G8) in Nordrhein-Westfalen, Mathematik*. Düsseldorf, S. 14.

3. Schulische Medienbildung in Baden-Württemberg

2016 hat das Land Baden-Württemberg neue Bildungspläne eingeführt, in denen das Lernen mit und über Medien eine von sechs übergeordneten und verbindlichen Leitperspektiven darstellt. Die „medienbildnerischen Grundlagen" werden über einen für alle Schüler/innen verbindlichen Basiskurs in der Jahrgangsstufe 5 vermittelt,[13] in einem ebenfalls obligatorischen „Aufbaukurs Informatik" in der Jahrgangsstufe 7 im Umfang einer Wochenstunde sollen die für eine informatische Grundbildung unerlässlichen Kompetenzen erworben werden.[14] Zudem sind fakultative vertiefende Unterrichtsangebote im Fach Informatik in den anschließenden Jahrgangsstufen der Sekundarstufe I vorgesehen.

Die darüber hinausgehende fächerintegrativ angelegte Aufgabe der Medienbildung soll sich auf die Bereiche „Information und Wissen", „Produktion und Präsentation", „Kommunikation und Kooperation", „Mediengesellschaft", „Medienanalyse" und „Informationstechnische Grundlagen" beziehen, wobei auch „Themen des Jugendmedienschutzes wie informationelle Selbstbestimmung und Datenschutz […] an passender Stelle im Unterricht aufgegriffen" werden.[15]

Durch Grundlagentexte zu den Bereichen Medienbildung, Medienkompetenz und Mediendidaktik[16] sowie durch Übersichtartikel zum Lernen mit und über Medien in den einzelnen Unterrichtsfächern und Praxisbeispielen[17] werden umfassende Unterstützungsangebote für die Schulen zur Verfügung gestellt. Ergänzt werden diese Maßnahmen durch zahlreiche exemplarische Mediencurricula, die den Schulen eine hilfreiche Orientierung bieten.[18] Auf der Website „Pädagogische Praxis" des Landesmedienzentrums Baden-Württemberg (LMZ) finden sich zudem zahlreiche weitere Materialien für die Umsetzung der Leitperspektive Medienbildung.[19]

Überdies werden über eine „Fächermatrix" für die einzelnen Bildungsstandards eines jeden Unterrichtsfaches für jede Schulform und jede Jahrgangsstufe Unterrichtsmaterialien angeboten; ein entsprechender Zugriff ist auch über eine „Medienbildungsmatrix" möglich, wobei hier das Auswahlkriterium das jeweilige Feld der Medienbildung (Information, Kommunikation, Produk-

---

13 Vgl. https://www.lmz-bw.de/medienbildung/schule-unterricht/bildungsplan-2016.html [11.10.2016].
14 Wetzel, M., *Land erweitert Informatik an Schulen*. Stuttgarter Nachrichten vom 22.12.2015. Verfügbar unter: http://www.stuttgarter-nachrichten.de/inhalt.mehr-medienbildung-land-erweitert-informatik-an-schulen.b406eacc-33c4-446c-84bb-e2781bc24d0e.html [11.10.2016].
15 Vgl. https://www.lmz-bw.de/medienbildung/schule-unterricht/bildungsplan-2016/bp2016 leitperspektive-medienbildung.html#c43315 [12.10.2016].
16 Vgl. http://www.lmz-bw.de/grundlagen-medienbildung.html [12.10.2016].
17 Vgl. http://www.lmz-bw.de/medienbildung/schule-unterricht/bildungsplan-2016.html [12.10.2016].
18 Vgl. http://www.lmz-bw.de/bp2016/mediencurriculum.html [12.10.2016].
19 Vgl. http://www.lmz-bw.de/paedagogische-praxis.html [12.10.2016].

tion, Präsentation, Analyse, Mediengesellschaft, Urheber-, Lizenz- und Persönlichkeitsrechte) ist.

Dabei gehen die Unterstützungsmaßnahmen auch auf der mediendidaktischen Ebene der einzelnen Unterrichtsfächer deutlich über Verweise hinaus. Für das Fach Englisch in den Jahrgangsstufen 7/8 des Gymnasiums sollen im Bereich „soziokulturelles Orientierungswissen" neben Themen wie Soziale Netzwerke auch Vorbilder („role models") als Medienkonstrukte behandelt werden, soll die Lebenswelt Jugendlicher aus anderen Kulturen unter dem Aspekt „Medien" thematisiert werden und im Bereich Mediengesellschaft das Konsumverhalten (z.B. Onlinewerbung) zum Unterrichtsgegenstand werden. Zudem können Blogs zum Training des Leseverstehens sowie *online dictionaries* und Apps zur Erschließung von neuem Wortschatz, dem Nachschlagen von Grammatik und der Korrektur und Verbesserung der Aussprache und Intonation eingesetzt werden.[20] Verknüpft werden diese konkreten Hinweise zumeist mit Links für den Download entsprechender digitaler Medien.

Auf dem Server des LMZ finden sich somit zu den verschiedenen Schwerpunkten des Lernens mit und über Medien vielfältige konzeptionelle Ansätze der Medienbildung/Medienpädagogik (Lernen über Medien) und der Mediendidaktik (Lernen mit Unterstützung von Medien), Praxisbeispiele für die Unterrichtsfächer und curriculare Empfehlungen. Überdies werden auf dem Server zahlreiche Erläuterungen und Downloadlinks zu unterrichtsfachlicher Software zur Verfügung gestellt.[21]

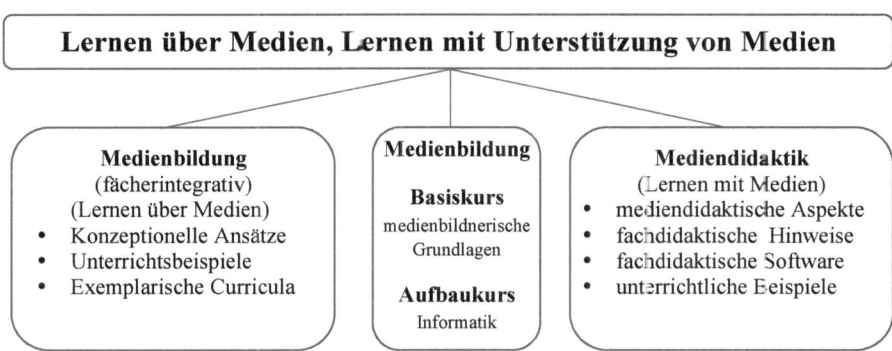

Abbildung 3: Übersicht über die vom Land Baden-Württemberg geförderten Schwerpunkte des Lernens mit und über digitale Medien

---

20 Vgl. http://www.lmz-bw.de/bp2016/englisch-gymnasium.html [11.10.2016].
21 So werden etwa für das Fach Mathematik Kurzerläuterungen und Downloadlinks für sieben Softwareprodukte zur Unterstützung des Unterrichts gegeben. Vgl. hierzu http://www.lmz-bw.de/bildungsmedien/medienlisten/zu-leitperspektiven/zu-den-leitperspektiven-nach-faechern-sortiert/fach-mathematik.html [11.10.2016].

Über die Plattform „Lernraum" erhalten Lehrkräfte die Möglichkeit, Lerneinheiten digital vorzubereiten, mit Schüler/inne/n online zu kommunizieren und zu kollaborieren sowie auf die SESAM-Mediathek (digitale Medien) des LMZ zuzugreifen.[22] Ebenso wie bei der Plattform Logineo steht für den Lernraum die flächendeckende Nutzung durch die Schulen noch bevor.

4. Vergleich der Länderinitiativen

Zunächst einmal kann festgehalten werden, dass beide Länder im Bereich des Lernens mit und über (digitale) Medien grundsätzlich gleiche Schwerpunkte setzen. Dies ist nicht weiter verwunderlich, da die medienpädagogischen und mediendidaktischen Intentionen mit den KMK-Empfehlungen eine gemeinsame Referenz haben.

Ein wesentlicher Unterschied besteht derzeit in der Gewährleistung der informatischen Grundbildung. Hier hat Baden-Württemberg mit dem für alle Schüler/innen der Sekundarstufe I obligatorischen Basiskurs „medienbildnerische Grundlagen" und dem verpflichtendem Aufbaukurs „Informatik" einen eindeutigen und verbindlichen Rahmen geschaffen, der in Nordrhein-Westfalen angesichts der amtlichen Hinweise auf die Medienbildung als Aufgabe aller Fächer bislang eher vage bleibt.

Im Bereich der konzeptionellen Grundlagen und der konkreten Unterstützungsmaterialien sind die auf der Homepage des baden-württembergischen LMZ eingestellten Angebote weitaus differenzierter und auch fundierter als jene, die sich auf der Website der nordrhein-westfälischen Medienberatung finden. Hier müsste der grundsätzlich plausible Ansatz des Medienpasses NRW über die Entwicklung und Darstellung konzeptioneller Grundlagen weiter fundiert sowie über eine differenziertere Vernetzung curricularer Anforderungen, medienpädagogischer und medien(fach)didaktischer Hinweise sowie gelungener Praxisbeispiele fortentwickelt werden.

Hinsichtlich des Lernens mit Unterstützung von Lernplattformen stehen beide Länder noch am Anfang, ungeachtet der bereits beachtlichen Initiativen einzelner Schulen zur Nutzung von Lernplattformen wie Moodle oder WebWeaver.

5. Ausblick

Angesichts der zunehmenden Digitalisierung in wichtigen gesellschaftlichen Bereichen stehen die Bildungspolitik und die Schulen vor großen Herausforderungen. Der internationale Vergleich zeigt, dass es im Hinblick auf die

---

22 Vgl. http://www.lmz-bw.de/lernraum.html [13.10.2016].

Kompetenzen deutscher Schüler/innen im Umgang mit digitalen Medien durchaus Entwicklungsbedarf gibt.[23] Und auch die Lehrkräfte sehen für die Ausbildung ihrer Kompetenzen noch Verbesserungspotenzial.[24]

Zentrale Aufgaben bestehen daher einerseits darin, den Schulen eine angemessene IT-Infrastruktur zur Verfügung zu stellen und dem Lernen mit und über digitale Medien einen höheren Stellenwert in der Lehreraus- und -weiterbildung einzuräumen. Neben diesen Ressourcenfragen ist andererseits eine bildungstheoretisch fundierte Position zu entwickeln, die im Verbund mit empirischen Erkenntnissen Orientierung für medienpädagogische und mediendidaktische Konzeptionen bietet, damit Ressourcen pädagogisch sachgemäß eingesetzt werden, ihr Einsatz also nicht lediglich einem tatsächlichen oder auch nur vermeintlichen technologischen Innovationsbedarf geschuldet ist. Gerade das Beispiel Lernplattformen zeigt, dass es erhebliche Differenzen zwischen den technischen Möglichkeiten, dem didaktischen Potenzial und der schulischen Praxis eines Lernens mit digitalen Medien gibt.[25] In diesem Zusammenhang bestehen auch Desiderate gegenüber Forschung und Lehre in den Fachdidaktiken: So sind etwa für die einzelnen Unterrichtsfächer die didaktischen Möglichkeiten systematisch zu erforschen und zu erproben, die sich aufgrund der Modalität, der Interaktivität, der Adaptivität oder der Simulation im Kontext des Einsatzes digitaler Medien eröffnen.[26]

Immerhin haben Bund und Länder nicht nur erkannt, dass die Digitalisierung auch eine Herausforderung für den Bereich der Bildung ist, sondern auch Initiativen eingeleitet. Es bleibt zu hoffen, dass die technischen Möglichkeiten für eine bildungstheoretisch durchdachte und medienpädagogisch sowie mediendidaktisch tragfähige schulische Medienbildung einschließlich ihrer Implikationen im Hinblick auf die Lehrerbildung dienstbar gemacht werden.

---

23 Vgl. Bos, W. et al. (Hrsg.). (2014). *ICILS 2013. Computer- und informationsbezogene Kompetenzen von Schülerinnen und Schülern in der 8. Jahrgangsstufe im internationalen Vergleich.* Münster: Waxmann.
24 Vgl. Bos, W. et al. (Hrsg.). (2015). *Schule digital – der Länderindikator 2015* (S. 106–138). Münster: Waxmann.
25 Vgl. hierzu etwa Petko, D. (Hrsg.). (2010). *Lernplattformen in Schulen. Ansätze für E-Learning und Blended Learning in Präsenzklassen.* Wiesbaden: Springer VS, hier S. 34.
26 Vgl. Steiner, M. (2015). Mediendidaktik 2.0. Digitale Medien und Materialien als zentrale Unterrichtsmedien. *Computer + Unterricht*, 25, Heft 98/15, 4–7.

Digitale Medien in Schule und Unterricht: Beispiele

Digitale Medien als Beitrag zur Schulentwicklung

Richard Heinen

BYOD@School
Potenziale privater mobiler Endgeräte für Schulentwicklung nutzbar machen

1. Einleitung

Fragen der Integration digitaler Medien in das schulische Lernen werden vor allem auf zwei Ebenen diskutiert: der fachdidaktischen und medienpädagogischen. Im einen Fall geht es darum, das Potenzial für das fachliche Lernen auszuloten – hierzu gehört neben allen anderen Fächern auch der Informatikunterricht. Im anderen Fall geht es darum zu überlegen, wie Kinder und Jugendliche zu einem sicheren und reflektierten Umgang mit digitalen Medien befähigt werden. In der Evaluation von Projekten beider Zielrichtungen wird immer wieder auf die Bedeutung von Rahmenbedingungen eingegangen, die Voraussetzungen für eine erfolgreiche Implementation beabsichtigter Handlungspraxen sind. Die Gestaltung dieser Rahmenbedingungen wird dabei weder aus der Perspektive der (Fach-)Didaktik noch der (Medien-)Pädagogik in der Regel umfassend thematisiert. Gleiches gilt für die Diskurse zur Schulentwicklung. Hier wird das Lernen mit und über Medien als ein mögliches Ziel von Schulentwicklungsprozessen gesehen, das dabei aber allen möglichen anderen Zielen gleichgestellt wird. Die besondere Bedeutung der Transformation von Schulen in einer Lebens- und Arbeitswelt, die einem massiven digitalen Wandel unterliegt, wird hier nicht beachtet. Im folgenden Beitrag wird versucht, die Digitalisierung, die aktuell weite Teile der Gesellschaft erfasst, in ihrer Bedeutung für das schulische Lernen genauer zu fassen. Daraus werden Anforderungen an schulisches Lernen abgeleitet. Damit Schulen diesen Anforderungen gerecht werden können, müssen sie sich als Organisation im Kontext Digitalisierung positionieren. Der Einsatz privater mobiler Geräte von Lehrkräften und Lernenden kann Schulen helfen, diesen Entwicklungsprozess zu initiieren.

2. Digitalisierung und ihre Bedeutung für schulisches Lernen

Fragen der Digitalisierung von Schule werden aktuell an vielen Stellen diskutiert und haben 2016 auch die politische Bühne umfassend erreicht. Der Nationale IT-Gipfel in Saarbrücken war hier nur ein Höhepunkt. Von besonderer Bedeutung erscheinen dabei die Entwicklung einer Strategie mit dem Titel „Bildung in der digitalen Welt" der KMK (KMK, 2016) sowie die Aktivitäten verschiedener Bundesländer, die bereits eng mit dem Strategieprozess verknüpft sind. In NRW ist dies z.B. der stark partizipativ organisierte Prozess zu Entwicklung eines Leitbildes „Lernen im digitalen Wandel" (NRW, 2016) und dem unterstützenden Finanzierungsprogramm „Gute Schule 2020", das Infrastruktur allgemein an Schulen fördert, dabei aber ein besonderes Augenmerk auf den Ausbau von breitbandigen Internetzugängen für Schulen, WLAN-Ausstattungen und Präsentationsmedien legt. So sehr die beschriebenen Programme jeweils Lernen in allen Phasen entlang der Bildungskette adressieren, so sehr nehmen sie aber auch das schulische Lernen im digitalen Wandel als zentrale Herausforderung in den Blick. Die deutsche – öffentliche – Diskussion um den Wandel des schulischen Lernens ist sehr von dem Begriff des „Digitalen" geprägt. Die Kurzform „Digitale Bildung" wird zwar oft aufgelöst, wie in den beiden benannten Programmen, dennoch führt dies dazu, dass hier oft „Digitales" (neu und zukunftsgewandt) und „Analoges" (alt und rückständig) gegeneinander ausgespielt werden. Dabei werden häufig aber nur die Fragen nach dem „Was" und „Wie" schulischen Lernens gestellt. Die Frage nach dem „Warum" kommt dabei oft zu kurz oder wird rein aus einer wirtschaftlichen Perspektive (Mangel an Fachkräften) beantwortet. Luciano Floridi (2014) bietet hier mit vier Gegensatzpaaren Hilfestellungen, die einen Beitrag dazu leisten können, zu verstehen, im Zuge welcher gesellschaftlichen Transformationsprozesse der Wandel im Lernen stattfindet.

2.1 Realität und Virtualität

Das Internet war zunächst ein Medium, das von den meisten Menschen rezeptiv genutzt wurde. Wie eine Zeitung oder der Fernseher konnten hier Informationen abgerufen werden. Mit dem Web 2.0 änderte sich dies: Jetzt sind es nicht mehr wenige, die Informationen bereitstellen konnten und viele, die diese abrufen, sondern potenziell ist jeder User des Internets auch ein Produzent von Informationen. Dieser Trend setzt sich fort und verstärkt sich. Besonders durch die sozialen Netzwerke ist es Menschen nun möglich, sich im Internet zu begegnen. Das Internet stellt heute weniger ein Medium dar, über das Informationen bezogen werden, sondern einen Raum, in dem sich Menschen bewegen können. Dabei verschwimmt die Grenze zwischen dem Realweltlichen und vermeintlich Virtuellen immer mehr. Dies bleibt nicht ohne Folgen für das Kommunikationsverhalten von Kindern und Jugendlichen. Häufig souverän, aber auch unbedarft nutzen Kinder und Jugendliche soziale Netze nicht nur zur Entspannung und in der Freizeit, sondern auch zur Organisation ihres schulischen Alltags und zum gemeinsamen Lernen für die Schule. In der Schule wird dieses Potenzial noch selten genutzt, wie die aktuelle JIM-Studie (Feierabend,

Plankenhorn & Rathgeb, 2016) zeigt. Schulen müssen sich mit dem geänderten Kommunikationsverhalten auseinandersetzen, Kinder und Jugendliche dabei unterstützen, die Möglichkeiten des Internets und sozialer Netzwerke für sich zu nutzen und Risiken zu vermeiden.

2.2 Mensch versus Maschine

Maschinen werden nicht nur digitaler, sie werden auch zunehmend autonomer. In allen Lebensbereichen von der Logistik bis zur Medizin finden wir heute autonom agierende Systeme. Häufig werden Menschen mit diesen Systemen konfrontiert, ohne sich darüber bewusst zu sein. Etwa wenn Suchergebnisse in Suchmaschinen das Nutzungsverhalten analysieren und entsprechend gefilterte Ergebnisse liefern oder Anfragen an Servicestellen von Unternehmen automatisiert beantwortet werden. Besonders diese Automatisierung vieler Prozesse wird das Arbeitsleben in Zukunft gravierend verändern. Berufsbilder sind nicht nur einem Wandel unterworfen. Viele Berufe werden verschwinden, andere werden hinzukommen. Für ein erfolgreiches Berufsleben wird es in Zukunft nicht nur wichtig sein, digitale Systeme bedienen zu können, sondern auch ein – zumindest – grundlegendes Verständnis von ihrer Funktionsweise zu haben. Die Vermittlung dieser Grundlagen wird zur Aufgabe für Schulen – nicht nur im Informatikunterricht. Gleichzeitig kann Schule von diesen Automatisierungsprozessen profitieren, wenn adaptive Lernsysteme Lernende individualisiert durch den Lernstoff leiten und Lehrkräften damit Freiräume gewähren, Einzelnen persönlich Zeit zu widmen. Adaptive Lernsysteme können in vielfältiger Weise unterstützen: etwa beim Lernen von Vokabeln, bei der Rechtschreibung oder auch in der Mathematik. Sie ersetzen dabei aber weder die Lehrkraft noch können sie alleine dazu beitragen, das Lernende alle erforderlichen Kompetenzen erwerben können, die erforderlich erscheinen, um im digitalen Wandel erfolgreich, sicher und selbstbestimmt am gesellschaftlichen Leben und der Arbeitswelt teilhaben zu können.

2.3 Informationsmangel versus Informationsfülle

Auch im Klassenzimmer ist kaum eine Information heute weiter als wenige Klicks entfernt. Waren frühere Zeiten überwiegend durch einen Mangel an Informationen gekennzeichnet, werden wir heute von Informationen überflutet. Der Informationsmangel konnte wirtschaftlichen Erfolg oder geistige und körperliche Entwicklung ebenso beeinträchtigen wie heute die Schwierigkeit, aus der Menge an Informationen jene auszuwählen, die relevant und verlässlich sind. War es früher daher wichtig, möglichst viel Wissen im Gedächtnis zu behalten, erscheint dies heute nicht mehr in gleicher Weise relevant im Vergleich zu der Fähigkeit, Wissen und Informationen aktuell abrufen zu können. Das Internet wird zu einer Erweiterung des persönlichen Wissensspeichers. Die Aufgabe von Lehrkräften wandelt sich hiermit sehr. Sie sind nicht mehr jene Personen, die Kindern und Jugendlichen den Zugang zum Wissen der Welt verschaffen. Vielmehr sollten sie immer mehr jene sein, die ihnen helfen, Ordnungs- und Kriteriensysteme zu entwickeln, um souverän mit Informationen und Daten umgehen zu können.

2.4 Organisation und Interaktion

Die vierte von Floridi adressierte Dimension betrifft das Bildungssystem mehr als alle anderen. Es geht darum, dass die Organisationen, an denen eine Person etwas gelernt hat, an Bedeutung verlieren gegenüber den Inhalten, Kompetenzen und Fähigkeiten, die erworben werden. Wenn immer mehr Universitäten Kurse offen im Netz als MOOCs anbieten und Wissen über Webinare und Tutorials erworben werden kann, kommt es in Zukunft mehr darauf an, die tatsächlich erworbenen Fähigkeiten etwa über Portfolios zu dokumentieren, als standardisierte Zertifikate nachzuweisen. Aktuell mag diese Entwicklung für Hochschulen relevanter sein als für Schulen. Aber auch Schulen müssen sich fragen (lassen), ob die Vermittlung von Fach- und Faktenwissen, dessen Halbwertzeit kontinuierlich abnimmt und das im Bedarfsfall leicht im Netz zu erwerben ist, die Daseinsberechtigung der Institution Schule aufrechterhält. Lernende in der Adoleszenz zu begleiten und ihnen Hilfestellung zu geben, wird dauerhaft eine Aufgabe sein, die gesellschaftliche Organisationen übernehmen werden. Die Art und Weise, wie dies gestaltet werden kann, wird sich aber grundlegend verändern (müssen).

2.5 Dagstuhl-Erklärung

Die ersten drei der hier vorgestellten Aspekte können mit den drei im Dagstuhl-Dreieck benannten Perspektiven beschrieben werden (GI, 2016). Das Dagstuhl-Dreieck entstand im Frühjahr 2016 auf einer gemeinsamen Tagung von Informatikern und Medienpädagogen und versucht, die ehedem scheinbar unvereinbaren Sichtweisen dieser Professionen zu vereinen und in unterschiedlichen Perspektiven auf die digitale Welt zusammenzufassen. Die Veränderung im Verhältnis zwischen Realität und Virtualität adressiert die gesellschaftlich-kulturelle Perspektive, die danach fragt, wie die Phänomene, Gegenstände und Situationen in einer digital vernetzten Welt auf die Gesellschaft und das Individuum wirken. Erweitert wird das Dreieck um die technische Perspektive, die nach der Funktionsweise von Technologie fragt. In den Aspekten von Floridi repräsentiert das Gegensatzpaar Informationsmangel und Informationsfülle die anwendungsorientierte Perspektive des Dagstuhl-Dreiecks. Mit Blick auf das schulische Lernen lässt das Dreieck aber die Perspektive auf die Gestaltung von Lernprozessen in Bildungsorganisationen vermissen. Die Frage, die im Dreieck noch unbeantwortet bleibt, ist: Wie muss die Organisation von Lernen verändert werden, damit sich die genannten drei Perspektiven einlösen lassen? Im Folgenden sollen daher einige wenige Überlegungen angestellt werden, wie der Einsatz digitaler Medien Lernprozesse unterstützen kann und welche Voraussetzungen erfüllt sein sollten, damit sie lernwirksam werden können.

3. Lernen mit digitalen Medien in der Schule

Das Lernen mit digitalen Medien kann grundsätzlich unter zwei Prämissen gesehen werden, die sich mit den Positionen von zwei Personen veranschaulichen lassen. B. F. Skinner (1958) hat in den sechziger Jahren die Idee der Teaching Machines entwickelt. Zwar scheiterten seine Versuche damals in der Praxis, doch lebt die Idee des maschinell gesteuerten Lernens fort. Durch mehr Daten und bessere Möglichkeiten, diese auszuwerten, sind heute Lernsysteme möglich und im Einsatz, die das Lernverhalten von Lernenden genau analysieren und so immer und in Echtzeit den nächsten passenden Lernschritt bereithalten können. Im Gegensatz dazu kann John Dewey (2004) genannt werden, der mit seinen Überlegungen noch ohne technische Unterstützung in eine andere Richtung weist. Er fordert soziales und kooperatives Lernen, das in einem direkten Bezug zur Umwelt der Lernenden steht. Die von ihm in der laboratory school in Chicago entwickelten Lernszenarien können heute mit digitalen Medien angereichert werden. Folgt man den Überlegungen Deweys, wird ein wichtiger Aspekt des Lernens in einer Gesellschaft im digitalen Wandel sichtbar: Es geht nicht nur darum, digitale Medien im Lernprozess nutzbar zu machen und über digitale Medien zu lernen. Leitend ist vielmehr die Frage, welche Fähigkeiten und Kompetenzen Lernende erwerben müssen, um erfolgreich und selbstbestimmt an der Gesellschaft teilhaben zu können. Der allgemeine Ruf nach mehr Medienkompetenz (oft auch im Plural verwendet) greift hier zu kurz. Das Bild von den Fähigkeiten, die im 21. Jahrhundert wichtig sind (Trilling & Fadel, 2009) ist hier hilfreich: Kommunikation, Kooperation, Kreativität und kritisches Denken erfordern immer mehr die Nutzung digitaler Medien, umfassen aber mehr.

Die beiden Ansätze von Skinner und Dewey schließen sich dabei nicht aus, sondern ergänzen sich. Adaptive Lernsysteme können Lernenden helfen, Wissen zu erwerben, das in projektbezogenen, kooperativen Lernszenarien benötigt wird. Direktes Feedback dieser Systeme für die Lernenden entlastet Lehrkräfte und schafft Freiräume in der Beratung einzelner Lernender und der Begleitung selbstgesteuerter, problemlösungsorientierter Prozesse.

Damit nun aber digitale Medien im Unterricht lernwirksam eingesetzt werden können, müssen infrastrukturelle Voraussetzungen gegeben sein, die wir aktuell an vielen Schulen in Deutschland (noch) nicht finden: Der Zugang zu digitalen Medien muss direkt am Ort des Lernens möglich sein (exemplarisch vgl. etwa Bebell & Kay, 2010; Drayton et al., 2010; Silvernail & Gritter, 2007; Silvernail et al., 2011 u.a.). Hiermit scheiden Computerräume aus. Diese haben sicher für die Verwendung im Fachunterricht Informatik ihre Berechtigung, können aber das Lernen in anderen Fächern nur bedingt unterstützen. Lernende sollten zudem in der Lage sein, sich ihr Lernwerkzeug (also ein digitales Gerät) zu eigen machen zu können. Neben der Nutzung im Lernkontext gehört hierzu auch, die Verantwortung für Funktionsfähigkeit und Wartung des Gerätes sowie die Möglichkeit, individuelle Anpassungen vornehmen zu können. Dies erfordert letztlich individuelle Geräte für alle Lernenden. Nur so ist auch zu realisieren, dass digitale Werkzeuge zu Werkzeugen in Schülerhand werden, die von diesen in selbstgesteuerten Lernprozessen eingesetzt werden können. Offen bleibt zunächst, ob eine solche Ausstattung mit individuellen Geräten durch eine schulische 1:1-Ausstattung erfolgen sollte oder mit der Idee „BYOD – Bring your own device – Du bist eingeladen dein eigenes Smartphone oder Tablet zum Lernen zu nutzen" realisiert werden könnte. Belastbare Forschungsergebnisse stehen hier noch aus.

4. Medienintegration als gestufter Entwicklungsprozess in unterschiedlichen Handlungsfeldern

Der Weg zur umfassenden Nutzung von Lernszenarien, wie sie hier beschrieben wurden, ist ein längerer Innovationsprozess an Schulen. Um diesen gut gestalten zu können, ist es hilfreich, ihn in zweifacher Hinsicht zu strukturieren. Er ist als gestufter Prozess zu betrachten und erfolgt in unterschiedlichen Handlungsfeldern.

4.1 Innovation in Stufen

Medienbezogene Innovationsprozesse in Schulen können in ihrem Ablauf als stufenförmig beschrieben werden. Hierzu liegen zahlreiche Modelle vor (vgl. Nolan, 1974; Kubicek & Breiter, 1998; Aston, 2003; Kikis, Scheuermann & Villalba, 2009 u.a.), die sich im Kern auf vier Stufen zusammenfassen lassen:

- Erprobung: Eine Innovation wird von einigen wenigen Mitgliedern einer Organisation erprobt. Dabei ist es unerheblich, ob es sich hierbei um eine Bewegung aus der Organisation heraus handelt oder dies durch die Leitung initiiert wird. Charakteristisch ist aber, das hier noch keine Systematik der Vorgehensweise vorliegt.
- Einführung: Die Innovation wird von weiteren Mitgliedern einer Organisation aufgegriffen. Handlungspraxen Einzelner werden koordiniert und aufeinander bezogen. Dies kann etwa erfolgen, indem die Arbeit mit digitalen Medien in einzelnen Klassen oder Fächern gebündelt wird.
- Steuerung: Die nächste Stufe ist häufig durch zwei gegenläufige Beobachtungen gekennzeichnet. Einerseits verbreitet sich die Innovation weiter in der Einrichtung. Andererseits führt gerade diese Verbreitung zu Engpässen, die Steuerungsmaßnahmen erforderlich machen. Dies kann z.B. der Fall sein, wenn die intensive Nutzung vorhandener Hardware zu Problemen der Verfügbarkeit führt.
- Integration: In dieser Stufe hat eine Innovation eine Organisation im Ganzen erfasst, d.h. ein überwiegender Teil der Mitglieder hat diese Innovation für sich adaptiert, so dass nunmehr ein Verzicht auf die Innovation zu Widerständen in der Organisation führen würde. Diese Stufe ist aber auch dadurch gekennzeichnet, dass das erreichte Ergebnis einer Revision und Überprüfung unterzogen werden muss. Ein neuer Innovationszyklus beginnt.

4.2 Handlungsfelder der Medienintegration

Die Einführung der umfassenden und systematischen Arbeit mit digitalen Medien in der Schule muss von einer Schule in all ihren Bereichen integriert werden, mit anderen Worten: Alle Teile einer systematischen Schulentwicklung sind betroffen. Hier hat sich in Deutschland eine Aufteilung auf fünf Bereiche etabliert: die Unterrichtsentwicklung, die Personalentwicklung, die Organisationsentwicklung sowie die Kommunikationsentwicklung und die Technologieentwicklung (Schulz-Zander, 2001). Mit Blick auf die Medienintegration in Schulen schlagen wir die Erweiterung des Bereichs Unterrichtsentwicklung um das Handlungsfeld Medienkonzept und die Differenzierung des Bereichs Organisationsentwicklung in Steuerung und Leitung einerseits und Förderung von Medienkompetenz andererseits vor. Für die Beschreibung der Technologieentwicklung lassen sich zudem eher Nutzungsszenarien beschreiben, die mit unterschiedlichen technischen Infrastrukturen realisiert werden können.

4.3 Raster zur Beschreibung des Entwicklungsstandes von Schulen

Aus der Zusammenschau von Innovationsstufen und Handlungsfeldern kann nun ein zweidimensionales Raster entwickelt werden, das den jeweiligen Entwicklungsstand einer Schule in einem Handlungsfeld beschreibt (vgl. hierzu auch Heinen & Kerres, 2015). Die Beschreibungen können Schulen dabei unterstützen, ihre eigene Entwicklung zu analysieren und Maßnahmen für eine Verstärkung des Integrationsprozesses einzuleiten.

4.3.1 Nutzungsszenarien

- Erprobung: Digitale Medien werden überwiegend als Präsentationsmedien durch die Lehrkraft eingesetzt.
- Einführung: Die Nutzung digitaler Medien konzentriert sich auf die Nutzung von Computerräumen.
- Steuerung: Schülerinnen und Schüler nutzen mobile Geräte, die ihnen in einzelnen Unterrichtsstunden gesteuert durch die Lehrkraft zur Verfügung gestellt werden.
- Integration: Lehrkräfte und Lernende können jederzeit auf individualisierte mobile Geräte zugreifen und diese selbstgesteuert im Lernprozess nutzen.

4.3.2 Unterrichtsentwicklung

- Erprobung: Lehrkräfte integrieren neue Szenarien selbstgesteuert in ihren Unterricht.
- Einführung: Es findet ein regelmäßiger, aber meist informeller Austausch über Unterrichtsinnovationen statt.
- Steuerung: Der Einsatz neuer Unterrichtsmodelle wird in einzelnen Fachschaften oder Jahrgangsstufen koordiniert.
- Integration: Unterrichtsentwicklung wird fächerübergreifend geplant und koordiniert.

4.3.3 Medienkonzept

- Erprobung: Falls ein Medienkonzept vorhanden ist, so beschreibt es lediglich allgemeine Ziele, die die Schule erreichen möchte.
- Einführung: Das Medienkonzept ist konkreter gefasst. Es beschreibt Kompetenzen, die Lernende erreichen sollen.

- Steuerung: Damit Lehrkräfte Lernende systematisch unterstützen können, die im Medienkonzept beschriebenen Kompetenzen zu erwerben, haben einzelne Fachschaften medienbezogene Fachcurricula entwickelt.
- Integration: In der Schule liegen für alle Fächer medienbezogene Fachcurricula vor, die Lehrkräften verbindliche Hilfestellungen bei der Unterrichtsgestaltung geben.

4.3.4 Medienkompetenz

- Erprobung: eine systematische Förderung von Medienkompetenz findet nicht statt. Die Vermittlung erfolgt ausgerichtet an den Bedürfnissen des Fachunterrichts der einzelnen Lehrkraft.
- Einführung: Medienkompetenzförderung erfolgt integriert in den Fachunterricht der einzelnen Fächer.
- Steuerung: Die Schule fördert den Erwerb von Medienkompetenz abgestimmt über Fächer und Jahrgänge.
- Integration: Die Förderung von Medienkompetenz ist partizipativ organisiert und bindet Lernende als Experten systematisch in Peer-Learning ein.

4.3.5 Steuerung/Leitung

- Erprobung: Die Schulleitung unterstützt einzelne Lehrkräfte bei der Erprobung neuer Szenarien.
- Einführung: Die Schule richtet eine Steuergruppe ein, die eine systematische Einführung neuer Szenarien koordiniert.
- Steuerung: Die Integration digitaler Medien wird von den meisten Beteiligten als zentrales Entwicklungsziel der Schule anerkannt.
- Integration: Alle Lehrkräfte haben konkrete Ansprechpartner, die sie bei der Umsetzung und Weiterentwicklung der medienbezogenen Curricula unterstützen.

4.3.6 Fortbildung

- Erprobung: Lehrkräfte entscheiden sich eigenständig, ob und zu welchen Themen sie sich fortbilden.
- Einführung: Es findet in einzelnen Fachschaften eine Abstimmung darüber statt, an welchen Fortbildungen Lehrkräfte teilnehmen.
- Steuerung: Die Schule organisiert regelmäßig schulinterne Fortbildungsangebote, damit Erfahrungen innerhalb der Schule weitergegeben werden

können. Hierzu gehört auch, dass die Inhalte externer Fortbildungen innerhalb des Kollegiums weitergeben werden.
- Integration: Die Schule hat eine Kultur der kollegialen Beratung und Unterstützung entwickelt.

4.3.7 Kommunikation

- Erprobung: Einzelne Lehrkräfte nutzen unterschiedliche digitale Kommunikationskanäle untereinander und im Austausch mit Lernenden und Eltern.
- Einführung: Die Schule stellt Lernmanagementsysteme zur Verfügung, die Lehrkräfte nutzen können.
- Steuerung: Wesentliche Teile der Kommunikation aller an schulischem Lernen Beteiligter werden digital abgebildet.
- Integration: Auswahl und Weiterentwicklung der Kommunikationskanäle wird partizipativ mit Lernenden vorangetrieben.

5. BYOD als Kristallisationspunkt

Das oben dargestellte Raster zeigt, wie komplex der Entwicklungsprozess verstanden werden muss, damit eine Schule umfassend und systematisch die Potenziale digitaler Medien im Unterricht nutzen kann. Dabei ist das Ziel, digitale Medien jederzeit verfügbar zu machen, einerseits anspruchsvoll, andererseits lässt es sich recht leicht realisieren, berücksichtigt man, dass heute nahezu alle Lernenden über private Smartphones verfügen, nur darf diese Ausstattung allein von 22% der Lernenden genutzt werden (Feierabend, Plankenhorn & Rathgeb, 2016). Ein konstruktiver Umgang mit diesem technischen Potenzial erscheint geeignet, die Diskussion innerhalb der Schule positiv zu beeinflussen. Dabei geht es weniger darum, Ausstattungsaufgaben an Eltern zu delegieren und andere Varianten auszuschließen. Jedoch stellt die Nutzung von Geräten, die den Lernenden bereits vertraut sind und die im Unterrichtsraum vorhanden sind, einen niedrigschwelligen Einstieg dar. Lehrkräfte, die bereits – ggf. gegen bestehende allgemeine Handyverbote – die Nutzung von Smartphones im Unterricht nicht nur erlauben, sondern regelmäßig als Werkzeug einsetzen, können als Multiplikatoren nutzbar gemacht werden und als Promotoren in einem Entwicklungsprozess wirken (vgl. hierzu auch Heinen, 2016). Für die wenigen Lehrkräfte, auf die dies zutrifft, kann die Zusammenarbeit mit anderen Schulen eine Hilfe sein.

6. Entwicklung in Netzwerken zur Unterstützung der Schulentwicklung

Betrachtet man das oben vorgestellte Raster aus Entwicklungsstufen und Handlungsfeldern, so lässt sich erahnen, dass Entwicklungsprozesse in Schulen nicht gleichförmig verlaufen. Unterschiedliche Ausgangspositionen und Schwerpunktsetzungen, vorhandene und angestrebte Formen der Zusammenarbeit und der Lernkultur führen dazu, dass jede Schule ihren eigenen Weg finden muss. Auch ist es bedeutsam, dass Schulen nicht nur vorgegebenen Leitlinien folgen, sondern sich Handlungspraxen zu eigenen machen. Mit anderen Worten: Schulentwicklung ist immer ein Prozess, der von der einzelnen Schule gestaltet werden muss (Holtappels, 2003). Selbst vorhandene Konzepte müssen in einem Prozess aktiver Auseinandersetzung angeeignet werden.

In diesem Prozess können sich Schulen auf unterschiedlichen Ebenen unterstützen. Schulleitungen und Steuergruppen können sich über die Gestaltung des Prozesses austauschen. Multiplikatoren/Promotoren in der Schule können sich schulübergreifend unterstützen und gemeinsam organisierte Fortbildungsveranstaltungen können helfen, weitere Kolleginnen und Kollegen einzubeziehen (Berkemeyer, 2010).

Eine solche Arbeit in Netzwerken kann durch zwei Faktoren unterstützt werden:
– Die Schulleitung übernimmt nicht nur die Verantwortung für den Gesamtprozess, sondern bindet weitere Akteure in der Schule ein und ermöglicht die Übernahme von Verantwortung (Harris & Chapmann, 2002).
– Der Entwicklungsprozess an den Schulen wird kontinuierlich evaluiert. Es steht eine gemeinsame Reflexion des Entwicklungsprozesses im Vordergrund (Gärtner, 2013).

7. Fazit

Der vorliegende Artikel beschreibt die Komplexität der Entwicklung einer Schule hin zu einer Organisation, die digitale Medien systematisch in den Unterricht einbezieht und Wege entwickelt, ihre Potenziale zu nutzen. Er zeigt auf, wie dieser Prozess stufenweise in unterschiedlichen Handlungsfeldern gestaltet und in überschaubare Handlungsschritte überführt werden kann. Die Zusammenarbeit mit anderen Schulen unterstützt diese Entwicklung. Für die erfolgreiche Gestaltung dieses Prozesses kann es abschließend hilfreich sein, sich zwei Aspekte zu vergegenwärtigen: Auch wenn eine Schule am Anfang steht, lassen sich sicher erste Anknüpfungspunkte und Erfahrungen finden, auf denen aufgebaut werden kann. Zudem beschreibt die Integration digitaler Medien in das schulische Lernen keinen Prozess, der zu einem Abschluss geführt werden kann. Er bleibt dauerhafte Gestaltungsaufgabe für Schulen im digitalen Wandel.

Literatur

Aston, M. (2003). The development and use of indicators to measure the impact of ICT use in education in the United Kingdom and other European countries. In *Proceedings of the UNESCO. Consultative Workshop for Developing Performance Indicators for ICT in Education, 1st, Manila, the Philippines* (S. 28–30).

Bebell, D. & Kay, R. (2010). One to One Computing: A Summary of the Quantitative Results from the Berkshire Wireless Learning Initiative. *The Journal of Technology, Learning and Assessment*, 9(2), 1–60. Verfügbar unter: https://ejournals.bc.edu/ojs/index.php/jtla/article/view/1607 [18.11.2016].

Berkemeyer, N. (2010). *Die Steuerung des Schulsystems. Theoretische und praktische Explorationen* (1. Aufl., Bd. 10). Wiesbaden: VS Verlag für Sozialwissenschaften.

Dewey, J. (2004). *Democracy and education*. Courier Corporation.

Drayton, B., Falk, J. K., Stroud, R., Hobbs, K. & Hammerman, J. (2010). After Installation: Ubiquitous Computing and High School Science in Three Experienced, High-Technology Schools. *The Journal of Technology, Learning and Assessment*, 9(3). Verfügbar unter: http://ejournals.bc.edu/ojs/index.php/jtla/article/view/1608 [18.11.2016].

Feierabend, S., Plankenhorn, T. & Rathgeb, T. (2016). *JIM 2016 – Jugend, Information, (Multi-)Media – Basisstudie zum Medienumgang 12- bis 19-Jähriger in Deutschland*. Stuttgart: mpfs.

Floridi, L. (2014). *The fourth revolution: How the infosphere is reshaping human reality*. Oxford: OUP.

Gärtner, Holger (2013). Wirksamkeit von Schülerfeedback als Instrument der Selbstevaluation von Unterricht. In J. Hense, S. Rädiker, W. Böttcher & T. Widmer (Hrsg.), *Forschung über Evaluation. Bedingungen, Prozesse und Wirkungen* (S. 107–124). Münster: Waxmann.

GI-Gesellschaft für Informatik (2016). *Dagstuhl-Erklärung: Bildung in der digital vernetzten Welt*. Verfügbar unter: https://www.gi.de/fileadmin/redaktion/Themen/dagstuhl-erklaerung-bildung-in-der-digitalen-welt-2016.pdf [18.11.2016].

Heinen, R. & Kerres, M. (2015). Individuelle Förderung mit digitalen Medien – Handlungsfelder für die systematische, lernförderliche Integration digitaler Medien in Schule und Unterricht. In Bertelsmann Stiftung (Hrsg.), *Individuell fördern mit digitalen Medien: Chancen, Risiken, Erfolgsfaktoren* (S. 95–161). Gütersloh: Bertelsmann Verlag.

Harris, A. & Chapman, C. (2002). Leadership in schools facing challenging circumstances. *Management in Education*, 16(1), 10–13.

Heinen, R. (2016). BYOD in der Stadt – Regionale Schulnetzwerke zum Aufbau hybrider Lerninfrastrukturen in Schulen. In J. Bastian & S. Aufenanger, *Tablets in Schule und Unterricht – Forschungsmethoden und -perspektiven zum Einsatz digitaler Medien* (S. 191–208). Wiesbaden: Springer Fachmedien.

Holtappels, H. G. (2003). *Schulqualität durch Schulentwicklung und Evaluation: Konzepte, Forschungsbefunde, Instrumente*. München: Luchterhand.

Kikis, K., Scheuermann, F. & Villalba, E. (2009). A framework for understanding and evaluating the impact of information and communication technologies in education. In F. Scheuermann & F. Pedró (Hrsg.), *Assessing the effects of ICT in education. Indicators, criteria and benchmarks for international comparisons* (S. 69–82). Luxembourg: European Union.

KMK (2016). *Strategie der Kultusministerkonferenz „Bildung in der digitalen Welt".* Verfügbar unter: http://www.kmk.org [18.11.2016].

Kubicek, H. & Breiter, A. (1998). Schule am Netz – und dann? Informationstechnik-Management als kritischer Erfolgsfaktor für den Multimediaeinsatz in Schulen. In H. Kubicek (Hrsg.), *Lernort Multimedia. Jahrbuch der Telekommunikation und Gesellschaft* (S. 120–129). Heidelberg: v. Decker.

Landesregierung NRW (2016). *Lernen im digitalen Wandel – Unser Leitbild 2020 für Bildung in Zeiten der Digitalisierung*. Verfügbar unter: https://www.schulministerium.nrw.de/docs/Schulentwicklung/NRW-4_0/Leitbild-Lernen-im-Digitalen-Wandel.pdf [18.11.2016].

Nolan, R. L. (1973). Managing the computer resource: a stage hypothesis. *Communications of the ACM*, 16(7), 399–405.

Schulz-Zander, R. (2001). Neue Medien als Bestandteil von Schulentwicklung. In S. Aufenanger, R. Schulz-Zander & D. Spanhel (Hrsg.), *Jahrbuch Medienpädagogik 1* (S. 263–281). Wiesbaden: VS Verlag für Sozialwissenschaften.

Silvernail, D. L. & Gritter, A. K. (2007). *Maine's middle school laptop program: Creating better writers*. Gorham, Maine: Maine Education Policy Research Institute, University of Southern Maine.

Silvernail, D. L., Pinkham, C. A., Wintle, S. E., Walker, L. C. & Bartlett, C. L. (2011). *A Middle School One-to-One Laptop Program: The Maine Experience*. Maine: Maine Education Policy Research Institute, University of Southern Maine.

Skinner, B. F. (1958). Teaching machines. *Science, 128*, 969–977.

Trilling, B. & Fadel, C. (2009). *21st century skills: Learning for life in our times*. Hoboken, NJ: John Wiley & Sons.

Jenny Radzimski-Coltzau und Stefan Burghardt

Digitale Medien: Eine Chance für Schulentwicklung

1. Einleitung

„Ich bin fast 18 und hab keine Ahnung von Steuern, Miete oder Versicherungen. Aber ich kann 'ne Gedichtanalyse schreiben. In vier Sprachen."

Dieser Tweet der Schülerin Naina provozierte innerhalb weniger Tage politische Debatten zu neuen Schulfächern in Tagesblättern und sozialen Netzwerken. Noch vor fünf Jahren wäre die digital geboostete Dynamik der Diskussion gänzlich undenkbar gewesen. Nun überraschte und überforderte sie die Kölnerin zugleich, die daraufhin ihren Twitter-Account vorläufig stilllegte.

Am Franz-Stock-Gymnasium in Arnsberg haben wir verstanden, dass digitale Medien die Lebenswelt aller Lernenden durchdringen und ihre Sicht auf die Welt verändern. Schüler müssen digitale Medien kompetent nutzen; das heißt, sie müssen Medienkompetenz[1] entwickeln, um auch digitale Medien zur Lösung von Problemen zu nutzen und das eigene Nutzungsverhalten zu reflektieren. Der Erwerb von Medienkompetenz ist in Nordrhein-Westfalen Teil des allgemeinen Bildungsauftrags und wird pädagogisch in verschiedenen Handlungsfeldern abgebildet.[2]

2. Entwicklung von Medienkompetenz erfordert Umdenken

Landläufig wird die Diskussion um digitale Bildung allein in Bezug auf technische Ausstattung geführt, doch diese an sich bewirkt noch nichts. Das FSG folgt dem Primat der Didaktik. Wir gehen daher bewusst einen anderen Weg und initiierten einen umfassenden Schulentwicklungsprozess, der nachhaltig angelegt ist. Vor Beginn der grundlegenden Umsteuerung im Jahr 2013 wurden alle circa 100 Kolleginnen und Kollegen sowohl umfassend zu ihren unterrichtlichen Visionen als auch zum Sachstand des Einsatzes digitaler Medien in ihren Fächern befragt. Ausstattungsbedarfe leiteten wir erst in einem zweiten Schritt daraus ab. Parallel dazu wurden die konkrete Mediennutzung sowie das mediale Umfeld der Schüler in den Blick genommen. Bei der Auswertung

---

1 Medienkompetenz unterteilen wir in sechs verschiedene Entwicklungsstufen, die beginnend bei keinerlei Wissen über das digitale Medium im finalen Stadium den kreativen Einsatz und die Weiterentwicklung des digitalen Mediums beschreiben. Dabei berücksichtigen wir die individuellen Voraussetzungen der Lernenden und fördern differenziert.
2 Vgl. http://www.medienkompetenzportal-nrw.de/medienkompetenz.html [08.01.2016].

wurde schnell deutlich, dass das Kollegium seine pädagogischen Überzeugungen nicht nur im Schulprogramm, sondern auch im Medienkonzept verankert sehen möchte. Getreu unserem Schulmotto: *Miteinander leben und lernen* sollten Schülerergebnisse zukünftig noch stärker in den Mittelpunkt gestellt und die Lebenswelt der Lernenden noch ernster genommen werden. Es wurde also ein Konzept entwickelt, das sich am individuellen Leistungsstand der Schüler und an definierten Standards orientiert und den Lernenden hilft, sich systematisch und individuell zu entwickeln. Schließlich stellten wir unsere Ideen dem Schulträger – der Stadt Arnsberg – vor, warben Drittmittel ein und erhielten die Möglichkeit, unsere Ideen innerhalb weniger Monate umzusetzen. Seitdem erproben wir Lösungen, die auch auf andere Schulen übertragbar sind.

3. Schulentwicklung mit digitalen Medien konkret

Im Wesentlichen fußt das Medienkonzept des Franz-Stock-Gymnasiums auf zwei Bereichen: der technischen Konzeption und der Medienpädagogik. Beide Bereiche sind eigene Organisationseinheiten, die einander in nahezu allen Punkten der gestalterischen Arbeit durchdringen und gegenseitig beeinflussen und eng mit den pädagogischen Leitlinien verzahnt sind.

In der Praxis kann ein Medienkonzept nur umgesetzt werden, wenn eine gut strukturierte, an die täglichen Anforderungen des Systems Schule angepasste technische Basis vorhanden ist. Hierbei verfolgen wir den Ansatz einer offenen und flexiblen Infrastruktur unter Nutzung von CYOT[3], die von einem adaptiven Sicherheitskonzept flankiert wird. Der technischen Konzeption liegt die Vermeidung von Schnittstellenproblemen sowie eine spontane und kontextbezogene Verfügbarkeit aller Medien und Techniken zugrunde. Wir setzen auf eine flache Rechtehierarchie der unterrichtsbezogenen Netzwerkentitäten bei gleichzeitiger strikter Trennung von datenschutzrelevanten Netzwerksegmenten. Dieser umfassende Ansatz ermöglicht es uns, auf technische Veränderungen und Erneuerungen schnell zu reagieren, weil wir grundlegend davon ausgehen, dass sich bereits Anwendungen etabliert haben, „die im Kern und in ihren Grundfunktionen seit vielen Jahren unverändert sind (...)" (Pallack, 2012, S. 10).

Wir sind überzeugt, dass man in einem Kursraum mit 24 Schülern ebenso viele Hochleistungscomputer im Taschenformat findet. Daher setzen wir auf die Nutzung von schülereigenen Geräten (BYOD[4]), von Smartphones. Wir möchten, dass unsere Lernenden ihre Geräte als Werkzeug kennenlernen, um zu recherchieren, dokumentieren, präsentieren oder auch, um Inhalte wie Lernvideos

---

3 CYOT ist die Abkürzung von *choose your own technology* und legt die Auswahl der im Kontext geeigneten Technik in die Hand des Anwenders.
4 BYOD steht für *bring your own device* und ermöglicht Schülerinnen und Schülern die Verwendung eigener Medien und Techniken in ausgewählten Unterrichtsphasen.

zu rezipieren oder gar selbst zu produzieren. Eigenproduktionen zu präsentieren führt schon im Prozess der Erstellung des Produkts zu einem erheblichen Mehrwert, weil die Lernenden intrinsisch motiviert deutlich mehr Herzblut investieren.

Parallel zur Entscheidung für die Nutzung schülereigener Geräte optimierten wir auch die technische Ausstattung unserer Unterrichtsräume. Dafür wurden durch den Rückbau von Computerräumen begrenzte finanzielle Mittel frei, die wir gezielt und kontinuierlich mit Blick auf deutlich höhere Eigenaktivität der Lernenden und damit auf mehr Nachhaltigkeit in Infrastruktur investierten. Wir ersetzten Overheadprojektoren durch Beamer und Dokumentenkameras, installierten zusätzliche Steckdosen, Anschlussmöglichkeiten und WLAN-Optionen und schufen so eine puristische, aber stabil funktionierende Grundausstattung. Auf einen großen Wurf (wie die Ausstattung aller Klassen mit interaktiven Whiteboards) verzichteten wir bewusst, um flexibel zu bleiben und uns für die Herausforderungen der Zukunft zu wappnen.

4. Theoretische Fundierung

BYOD ist am FSG selbstverständlich. Damit das konstruktiv gelingt, muss die Technik selbst zum Gegenstand des Unterrichts werden (vgl. Hischer, 2002, S. 7). Dieses praktische Vergehen ist theoretisch gut fundiert: Zeller und Barzel (2010, S. 788) sprechen von der sogenannten instrumentellen Genese, wenn sie erklären, dass das Vorhandensein eines Mediums das Handeln verändert. Denn: Oberflächliches Wissen ist heute bei den meisten Schülern vorhanden, es muss jedoch systematisch erweitert und vertieft werden (vgl. JIM-Studie, 2014, S. 6–8 zur Geräteausstattung im Haushalt).

Ebenfalls theoretisch fundiert ist unser medienpädagogischer Ansatz: Issing (1987, S. 25–26, S. 4) unterscheidet die drei Kerngebiete Mediendidaktik (Förderung des Lernens durch eine didaktisch geeignete Gestaltung und methodisch wirksame Verwendung von Medien), Medienkunde (Vermittlung von Kenntnissen über Medien) und Medienerziehung (Erziehung zu einem bewussten, reflektierten, kritischen, d.h. sozial erwünschten Umgang mit Medien). Wir ergänzen diesen Ansatz durch Hischer (2002, S. 1), der erkennt, dass sinnvolle Medienpädagogik im Schulalltag nur integrativ möglich ist. Dies bedeutet, dass die Kerngebiete nicht isoliert voneinander betrachtet und angewandt werden dürfen. Medienkonzepte sind fächerübergreifend anzulegen und müssen von der Schule als Ganzes getragen werden. Daran arbeiten wir kontinuierlich. Die Theorie hilft uns, Entwicklungen zu verstehen und systematisch zu gestalten, um nicht von der technischen Entwicklung getrieben zu werden.

Jenny Radzimski-Coltzau und Stefan Burghardt

In Anlehnung an die vom Ministerium für Schule und Weiterbildung des Landes Nordrhein-Westfalen benannten Kompetenzbereiche[5] weist das Medienkonzept des FSGs für die unterrichtliche Förderung der Lernenden generell die Stellen in den Fachcurricula aus, an denen durch die Rahmenvorgaben definierte, mediale Unterrichtsinhalte behandelt werden. Darüber hinaus folgt eine Akzentuierung, die eine differenzierte, sinnvolle Aufteilung der Kompetenzbereiche auf unterschiedliche Unterrichtsfächer vorschlägt, um einzelnen Fachrichtungen entsprechend ihrer Lehr- und Lerninhalte Leitungsfunktionen bei der Ausbildung der verschiedenen Aspekte von Medienkompetenz einzuräumen.

Wie in anderen Schulen sind curriculare Forderungen auch am FSG umfassend abgesichert: Im Mathematikunterricht werden die Schüler zum Beispiel im Umgang mit Funktionenplottern geschult und im Fach Geografie interpretieren sie Satelliten- und Luftbilder. Dabei ermöglicht der flexible Einsatz von Audio-, Kompositions- und anderen Apps die gewollte, deutlich höhere Eigenaktivität der Lernenden und damit mehr Nachhaltigkeit. So ist es zum Beispiel möglich, im Fach Deutsch Hörspiele (auch im hauseigenen Tonstudio) zu produzieren oder im Musikunterricht eigene Musik zu kreieren. Der Zugang zu den Medien und Techniken steht jedem offen.

Doch unsere Ansätze zur Einbindung digitaler Medien gehen weiter und berücksichtigen aktuellste Entwicklungen: Ein schönes Beispiel ist ein Antirassismus-Song, der im Musikunterricht anlässlich der zunehmenden Widerstände gegen Asylbewerber eingespielt wurde. Ein weiteres Beispiel ist eine Neigungsgruppe, die wir im nächsten Schuljahr anbieten: Auch Stephen Hawking unterstützt einen Appell gegen die Entwicklung von Kampfrobotern. Als Reaktion darauf bieten wir einen Kurs zur Steuerung von Drohnen an, in der natürlich auch Aspekte wie Sicherheit oder Persönlichkeitsrechte und Gefahren der Automatisierung thematisiert werden.

Die Ergebnisse solcher Projekte werden über unsere sozialen Medien, insbesondere über unseren YouTube-Kanal, verbreitet. Wir können den Lernenden und allen Interessierten damit diese Entwicklungen begreifbar machen, denn jeder hat so die Möglichkeiten, die Technik erleben zu können. Die Projekte selbst dienen somit als Initialzündungen und liefern Denkanstöße.

---

5   Aufeinander aufbauend sind hier Bedienen und Anwenden, Informieren und Recherchieren, Kommunizieren und Kooperieren sowie Produzieren und Präsentieren zu nennen; vgl. Medienberatung NRW (2014).

5. Die Schule, das sind die Menschen! Auch in Zeiten digitaler Bildung

Die beste Ausstattung macht weder guten Unterricht noch entwickelt sie Schule! Am FSG leben und lernen wir gemeinsam und in diesem Sinne setzen wir vor allem auf Kooperation. Schließlich muss jeder Lehrer und auch jeder Schüler in der Lage sein, die Infrastruktur zu nutzen. Zur Unterstützung setzen wir auf medienkundige Kolleginnen und Kollegen (so genannte *KeyUser*), die Interessierten durch die Vermittlung eigener Erfahrungen beim Einsatz digitaler Medien und Techniken unterstützend zur Seite stehen und dabei auch Ideen zur mediendidaktischen Umsetzung anbieten. Dies ist ein guter Nährboden für die Entwicklung von Unterricht. Selbst Lehrkräfte, die kurz vor ihrer Pensionierung standen, nutzten dieses Angebot, um ihren Unterricht durch digitale Medien zu bereichern.

Bei den Lernenden nutzen wir einen sehr ähnlichen Ansatz und stellen ihnen einen Partner ihrer eigenen Peergruppe an die Seite. Pro Jahr und Klasse bilden wir je zwei solcher *MedienScouts* aus, die in Form von Workshops Grundkenntnisse zur Medienkunde vermitteln. Darüber hinaus stehen diese Schüler auch den unterrichtenden Kollegen zu Verfügung, um den organisatorischen Teil des Medieneinsatzes in dessen praktischer Umsetzung zu unterstützen. Nach Absprache stellen sie digitale Medien und Techniken bereit, aktivieren sie und sorgen ebenfalls für die reibungslose Rückabwicklung.

Weil nicht alle denkbaren Szenarien aus der digitalen Erlebniswelt unserer Lernenden im Fachunterricht abbildbar sind, setzen wir zusätzlich zu den MedienScouts auch auf *MedienCounselors*. Sie beraten und sensibilisieren ihre Mitschüler in Workshops im Hinblick auf rechtliche und emotionale Aspekte (Schutz der Privatsphäre, Copyright, Cybermobbing ...), die mit der Nutzung digitaler Medien und Techniken einhergehen. Neben der fachlichen Ausbildung für diese Tätigkeit erproben sie vorab ebenso Beratungsszenarien und Präsentationstechniken. Begleitet werden sie in ihrer Arbeit durch eine Beratungslehrerin.

Geplant ist in Zukunft, sowohl die MedienScouts als auch die Medien-Counselors in die Vorbereitung und Durchführung von Elterninformationsabenden einzubinden und so die Schulgemeinde getreu unseres Schulmottos einmal mehr zu unterstützen.

Jenny Radzimski-Coltzau und Stefan Burghardt

6. Eine Schule, die sich nicht öffnet, ist nicht ganz dicht

Aufgeschlossene Dialoge, produktive Zusammenarbeit und somit die Offenheit, auf gute Erfahrungen aufzubauen, bilden ein tragfähiges Fundament. Das Franz-Stock-Gymnasium setzt intensiv auf den Austausch mit Partnern; auch um das eigene Denken und Handeln zu reflektieren.

Ein wichtiges Kommunikationsmedium ist unsere aktive Homepage (*www.fsg-arnsberg.de*), die nahezu täglich über Neuigkeiten informiert und Teile unseres Schullebens dokumentiert. Die Stunden- bzw. Vertretungspläne sind bei uns ebenfalls digital und selbstverständlich nicht nur an Monitoren in der Schule einseh-, sondern auch über das Smartphone abrufbar.

Darüber hinaus nutzen wir soziale Medien wie Facebook oder Twitter, um mit unseren Lernenden, deren Eltern, unseren Ehemaligen sowie Schulen und anderen Multiplikatoren in Kontakt zu treten, Erfahrungen auszutauschen und Neues zu entwickeln. Regelmäßig informiert das FSG auf Konferenzen und Kongressen über seine Arbeit und unterstützt so auch andere Schulen auf deren Weg in eine Zukunft mit digitalen Medien.

Projekte sind eine Keimzelle für Innovation
Im Auftrag des Ministeriums für Schule und Weiterentwicklung des Landes Nordrhein-Westfalen und dem Landesinstitut Qua-Lis entwickelt das FSG Unterrichtsideen unter Einbindung digitaler Medien für die Lehrerfortbildung im Fach Mathematik, welche kostenfrei abrufbar sind (Open-Education-Ressources, OER).

Das FSG kooperiert nach Beschluss der Schulkonferenz und in Absprache mit dem Schulträger mit lokalen, nationalen wie internationalen Wirtschaftsunternehmen und erprobt Medien und Techniken in unterrichtlichen Kontexten, um diese anschließend gemeinsam mit den Unternehmen (weiter) zu entwickeln. So passen wir, um ein aktuelles Projekt zu benennen, mit dem Unternehmen Education First eine für das Land Schweden bereits existierende Unterrichtsapplikation den schulischen Anforderungen und Voraussetzungen für eine Markteinführung in Deutschland an. Dabei achtet die Schulleitung gemeinsam mit der Schulkonferenz darauf, dass das Primat der Pädagogik und der Nutzen für die Schule zum Investment in einem angemessenen Verhältnis stehen.

7. Evaluation: Kein notwendiges Übel, sondern Motor der Entwicklung

Seit der Novellierung unseres Konzeptes sind nunmehr eineinhalb Jahre vergangen – und wir verzichteten bewusst auf das blinde Überstülpen bereits vorhandener Ansätze. Die daraus resultierende, tiefgreifende Umstrukturierung von Unterrichtsprozessen kann nur gelingen, wenn viele das Konzept mitgestalten, sich damit identifizieren. Das erfordert *systematische Kommunikation*.

Im Zweijahresrhythmus ist es geplant, unsere Konzepte auf den Prüfstand zu stellen. Zur Vorbeugung von Betriebsblindheit im Kernbereich Mediendidaktik werden die Ergebnisse der regelmäßigen Evaluationen unter den Lehrern auch genutzt, um sowohl die Fachcurricula als auch das Medienkonzept den tatsächlichen Bedürfnissen und der technischen Entwicklung anzupassen.

Doch wir wollen uns in diesem Bereich noch weiter professionalisieren und machen einen nächsten Schritt: Gemeinsam mit dem Franz-Stock-Gymnasium entwickelt ein Softwareunternehmen in Kooperation mit der Stadt Arnsberg, dem Landesinstitut Qua-Lis und dem bundesweit agierenden Verband MNU eine Plattform zur Kommunikation und formativen Evaluation.[6] Diese wird einerseits die Datenschutzprobleme, die Plattformen wie Facebook oder WhatsApp haben, beheben – andererseits aber auch spezielle pädagogische Werkzeuge zur direkten Rückmeldung im Unterricht zur Verfügung stellen. Das wird die Arbeit im Unterricht immens erleichtern. Bereits im August beginnt die Erprobung für diesen weiteren Baustein zur Schulentwicklung. Wir freuen uns auf die Zukunft!

Literatur

Hattie, J. (2014). *Lernen sichtbar machen für Lehrpersonen*. Baltmannsweiler: Schneider Verlag.

Hischer, H. (2002). *Mathematikunterricht und Neue Medien – oder Bildung im Paradies!* Saarbrücken, Universität des Saarlandes.

Issing, L. J. (Hrsg.). (1987). *Medienpädagogik im Informationszeitalter*. Weinheim: Deutscher Studienverlag.

Medienberatung NRW (Hrsg.). (2014). *Leitfaden zum Medienpass NRW* (1. Auflage). Düsseldorf, Münster. Verfügbar unter: http://www.medienberatung.nrw.de/Medienberatung-NRW/Publikationen/Leitfaden_Medeinpass_Final.pdf [08.01.2017].

Medienpädagogischer Forschungsverbund Südwest (Hrsg.). (2015). *JIM 2014 – Jugend, Information, (Multi-)Media*. Stuttgart.

---

[6] Die Hattie-Studie wies die formative Evaluation als eines der einflussreichsten Instrumente in der pädagogischen Praxis aus, vgl. Hattie, J. (2014).

Pallack, A. (2012). Daten und Zufall mit digitalen Werkzeugen untersuchen. In A. Pallack & U. Schmidt (Hrsg.), *Daten und Zufall im Mathematikunterricht – Mit neuen Medien verständlich erklärt*. Berlin: Cornelsen.

Zeller, M. & Barzel, B. (2010). Influences of CAS and GC in early algebra. *ZDM 42*, Nr. 7, 788.

Philipp Klein

Schulbistum.de – eine kollaborative Plattform zur Gestaltung von Schulentwicklungsprozessen und Unterricht

1. Einleitung

Mit jeder Innovation im Bereich digitaler Medien in Schule ist auch immer eine Erwartung an einen Wandel der Lehr- und Lernkultur geknüpft (Petko, 2010). Dabei spielen in der aktuellen mediendidaktischen Diskussion um den Einsatz von Lernplattformen wie *lo-net*, *WebWeaver* oder *logineo* die Unterstützung kollaborativer und kooperativer Lernprozesse im Fachunterricht sowie die Chance, Schülerinnen und Schülern individuelle Zugänge zu (digitalen) Bildungsmedien zu ermöglichen, eine zentrale Rolle.

Die Perspektive hat sich folglich verändert: Lag bislang der Schwerpunkt der Debatte auf der Mediennutzungskompetenz von Lehrkräften und der Lücke zwischen der Nutzung digitaler Medien für die eigene Unterrichtsvorbereitung und deren Einsatz im Unterricht, rücken nun der didaktische Prozess und die Frage, wie digitale Medien einen Mehrwert für die Kompetenzentwicklung bei Lernenden generieren können, in den Fokus der Diskussion.

Dadurch steht eine (fach-)mediendidaktische Herangehensweise im Mittelpunkt und weniger der Einsatz digitaler Medien als Selbstzweck. Wesentliche Grundlage für die Nutzung digitaler Medien im Unterricht sind Lern- und Content-Management-Systeme. Das Bistum Münster hat daher bereits vor einigen Jahren alle Schulen über die Plattform *schulbistum.de* miteinander vernetzt.

2. Von der Inhaltsdistribution zur Unterstützung des Kompetenzerwerbs

Bei der Entwicklung so genannter Lern- und Content-Management-Systeme steht die Unterstützung sowohl individueller als auch kollaborativer Lernprozesse im Vordergrund. Dabei geht es mittlerweile nicht mehr nur um die Verteilung und Ablage digitaler Dokumente, sondern auch um den Einsatz von Werkzeugen, die kooperatives Lernen unterstützen und Lehrerinnen und Lehrern zusätzliche Möglichkeiten der individuellen Förderung und Binnendifferenzierung bieten. Insbesondere mit der Einrichtung von Tablet-Klassen kommt dieser Vernetzung von gut strukturierter Dateiablage und neuen digitalen Applikationen eine besondere Bedeutung zu, müssen doch die auf Tablets erarbeiteten Ergebnisse zentral gespeichert und anderen Mitgliedern der

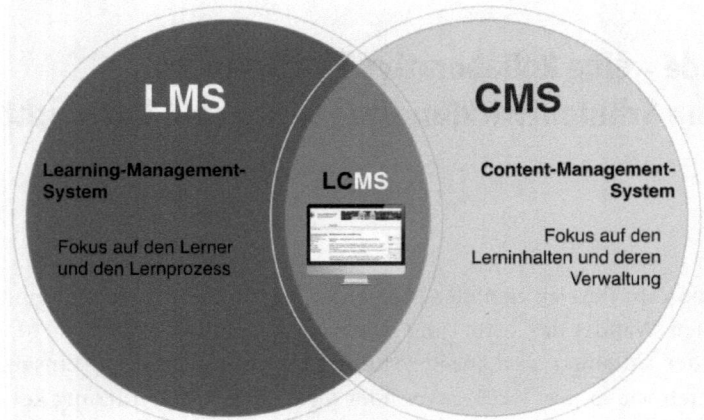

Abbildung 1: Abgrenzung und Überschneidungen zwischen Lern- und Content-Management Systemen (Quelle: eigene Grafik)

Lerngruppe – unabhängig vom jeweiligen Endgerät – zugänglich gemacht werden.

Abbildung 1 zeigt Unterschiede und Überschneidungsbereiche zwischen Lern-Management-Systemen (LMS) und Content-Management-Systemen (CMS). Eine qualitativ hochwertige Lernplattform verbindet beide Bereiche miteinander und leistet so durch diese Vernetzung der beiden Systeme einen entscheidenden Beitrag zur Integration digitaler Bildungsmedien in den Unterricht.

3. Aufbau und Kriterien eines „guten" Lern-Content-Management-Systems

Abbildung 2 zeigt funktionelle Bereiche eines für die Schule aus allgemeindidaktischer Sicht sinnvollen Lern- und Content-Management-Systems. Dabei finden sich neben den klassischen Content-Management-Bereichen, wie der Kurs- und Nutzerverwaltung, der Rollen- und Rechtevergabe sowie der Organisation und Darstellung von Lerninhalten, auch Werkzeuge, die den Lernprozess unterstützen, Evaluations- und Bewertungshilfen anbieten und die die direkte Kommunikation und Kollaboration innerhalb der Plattform ermöglichen.

Neben diesen funktionellen Bereichen lassen sich Kriterien beschreiben, die „gute" Lern-Content-Management-Systeme bieten sollten:
– Unterstützung kognitiver Prozesse
– Unterstützung kommunikativer Prozesse und des kollaborativen Austausches
– Einbindung interaktiver Zugänge zu (digitalen) Bildungsmedien
– Einfache Distribution von Inhalten
– Evaluations- und Feedbackmöglichkeiten

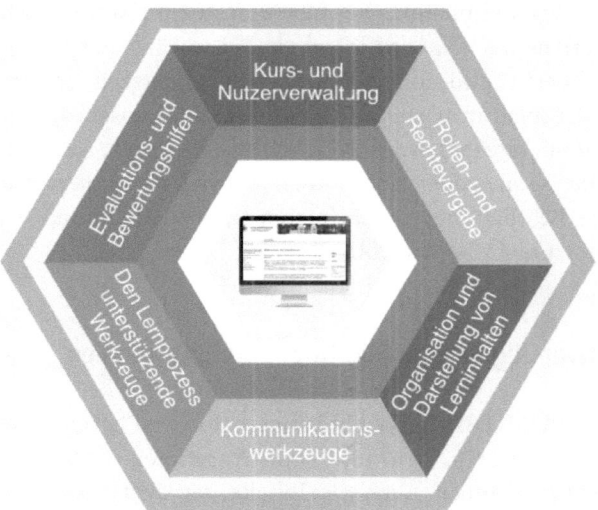

Abbildung 2: Funktionelle Bereiche eines Lern- und Content-Management-Systems (Quelle: eigene Grafik)

Am Beispiel der Plattform *schulbistum.de* soll beispielhaft skizziert werden, wie sich diese Kriterien in einer Plattform abbilden lassen.

3.1 Unterstützung kognitiver Prozesse

Durch die Einbindung von EDMOND NRW, dem digitalen Medienangebot des Medienzentrums NRW, lassen sich für Klassen, aber auch für einzelne Schülerinnen und Schüler, digitale Bildungsinhalte bereitstellen und zuweisen. Die Angebote sind kostenfrei abrufbar und können z.B. mit (Lern-)Aufgaben versehen werden. Dies ist eine Möglichkeit, den Lernern alternative und individuell abgestimmte Zugänge zu Lerngegenständen zu bieten. In die Plattform integrierte Werkzeuge – wie z.B. die Erstellung von *Wikis* – unterstützen den Aufbau von Wissensnetzen. So genannte *Courselets* bieten die Möglichkeit, fachliche Kompetenzen anhand einfacher Tests zu überprüfen.

3.2 Unterstützung kommunikativer Prozesse und des kollaborativen Austausches

Die einzelnen Mitglieder einer Arbeitsgruppe oder Klasse lassen sich über eine Mitgliederliste finden und kontaktieren. Innerhalb der Gruppe kann man über das Message-Board, Chat- und Blog-Funktionen kommunizieren. So ist eine synchrone wie asynchrone Kommunikation gegeben und auch Konzepte wie *„flipped classroom"*, eine Variante des *blended learnings*, bei welcher der Lerner Inhalte außerschulisch erarbeitet und innerhalb der Unterrichtszeit anwendet, lassen sich mit einer Lernplattform wie z.B. *schulbistum.de* umsetzen. Die kollaborative Bearbeitung von Aufgaben oder Projektarbeit lässt sich z.B. über *Wikis* steuern. Insgesamt liegen hier aber sicher noch Entwicklungspotenziale, denn z.B. eine gleichzeitige Bearbeitung von Dokumenten und Abbildung der Ergebnisse in Echtzeit ist noch nicht implementiert.

3.3 Einbindung interaktiver Zugänge zu (digitalen) Bildungsmedien

Neben der Einbindung von EDMOND NRW sind innerhalb der Plattform digitale Unterrichtsinhalte von *meinUnterricht.de* (mit Angeboten der Klett-Verlagsgruppe) kostenpflichtig abrufbar. Auch die Inhalte der deutschen digitalen Bibliothek sind eingebunden. Die Integration digitaler Schulbücher dürfte hier ein kommender und wichtiger Schritt sein.

3.4 Einfache Distribution von Inhalten

Für den Einsatz von Tablets oder Smartphones im Unterricht ist es von entscheidender Bedeutung, dass die erarbeiteten Inhalte an zentraler Stelle gesichert und orts- und zeitunabhängig wieder abgerufen werden können. Durch die Applikation *webweaver desktop*, wodurch Dateien von digitalen Endgeräten und stationären PCs in der eigenen Dateiablage oder in Dateiablagen z.B. des Kurses oder der Klasse abgelegt werden können, ist diese Funktion nutzerfreundlich umgesetzt. Neben der persönlichen Dateiablage, auf die nur der Nutzer Zugriff hat, lassen sich so für Klassen, Kurse, beliebige Arbeitsgruppen oder auch schulübergreifende AGs der Bistumsschulen Dateien distribuieren und verwalten. Auf der Ebene der Schulorganisation ist dies eine zentrale und wichtige Funktion, genauso wie für die Organisation des eigenen Unterrichts.

3.5 Evaluations- und Feedbackmöglichkeiten

Durch die Funktion *Formulare* können auf Schul- oder Klassenebene einfache Befragungen und Evaluationen durchgeführt werden. Die Ergebnisse können in Programme wie z.B. Excel exportiert und dort grafisch dargestellt werden.

4. Beispiel für den unterrichtlichen Einsatz von schulbistum.de

Über die Mediensuche (EDMOND NRW) lassen sich zu (fast) allen Unterrichtsthemen in den verschiedenen Fächern digitale Lernangebote und Bildungsmedien finden. Neben zahlreichen – durch die Medienzentren NRW lizensierten – Filmen findet sich dort z.B. das gesamte (sonst kostenpflichtige) Bildungsmaterial des GIDA-Verlages: Animationen, Grafiken (z.B. für die Erstellung von Referaten oder Portfolios), Arbeitsblätter und interaktive Tests sind so für Lehrerinnen und Lehrer jederzeit nutzbar. Vereinzelt sind auch komplette Software-Pakete (z.B. vom Schroedel-Verlag) abrufbar und können so ohne Mehrkosten von allen Nutzern auf den eigenen PCs installiert und damit auch unabhängig vom Schulbistum genutzt werden. Ein Beispiel aus dem Biologieunterricht soll die Verknüpfung digitaler und analoger Bildungsmedien im Unterricht verdeutlichen.

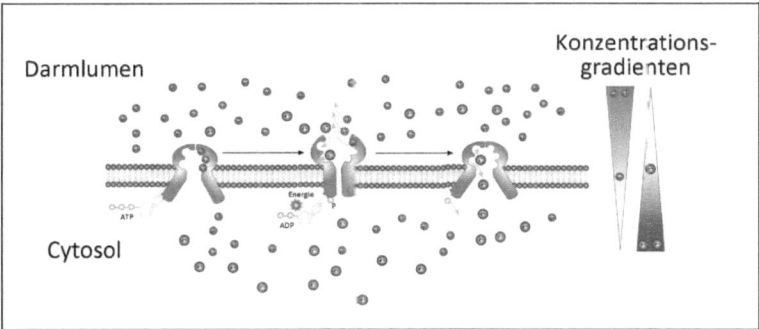

Abbildung 3: Schematische Darstellung eines aktiven Transportes durch die Zellmembran einer Dünndarmzelle (Quelle: eigene Grafik)

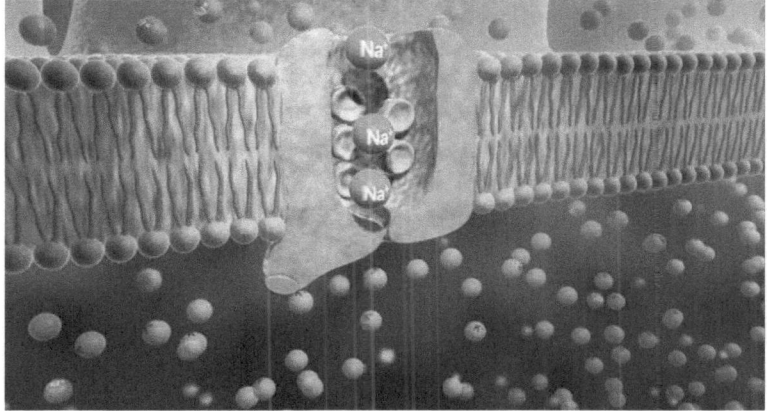

Abbildung 4: Screenshot der Animation „Transportmechanismen" (Quelle: © GIDA-Verlag (2012). Transportmechanismen (Sekundarstufe II) – Video-DVD und Online-Ressource)

Abbildung 3 zeigt eine schematische Darstellung eines aktiven Transports von Ionen durch eine Zellmembran von Dünndarmzellen. Der Transport erfolgt gegen einen Konzentrationsgradienten unter Aufwendung von Energie. Der gleiche Vorgang wird in einer Animation, die kostenlos im Schulbistum über EDMOND abrufbar ist, animiert dargestellt. Aus fachdidaktischer Perspektive bieten beide Darstellungen die Möglichkeit, z.B. auf besondere Aspekte aufmerksam zu machen: in der oberen Darstellung den Konzentrationsgradienten, in der unteren Darstellung (Abbildung 4) u.U. die dreidimensional erkennbare Passung von Ionen und den entsprechenden Bindungsstellen des Membranproteins. Für einige Schülerinnen und Schüler mag die animierte Darstellung notwendig sein für eine eigene Konstruktion des Verständnisses dieses Transportvorgangs, anderen reicht dafür die schematische Skizze aus.

Die Animation lässt sich durch die Lehrkraft ohne Zeitverlust und somit „on demand" im Unterricht abrufen (digitale Projektionsmöglichkeiten vorausgesetzt) und allen Schülerinnen und Schülern oder nur einer bestimmten Lerngruppe innerhalb einer Klasse zuweisen. Auch können Lehrerinnen und Lehrer für ihren Unterricht sinnvoll nutzbare Medien auf der Lernplattform speichern und ordnen, um so schnellstmöglichen Zugriff darauf zu haben.

Zusammengefasst ergeben sich durch die Einbindung von EDMOND NRW in die Lernplattform *schulbistum.de* folgende Konsequenzen für die Integration digitaler Bildungsmedien in den Unterricht:

1. Digitale Inhalte können nicht nur im Unterricht „on demand" abgerufen werden, sondern über eine Dateiablage allen Schülerinnen und Schülern eines Kurses oder einer Klasse zugänglich gemacht werden. Dadurch können Teile des Unterrichts verlagert werden und Aufgaben zeit- und ortsunabhängig bearbeitet werden.
2. Über die Dauer eines gesamten Kurses können Bildungsmedien gespeichert und bei Bedarf abgerufen werden.
3. In Verbindung mit anderen Werkzeugen der Lernplattform können digitale Medien über Links in Wikis oder selbst erstellte Webseiten eingebunden werden.
4. Zur Vorbereitung von Unterrichtseinheiten, Referaten, Projekten etc. können digitale Inhalte selektiv einzelnen Schülerinnen und Schülern oder Gruppen innerhalb von Klassen oder Kursen zugänglich gemacht werden.
5. Unter dem Aspekt der Binnendifferenzierung und individuellen Förderung können digitale Lernbausteine Schülerinnen und Schülern individuell zugeordnet und mit Lernaufgaben verknüpft werden.

Literatur

Breiter, A., Stolpmann, E. & Zeising, A. (2015). Szenarien lernförderlicher IT-Infrastruktur in Schulen. In Bertelsmann Stiftung (Hrsg.), *Individuell fördern mit digitalen Medien. Chancen, Risiken, Erfolgsfaktoren* (S. 164–218). Gütersloh: Verlag Bertelsmann Stiftung.

Heinen, R. & Kerres, M. (2015). Individuelle Förderung mit digitalen Medien. Handlungsfelder für die systematische, lernförderliche Integration digitaler Medien in Schule und Unterricht. In Bertelsmann Stiftung (Hrsg.), *Individuell fördern mit digitalen Medien. Chancen, Risiken, Erfolgsfaktoren* (S. 96–156). Gütersloh: Verlag Bertelsmann Stiftung.

Petko, D. (Hrsg.). (2010). *Lernplattformen in Schulen: Ansätze für E-Learning und Blended Learning in Präsenzklassen*. Wiesbaden: Springer VS.

Schaumburg, H. (2015). Chancen und Risiken digitaler Medien in Schule. Medienpädagogische und didaktische Perspektiven. In Bertelsmann Stiftung (Hrsg.), *Individuell fördern mit digitalen Medien. Chancen, Risiken, Erfolgsfaktoren* (S. 20–80). Gütersloh: Verlag Bertelsmann Stiftung.

Digitale Medien als Beitrag zur Unterrichtsentwicklung

Julia Bernabéu Reetz und Katja Kroll

Pädagogische Netzwerke als Plattform für kontinuierliche Unterrichtsentwicklung – zwei Praxisbeispiele der Neuen Schule Wolfsburg

1. Einleitung

Die Neue Schule Wolfsburg besteht seit 2009. Sie ist eine Integrierte Gesamtschule mit Primarstufe und als Ersatzschule in privater Trägerschaft staatlich anerkannt. Die Primarstufe umfasst acht jahrgangsgemischte Lerngruppen (Jahrgang 1 bis 4) mit jeweils 20 Schülerinnen und Schülern. Die Sekundarstufe I ist vierzügig und umfasst pro Jahrgang (Jahrgang 5 bis 10) ca. 90 Schülerinnen und Schüler. Die Sekundarstufe II umfasst zurzeit (Schuljahr 2016/17) die Jahrgänge 11 und 12, ebenfalls mit einer Jahrgangsgröße von ca. 90 Schülerinnen und Schülern. Das erste Abitur wird 2018 stattfinden.

2. Praxisbeispiel 1: Primarstufe

2.1 Eingangsdiagnostik zu Beginn der Primarstufe und Nutzung der Ergebnisse zur individuellen Förderung

Das erste Kennenlerntreffen für die neuen Kinder findet an einem Samstag vor den Osterferien statt. Die Kinder werden in Kleingruppen von fünf bis sechs Kindern eingeladen. Sie führen ein Kreisgespräch, machen mathematische, sprachliche und motorische Übungen und werden dabei von mehreren Lehrkräften beobachtet, die ihre Beobachtungen auf Bögen festhalten, die in unserem pädagogischen Netzwerk abgelegt sind.

Die Beobachtungen werden direkt vor Ort ausgewertet und den Eltern zurückgemeldet. Daraus können z.B. Therapieempfehlungen oder Empfehlung zu ärztlichen Untersuchungen resultieren, um eventuelle Auffälligkeiten noch vor Schuleintritt zu klären. Außerdem bieten wir für einige Kinder einen sogenannten Vorkurs an, für den die Kinder zwischen Oster- und Sommerferien einmal wöchentlich nachmittags in die Schule eingeladen werden.

Die Beobachtungen aus dem Kennenlerntag fließen auch in die Aufteilung der neuen Kinder auf die jahrgangsgemischten Lerngruppen ein.

Eine umfassende Eingangsdiagnostik findet zwischen Herbst- und Weihnachtsferien statt und wird von Mitarbeiterinnen und Mitarbeitern des ICBF der

Universität Münster in Form einer Einzeldiagnostik durchgeführt. Dabei werden Daten in den Bereichen allgemeine Intelligenz mit dem Grundintelligenztest Skala 1 (CFT 1-R; Weiß & Osterland, 2012), rechnerisches Denken mit der Skala Rechnen aus der deutschsprachigen Version der Kaufman Assessment Battery for Children (K-ABC; Kaufman & Kaufman, 2009) und sprachliche Begabung im Hinblick auf das Sprachverständnis aus der deutschsprachigen Version der Wechsler Preschool and Primary Scale of Intelligence (WPPSI-III; Wechsler, Petermann & Lipsius, 2014) erhoben. Diese Daten werden der Schule in Form von Zahlen (Prozentwert und Prozentrang) zur Verfügung gestellt, bei auffälligen Werten werden zu einzelnen Kindern auch Hinweise und Empfehlungen für den Unterricht gegeben.

Unterrichtlich wird den Ergebnissen vorwiegend durch innere Differenzierung Rechnung getragen. Auch die Teilnahme an bestimmten Angeboten in unserer „Golden Time Primar" kann daraus resultieren. Hierbei handelt es sich um zwei Wahlpflichtangebote in der Woche, in denen die Kinder zwischen vielfältigen Themen aus den Bereichen Kunst, Musik, Bewegung, Naturwissenschaften, Sprache, Mathematik, Kreativität, auswählen können und dort in Kleingruppen von ca. 8 bis 16 Kindern arbeiten.

Die Entscheidung, ob ein Kind nur drei Jahre im Primarbereich bleibt oder die Verweildauer um ein fünftes Jahr verlängert wird, kann unter Einbeziehung der diagnostischen Daten fundierter getroffen werden.

Weiterhin wird ab Ende des ersten Schuljahres regelmäßig die Hamburger Schreibprobe (HSP 1+ bis HSP 3; May, 2011) durchgeführt, um die Rechtschreibleistungen der Schülerinnen und Schüler zu erheben. Die Ergebnisse fließen in die Differenzierung im Unterricht ein. Bei Bedarf erhalten die Schülerinnen und Schüler zusätzliche Rechtschreibförderung.

3. Praxisbeispiel 2: Die Eingangsdiagnostik in der Sekundarstufe I der Neuen Schule Wolfsburg

3.1 Datenerhebung und Nutzung

Die zweite Diagnostik, die die Schülerinnen und Schüler der Neuen Schule Wolfsburg durchlaufen, ist die Eingangsdiagnostik zu Beginn des 5. Schuljahres in Form einer Gruppentestung im Klassenverband. Der Sekundarbereich ist doppelt so groß wie der Primarbereich. Es kommen zusätzlich zu den eigenen Primarschülerinnen und -schülern ca. 44 neue Schüler hinzu, die zum ersten Mal eine Testung durchlaufen. Bei den Schülerinnen und Schülern wird im Kontext der Begabungsdiagnostik der Grundintelligenztest CFT 20-R (Weiß, 2006) einschließlich der Zusatztests Wortschatztest und Zahlenfolgentest eingesetzt. Auch diese Diagnostik wird durch Mitarbeiter des ICBF der Universität Münster durchgeführt. Zusätzlich wird im Rahmen der Diagnostik das Leseverständnis mit dem Frankfurter Leseverständnistest (FLVT; Souvignier, Trenk-Hinterberger, Adam-Schwebe & Gold, 2008) und die Rechtschreibkompetenz mit dem Diagnostischen Rechtschreibtest für 5. Klassen (DRT 5; Grund, Haug & Naumann, 2003) getestet. Letztere werden zum Ende des 5. Schuljahres in einer Nachtestung wieder überprüft.

Eine Lernstandserhebung durchlaufen die Schülerinnen und Schüler zu Beginn des 8. Schuljahrs und zu Beginn der gymnasialen Oberstufe in Jahrgang 11 durch Teilnahme an der KESS-Untersuchung („Kompetenzen und Einstellungen von Schülerinnen und Schülern"), in der die individuellen Lernstände überprüft werden.

Ziel dieser diagnostischen Verfahren ist zunächst die Feststellung der individuellen Begabungen und der Lernkompetenzen der Schülerinnen und Schüler. Langfristig können durch die Auswertung der Daten jahrgangsbezogene Veränderungen in der Schülerstruktur im Zeitreihenvergleich festgestellt und ggf. die Ursachen dafür überprüft werden. Vor allem sollen die Schülerinnen und Schüler als Einzelne in ihrer Lernentwicklung beobachtet und ggf. unterstützt oder gefördert werden. Zusätzlich fließen die Erkenntnisse dieser Testverfahren in den Unterricht und in die Unterrichtsformate der Neuen Schule Wolfsburg ein.

3.2 Unterrichtsformate

Im Stundenplan der Sekundarstufe I findet sich in den Jahrgängen 5 bis 7 das Format „Golden Time" in einer Doppelstunde wieder, in dem die Schülerinnen und Schüler je nach ihrem individuellen Bedarf entweder in der Lernbegleitung, in einer Projektgruppe oder ab Jahrgang 6 in einer Facharbeitsgruppe arbeiten. In diesen Gruppen sollen die Schülerinnen und Schüler möglichst nah an ihren Begabungen und Lernständen arbeiten können. Zur Einteilung der Gruppen werden sowohl die Ergebnisse der Eingangsdiagnostik 5 als auch die Erfahrungen der unterrichtenden Lehrkräfte herangezogen. Die „Golden Time" liegt in den Jahrgängen auf Band und wird von acht Lehrkräften unterstützt, so dass möglichst kleine Gruppe entstehen, die gut unterstützt werden können.

In der Lernbegleitung kommen ca. acht Schülerinnen und Schüler zusammen, die die enge Bindung an die Klassenleitung benötigen, um den Schulalltag gut strukturiert zu bekommen. Sie erfahren individuelle Unterstützung von einer sehr vertrauten Lehrkraft und arbeiten alleine oder innerhalb der Kleingruppe zu Lernmethoden und Selbstorganisation, aber auch zu fachlichen Fragestellungen. Hier findet auch die Sprachförderung oder die zusätzliche Förderung der Kinder mit Inklusion statt.

In den vier Projektgruppen des 5. Jahrgangs werden kleine Projekte zu einem übergeordneten Thema angeboten, in das sich die Schülerinnen und Schüler einwählen können.

In den drei Projekten des 6. und 7. Jahrgangs werden Themen aus drei verschiedenen Bereichen angeboten, die je nach unterstützender Lehrkraft von Jahr zu Jahr variieren können. Die Größe der Gruppe beträgt ca. 15 Schülerinnen und Schüler, die selbstständig an ihrem Projekt arbeiten können. Ziel ist es, dass die Schülerinnen und Schüler diverse Methoden zum selbstständigen Arbeiten ausprobieren, üben und entwickeln können. Zum Schuljahresende werden die Ergebnisse in schriftlicher Form und/oder als Werkstück vorgestellt.

Neu in Jahrgang 6 ist die Facharbeitsgruppe, die in Anlehnung an das Forder-Förder-Projekt des ICBF der Universität Münster konzipiert ist. Die Schülerinnen und Schüler suchen sich ihr individuelles Thema nach Beratung mit der begleitenden Lehrkraft und ggf. mit Unterstützung von Fachlehrkräften. Sie werden sowohl in ihrem Entwicklungsprozess als auch in der hermeneutischen Herangehensweise unterstützt. Am Ende des Schuljahres stehen eine Facharbeit sowie eine Präsentation in Form einer PowerPoint oder eines Werkstückes. Die Größe der Gruppe beträgt ca. zwölf Schülerinnen und Schüler, die eine besondere Herausforderung benötigen und bewältigen können.

Alle Unterrichtsformate der „Golden Time" münden in den „Golden Day", in dem jede Schülerin und jeder Schüler das Ergebnis alleine oder in einer Kleingruppe präsentiert.

Die Ergebnisse der Rechtschreibkompetenz über den Diagnostischen Rechtschreibtest für 5. Klassen (DRT 5; Grund, Haug & Naumann, 2003) werden sowohl in der ersten Testung zu Beginn des 5. Jahrgangs wie auch in der zweiten Testung zum Schuljahresende der 5. Klassen durch das ICBF quantitativ ausgewertet. Ergebnisse mit einem T-Wert ≤ 40 werden nochmals zur qualitativen Auswertung an eine Lerntherapeutin weitergegeben. Anhand dieser letzten Auswertung erhalten die Deutschlehrer eine sehr präzise Diagnose über den Förderbereich des betroffenen Schülers. Idealerweise erhält der unterrichtende Deutschlehrer eine Frühlernzeit (0. Stunde) zur Förderung dieser Schüler in einer Kleingruppe, die aus Schülerinnen und Schülern seiner Klasse besteht. Darüber hinaus werden die Ergebnisse in die differenzierte Planung des Unterrichts eingebettet. Eine gezielte Differenzierung und Unterstützung findet dort statt. Zum Ende des Schuljahres dient die zweite Testung als Kontrolle des Lernzuwachses bei allen Schülerinnen und Schülern, aber ebenfalls zur Überprüfung der Wirksamkeit des gegebenen Förderunterrichts.

Im zweiten Teil der Sekundarstufe I (Klassen 8 bis 10) geht die „Golden Time" in die Wahlpflichtfächer über, in denen die Schülerinnen und Schüler aus dem Kursangebot (Informatik, Technik, Latein, Soziale Praxis, Kunst – Architektur – Design u.a.) wählen können. Für die Schülerinnen und Schüler, die weiterhin starke Unterstützung im Bereich Lernen benötigen, wird zusätzlich Vertiefungsunterricht angeboten. Dieser findet parallel zur zweiten Fremdsprache (Spanisch) statt, an der sie nicht mehr teilnehmen. Im Vertiefungsunterricht finden die Schülerinnen und Schüler ihre individuelle Unterstützung beim Lernen und sie werden in den Kernfächern Deutsch, Mathematik, Englisch und Naturwissenschaften unterstützt und gefördert. Wie während der Lernbegleitung in der "Golden Time" werden sie in ihrer Selbstorganisation und dem Lernenlernen weiterhin gestärkt. Ziel dieses besonderen Formates ist es, dass die Schülerinnen und Schüler aus dem Angebot gestärkt und selbstbewusst herausgehen und den für sie höchstmöglichen Abschluss erreichen.

Literatur

Boldt, H. (2013). Langzeiterhebung externer Eingangsdiagnostik. *Pädagogische Führung*, Ausgabe 1.

Boldt, H. (2013). Begabungsförderung in heterogenen Lerngruppen. In C. Fischer (Hrsg.), *Schule und Unterricht adaptiv gestalten*. Münster: Waxmann.

Grund, M., Haug, G. & Naumann, C. L. (2003). *Diagnostischer Rechtschreibtest für 5. Klassen (DRT 5)*. Göttingen: Beltz.

Kaufman, A. S. & Kaufman, N. L. (2009). *Kaufman Assessment Battery for Children (K-ABC)*, Deutschsprachige Fassung von Melchers, P. & Melchers, M. Frankfurt: Pearson.

May, P. (2011). *Hamburger Schreibprobe (HSP) 1+ bis 3*. Stuttgart: vpm.

Souvignier, E., Trenk-Hinterberger, I., Adam-Schwebe, S. & Gold, A. (2008). *Frankfurter Leseverständnistest (FLVT 5-6)*. Göttingen: Hogrefe

Wechsler, D., Petermann, F., Lipsius, M. (2014). *Preschool and Primary Scale of Intelligence – III Deutsche Version (WPPSI-III)*. Frankfurt: Pearson.

Weiß, R. (2006). *Grundintelligenztest Skala 2 – Revision (CFT 20-R)* Göttingen: Hogrefe.

Weiß, R. H. & Osterland, J. (2012). *Grundintelligenztest Skala 1 – Revision (CFT 1-R)*. Göttingen: Hogrefe.

Christian Spannagel

Flipped Classroom: Den Unterricht umdrehen?[1]

1. Flip your class!

Seit einiger Zeit ist ein Lehrkonzept unter dem Namen Flipped Classroom oder Inverted Classroom sowohl für die Hochschule als auch für die Schule sehr populär geworden (vgl. Bergmann & Sams, 2012; Handke & Sperl, 2012). Lehrvorträge, die bislang in der Vorlesung beziehungsweise in der Unterrichtsstunde gehalten wurden, werden im Flipped Classroom den Lernenden als Video zur Verfügung gestellt. Diese schauen sich die Videos zu Hause an und bereiten sich so auf die nächste Vorlesung oder Stunde vor. Dort haben sie dann die Gelegenheit, das Wissen, das sie anhand der Videos erworben haben, anzuwenden, zu üben und zu festigen, und zwar anhand von Aufgaben, die sie früher als Hausaufgaben aufbekommen haben. Die Aktivitäten werden also „umgedreht" (engl. to flip = umdrehen): Lehrervortrag zu Hause – Hausaufgaben in der Schule. Dies ermöglicht es der Lehrperson, mehr Zeit für individuelle Betreuung und Beratung dann zur Verfügung zu haben, wenn es notwendig ist, nämlich dann, wenn die Lernenden bei der Bearbeitung von Aufgaben Fragen haben. Und darüber hinaus haben die Lernenden die Möglichkeit, sich gegenseitig bei Aufgaben zu helfen, deren Lösungen sie früher vielleicht voneinander abgeschrieben hätten.

Die Idee des Flipped Classroom beruht auf der üblichen Kritik an Lehrervorträgen: Studierende sowie Schülerinnen und Schüler können Vorträgen nicht lange folgen, sie sind dabei im Wesentlichen rezipierend und nicht produktiv tätig, und darüber hinaus besteht keine Möglichkeit für Individualisierung und Differenzierung. Trotzdem würdigt die Methode die Bedeutung von Erklärungen und Demonstrationen: Menschen lernen auch dadurch, dass man von anderen Menschen etwas erläutert oder vorgeführt bekommt. Die Bereitstellung solcher Vorträge als Video ermöglicht es den Lernenden, sich selbstständig in ihrem eigenen Tempo mit den Inhalten zu befassen: Wenn man etwas nicht versteht, kann man das Video stoppen, das Ganze nochmal durchdenken, oder das Video erneut ansehen.

---

1   Dieser Artikel wurde zuerst veröffentlicht im sofatutor-Magazin Lehrer, vgl. http://magazin.sofatutor.com/lehrer/2013/10/23/flipped-classroom-unterricht-umdrehen/ [05.01.2017].

Christian Spannagel

2. Flipped Classroom in Hochschule – und Schule?

Für mich persönlich war die Entdeckung dieser Methode der Durchbruch für die Veränderung meiner eigenen Vorlesungen im Lehramtsstudium an der PH Heidelberg.[2] Früher habe ich 90-minütige Mathematikvorlesungen gehalten, immer mit dem unbefriedigenden Gefühl, dass „nur die Hälfte ankommt". Heute stelle ich den Studierenden Videos zur Verfügung, die sie zu Hause in Vorbereitung auf die Vorlesung ansehen – oder besser: durcharbeiten. Dazu vervollständigen sie Lückenskripte und beantworten Fragen auf Aufgabenblättern mit den Informationen aus den Videos. In der Vorlesung (die dann „Plenum" heißt) haben wir dadurch die Möglichkeit, Fragen zu den Videos gemeinsam zu besprechen, Aufgaben zu lösen und vertiefende Aspekte zu diskutieren. Außerdem konnte ich in meiner eigenen Vorlesung vormachen, was von Lehramtsstudierenden auch in der Schule verlangt wird: eine methodisch abwechslungsreiche Stunde zu gestalten und lernerzentriert zu arbeiten.

Ist der Flipped Classroom auch eine Methode, die in der Schule angewendet werden kann? Lehrervorträge wie beispielsweise die Demonstration eines Verfahrens (z.B. das Aufstellen und Ausgleichen von Reaktionsgleichungen in der Chemie, wie dies Birgit Lachner[3] gemacht hat) können den Schülerinnen und Schülern per Video zur Verfügung gestellt werden. Diese schauen sich das Video zu Hause an und übertragen das Gesehene gleich auf zwei, drei weitere ähnliche Situationen. In der Unterrichtsstunde selbst können dann Fragen dazu besprochen und sowohl ähnliche als auch schwierigere Aufgaben gelöst werden, zum Beispiel in Partnerarbeit. Die Lehrperson gewinnt dadurch die Zeit, die sie früher für die Erklärung in der Unterrichtsstunde benötigt hätte, für individuelle Betreuung von leistungsschwächeren Schülerinnen und Schülern. Auch hier ergibt sich also ein Potenzial für mehr schülerorientiertes Arbeiten.

3. Woher die Videos nehmen?

Im Flipped Classroom können unter anderem Videos aus dem Internet eingesetzt werden. Darüber hinaus kann die Lehrperson auch die Videos selbst erstellen (wie im Beispiel von Birgit Lachner). Hierzu können Bildschirmvideoprogramme wie beispielsweise HyperCam[4], Jing[5] oder Camtasia[6] eingesetzt werden. Mit diesen Programmen kann man alles, was auf dem Monitor passiert, aufzeichnen

---

2   Materialien und Informationen zur „Umgedrehten Mathematikvorlesung" verfügbar unter: http://tinyurl.com/umgedrehtemathevorlesung [05.01.2017].
3   YouTube-Kanal von Birgit Lachner: http://www.youtube.com/user/MsBirgi [05.01.2017].
4   HyperCam: http://de.hyperionics.com/hc/ [05.01.2017].
5   Jing: http://www.techsmith.de/jing.html [05.01.2017].
6   Camtasia: http://www.techsmith.de/camtasia.html [05.01.2017].

und parallel dazu sprechen. Die Aufzeichnung kann dann gemeinsam mit den Audiodaten als Video abgespeichert und zum Beispiel auf YouTube oder in das schuleigene E-Learning-System, wie beispielsweise Moodle, hochgeladen werden.

Darüber hinaus lassen sich heutzutage Videos bereits sehr einfach mit Smartphones und digitalen Fotoapparaten erstellen. Bei der Videoproduktion ist es allerdings wichtig, keinen zu großen Perfektionismus walten zu lassen. Dies ist im Schulalltag nicht zu leisten und letztlich auch nicht notwendig.

4. Vielfältige Einsatzmöglichkeiten für Videos im Unterricht

Eine übliche – berechtigte – Kritik beruht auf der Tatsache, dass viele Lehrerinnen und Lehrer bereits schülerzentrierten Unterricht weitgehend ohne Lehrervorträge machen und gar keine Notwendigkeit sehen, Lehrervorträge auszulagern. Klar ist: Wer schülerzentriert arbeitet, hat von dem „klassischen" Konzept des Flipped Classroom zunächst keinen Vorteil. Der Flipped Classroom ist eher als weitere Methode zu verstehen, den Unterricht schülerzentrierter zu gestalten, falls er es noch nicht ist. Wenn also eine Lehrperson der Meinung ist, dass sie zu viele Lehrervorträge hält, und wenn sie sich davon gerne befreien möchte, dann stellt der Flipped Classroom eine Möglichkeit (unter anderen) dar, die Unterrichtszeit für mehr Lerneraktivitäten frei zu machen.

Trotzdem gibt es auch für schülerzentrierten, offenen oder individualisierten Unterricht zahlreiche Möglichkeiten, Videos einzusetzen. In einem Workshop mit Berliner Lehrerinnen und Lehrern haben wir vielfältige Ideen zusammengetragen:
– Im Rahmen von Stationenlernen kann an einer Station ein Computer mit einem Video bereitgestellt werden.
– Erklärungen können einzelnen Schülerinnen und Schülern flexibel an die Hand gegeben werden, wenn diese sie benötigen (und andere nicht). So können beispielsweise auch Videos differenzierend eingesetzt werden, indem man leistungsstarken Schülerinnen und Schülern zusätzliche Erklärungen mit weiterführenden Konzepten zur Verfügung stellt.
– Tätigkeiten, die sich nur schwer einer größeren Gruppe demonstrieren lassen, können besser per Video gezeigt werden, wie beispielsweise Faltanleitungen oder Gitarrengriffe. Diese Demonstrationen können dann auch individuell ganz oder abschnittsweise immer wieder wiederholt werden, je nachdem, wie schnell Schülerinnen und Schüler die Prozesse nachvollziehen können.
– Videos mit geschichtlichen Originalaufnahmen oder Tierfilme können von Schülerinnen und Schülern auch zu Hause angesehen werden. Dies eröff-

net die Möglichkeit, die unsäglichen „Heute schauen wir mal einen Film"-Situationen aus der wertvollen Unterrichtszeit zu verbannen.
- Videos mit Erklärungen der Lehrperson können insbesondere auch für Schülerinnen und Schüler von großem Nutzen sein, die kurz- oder längerfristig krank sind. Darüber hinaus können frühere Erklärungen von Schülerinnen und Schülern in späteren Unterrichtssituationen nochmal nachgeschlagen werden („Wie war das damals nochmal?").
- Insbesondere in Ganztagsschulen kann der Einsatz von Videos eine Lernaktivität am Nachmittag darstellen.
- Videos können auch von Schülerinnen und Schülern selbst erstellt und dann anderen Schülerinnen und Schülern zur Verfügung gestellt werden. Hier ergeben sich Chancen für den Einsatz von Konzepten wie Lernen durch Lehren[7] und für den integrierten Erwerb von Kompetenzen in der Medienproduktion.

5. Vorsicht: Gefahr der „Inputorientierung"

Zum Abschluss soll noch auf ein Problem aufmerksam gemacht werden: Es besteht beim Einsatz des Flipped Classroom die Gefahr, einen zu stark inputorientierten Unterricht durchzuführen.

Anstelle des Ansehens von Erklärvideos sollten Begriffe und Konzepte in vielen Fällen besser von Schülerinnen und Schülern selbst erarbeitet werden (in Einzelarbeit, Gruppenarbeit oder auch in Unterrichtsgesprächen). Begriffserwerb und das Verstehen komplexer Inhalte benötigen oft die aktive Auseinandersetzung mit Situationen und Fragen, in denen die zu erlernenden Konzepte wesentlich sind. Solche reichhaltigen „Erarbeitungssituationen" sollten auf keinen Fall durch Erklärvideos ersetzt werden.

Keine Methode ist immer gut, sondern im Gegenteil: Methoden müssen hinsichtlich ihrer Eignung bezüglich fachlicher und fachdidaktischer Kriterien ausgewählt werden. Dies gilt natürlich auch für den Einsatz von (Erklär-)Videos. Somit sollten Videos immer dann eingesetzt werden, wenn sie zur Erreichung der Lernziele als das geeignetste Medium erscheinen.

Darüber hinaus können Videos gerade auch die aktive Auseinandersetzung mit einem Gegenstand motivieren. Sie können geeignete zu erforschende Situationen zeigen und Impulse für die eigene Weiterarbeit geben. Diese Idee verfolgen wir zurzeit in unserem MOOC „Mathematisch denken!", in dem es

---

7 Informationen zum Lernen durch Lehren bzw. LdL nach Jean-Pol Martin, verfügbar unter http://www.ldl.de [05.01.2017].

neben Erklärvideos insbesondere auch Videos gibt, die mathematikhaltige Situationen aufzeigen und die zum eigenen Weiterarbeiten anregen[8].

6. Kleine Schritte – große Wirkung

Wie bei vielen Methoden gilt: Experimentieren ist ausdrücklich erlaubt! Jede Lehrerin und jeder Lehrer kann Methoden wie den Flipped Classroom aus der eigenen Perspektive und dem eigenen unterrichtlichen Handeln heraus für sich weiterentwickeln, Einsatzmöglichkeiten in den jeweiligen spezifischen Kontexten erfinden und auftretende Schwierigkeiten mit kreativen Lösungen meistern. Dabei muss man nicht gleich von Anfang an seinen Unterricht komplett umstellen. Im Gegenteil: Es ist bestimmt sinnvoll, erst einmal kleine Schritte zu gehen und mit den neuen methodischen und technischen Möglichkeiten zu spielen.

Literatur

Bergmann, J. & Sams, A. (2012). *Flip your classroom. Reach every student in every class every day*. Eugene, Oregon: ISTE.

Handke, J. & Sperl, A. (Hrsg.). (2012). *Das Inverted Classroom Model. Begleitband zur ersten deutschen ICM Konferenz*. München: Oldenbourg Verlag.

---

8 MOOC = „Massive Open Online Course"; MOOC „Mathematisch denken!", verfügbar unter: https://www.iversity.org/courses/mathe-mooc-mathematisch-denken [05.01.2017].

Benedikt Wisniewski und Markus Engl

Unterrichtsfeedback per Smartphone-App

Feedback von Schülerinnen und Schülern an ihre Lehrer ist laut aktueller Unterrichtsforschung eines der wirksamsten Mittel, um den Lernerfolg zu erhöhen. FeedbackSchule ist eine Software, mit der Lehrkräfte mit minimalem Zeitaufwand Rückmeldungen von Schülerinnen und Schülern oder von Kolleginnen und Kollegen zu ihrem Unterricht einholen können. Sie wird am Ludwigsgymnasium Straubing seit Februar 2015 in einem Pilotversuch getestet.

> *„If the teacher's lens can be changed to seeing learning through the eyes of students, this would be an excellent beginning."* (Hattie, 2009, S. 252)

1. Warum Feedback?

Die empirische Unterrichtsforschung der letzten Jahre konnte auf die Frage „Was ist guter Unterricht?" zunehmend substanzielle Antworten geben. Dabei zeigte sich der erhebliche Einfluss, den Lehrpersonen als aktiv steuernde Regisseure von Unterricht auf den Lernerfolg ihrer Schülerinnen und Schüler haben. Als besonders einflussreich hat sich in diesem Zusammenhang die Variable „Feedback" erwiesen. „Unterricht mit den Augen der Lernenden sehen", „kognitive Empathie" oder das „Lernseits von Unterricht" sind verschiedene Begriffe für ein und dasselbe Konzept, nämlich das Einholen von Rückmeldungen über Unterricht und die entsprechende Anpassung und Optimierung. Wichtig ist dabei, dass Feedback kein Beurteilungs- oder Kontrollinstrument darstellt, sondern ein Werkzeug zur Selbstreflexion. Rückmeldungen werden stets nur an diejenige Person gegeben, um die es geht (Wisniewski & Zierer, 2017).

Feedback durch Schüler führt nachweisbar zu sehr hohen positiven Effekten auf den Lernerfolg. Diese Effekte sind höher als die nahezu aller anderen pädagogischen Maßnahmen. Feedback von Schülern an ihre Lehrer gehört zu den wirkungsmächtigsten Faktoren auf den Lernerfolg. In der breit angelegten Synthese von Metaanalysen von Hattie (2009) schafft es Feedback von Schülerinnen und Schülern an ihre Lehrpersonen (formative Evaluation) mit einer Effektstärke[1] von 0.90 in die Top 5 aller gemessenen Einflussgrößen (siehe

---

1 Das Effektstärke-Maß beschreibt die Größe eines statistischen Effekts als Vergleich der Mittelwerte einer Experimental- und einer Kontrollgruppe. Die Effektstärke gibt Auskunft über die praktische Bedeutsamkeit einer solchen Mittelwertdifferenz. Die Einheit der Effektstärke ist die Standardabweichung, wodurch es möglich ist, verschiedene Studi-

Abbildung 1). Im Vergleich hat die Reduktion der Klassengröße beispielsweise eine Effektstärke von lediglich 0.21. Dies ist besonders deswegen bedeutsam, da die Einführung von Feedback im Gegensatz zu teuren strukturellen Maßnahmen quasi ohne finanzielle Investitionen erfolgen kann.

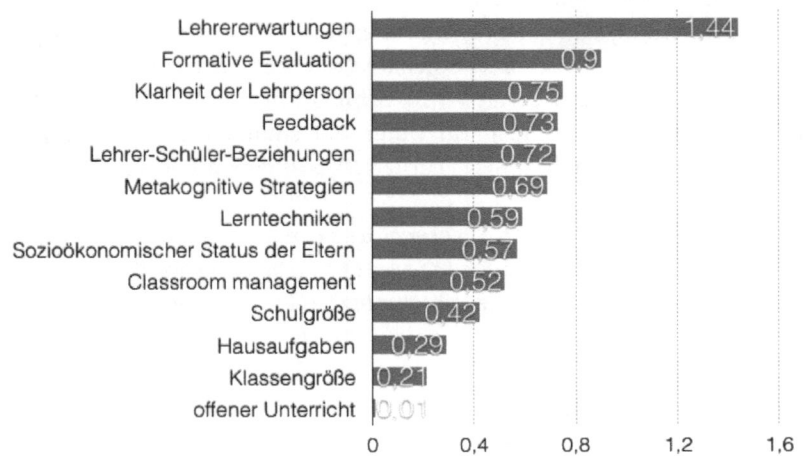

Abbildung 1: Effektstärken verschiedener Faktoren auf den Lernerfolg (Hattie, 2009)

Die Vorteile von Feedback für die gesamte Schulfamilie sind vielfältig:

Tabelle 1: Vorteile von Unterrichtsfeedback

für die Schulleitung	für Lehrkräfte	für Schüler
Der Begriff „Feedback-Kultur" wird im Moment inflationär gebraucht und bleibt in den meisten Fällen eine Worthülse. Eine schrittweise Etablierung der tatsächlichen Anwendung von Unterrichtsfeedback ist ein echtes Alleinstellungsmerkmal für eine Schule.	Feedback zeigt „blinde Flecken" auf. Es liefert Informationen über die Bereiche, die man selbst nicht erkennt oder nicht für wichtig hält.	Die Unterrichtsqualität steigt.
Unterrichtsdiagnostik kann ein Schritt in Richtung Qualitätsentwicklung sein.	Das Erleben der Wirksamkeit des eigenen Unterrichts ist ein Schutz vor Erschöpfung („burn-out"), fehlende Rückmeldungen sind ein wesentlicher Risikofaktor für Erschöpfungsdepressionen.	Feedback bietet eine Möglichkeit der Mitbestimmung.

en miteinander zu vergleichen, was ihre Wirksamkeit betrifft. Konventionell werden Effektstärken ab 0.2 als klein, ab 0.5 als mittel und ab 0.8 als groß eingestuft (Bortz, 2006).

für die Schulleitung	für Lehrkräfte	für Schüler
Initiativen der Unterrichtsdiagnostik werden seitens der Eltern und Schüler hoch geschätzt.	Unterrichtsqualität und eigene Handlungsmöglichkeiten können durch Feedback das Klagen über Schülermerkmale oder strukturelle Defizite als dominierende Gesprächsthemen ersetzen.	Feedback trägt zur Demokratisierung von Schule bei.
Feedback beugt Beschwerden vor.	Schülerfeedback beugt unseriösen Praktiken (früher „spick-mich.de", jetzt Facebook und Whats App) vor und nimmt diesen den Wind aus den Segeln.	

Bis heute existiert zum Thema Unterrichtsfeedback relativ wenig Forschungsliteratur, die bisherigen Befunde sind aber eindeutig: Unterrichtsfeedback führt zu einer Steigerung der Unterrichtsqualität (Bastian et al., 2007; Buhren & Reitz, 2007; Helmke, 2012), erhöht den Lernerfolg der Schüler(innen) (Hattie, 2009), wirkt sich im Sinne des Gewinns von Sicherheit und Erfahrung von Selbstwirksamkeit positiv auf die Berufszufriedenheit und Gesundheit von Lehrpersonen aus (Enns et al., 2004), stärkt die Beziehungen zwischen Lehrpersonen und Schüler(inne)n (Gärtner, 2013) und begünstigt einen lösungsorientierten Umgang mit Problemen (Enns et al., 2004).

Dabei kommt immer wieder die Frage auf, ob Schülerinnen und Schüler Unterricht überhaupt kompetent beurteilen können. Die empirische Forschungslage ist auch zu dieser Frage eindeutig: Die Evaluation des Unterrichts von Lehramtspraktikant(inn)en durch Schüler deckt sich in hohem Maße mit den tatsächlichen Examensergebnissen (Cortis & Grayson, 1978). Es liegt zudem eine hohe Übereinstimmung zwischen der Selbsteinschätzung der Lehrkräfte und der Fremdeinschätzung der Schüler(innen) vor (Peterson, 2000) und oft befürchtete Einflüsse der Bewertungspraxis der Lehrperson auf die Rückmeldungen der Schüler(innen) sind nicht nachweisbar (Aleamoni, 1981).

2. Warum hat sich Feedback noch nicht durchgesetzt?

Die empirischen Befunde zur hohen Wirksamkeit von Feedback würden nahelegen, dass dieses bereits ein elementarer Bestandteil der Unterrichtswirklichkeit ist. Dies ist nicht der Fall.

Obwohl für die Länder Berlin und Brandenburg eine relativ gut handhabbare Möglichkeit zum Einholen von Unterrichtsfeedback geschaffen wurde, nutzen nur sehr wenige Lehrer diese Möglichkeit: „Im [...] Schuljahr [2012] haben nur zwei Prozent der Lehrer das Internet-Bewertungsportal des Instituts für Schulqualität der Länder Berlin und Brandenburg (ISQ) für anonyme Befragungen genutzt. In den beiden Vorjahren waren es noch weniger. Laut einer aktuellen Studie von Richter und Pant (2016) geben 35 % der befragten Lehrpersonen an, regelmäßig Feedback von ihren Schüler(inne)n einzuholen und nicht einmal jeder Zehnte hospitiert häufiger im Unterricht anderer Lehrer.

Ein möglicher Grund für den geringen Einsatz von bisher verfügbaren Feedback-Instrumenten ist der hohe Zeitaufwand, der mit der Nutzung von Paper-pencil-Verfahren verbunden ist. Dieser beträgt für übliche Fragebögen alleine für die Evaluation einer einzelnen Unterrichtsstunde in einer Klasse 45 Minuten und mehr.

Sicherlich spielen auch Ängste von Lehrkräften eine Rolle, negative Rückmeldungen zu bekommen und den Status der „Unantastbarkeit" des eigenen beruflichen Handelns aufgeben zu müssen. Dass Lehrer(innen) Schüler(innen) bewerten, aber nicht umgekehrt, ist Teil der *grammar of schooling* (Tyack & Tobin, 1994), einem Regelsystem von grundlegenden, überdauernden, institutionellen Merkmalen von Schule, die sich nur schwer verändern lassen.

3. FeedbackSchule – Unterrichtsfeedback per App

Die Intention von FeedbackSchule ist es, zur Verbesserung von Schule beizutragen, indem Lehrer ihren Unterricht durch die Augen ihrer Schüler sehen können. Dies war zwar schon bisher mit verschiedenen Instrumenten möglich, die neue Idee ist jedoch, aussagekräftiges Feedback effizient und unkompliziert zu machen. Da das Einholen von systematischen Rückmeldungen bisher einen erheblichen Zeitaufwand erforderte, bietet FeedbackSchule eine technische Lösung, die das Austeilen, Einsammeln und Auswerten von Fragebögen per Hand überflüssig macht. Lehrerinnen und Lehrer können Fragebögen zu ihrem Unterricht oder anderen schulisch relevanten Bereichen an ihre Schüler weitergeben und diese beantworten ihre Fragen innerhalb weniger Minuten und absolut anonym per App oder einer Webanwendung. Die Fragebögen können von Lehrkräften entweder selbst erstellt werden oder diese greifen auf fertige Fragebögen zurück, die Teil des Angebotes von FeedbackSchule sind und auf empirischen Erkenntnissen der Unterrichtsforschung basieren. Die Items der angebotenen Fragebögen beziehen sich auf Merkmale des Unterrichts, nicht der Person und können jeweils auf einer vierstufigen Skala von „trifft nicht zu" bis „trifft zu" beantwortet werden. Alle Ergebnisse sind selbstverständlich nur für die jeweilige Lehrkraft selbst einsehbar. Auf diese Weise ist es möglich, dass an Schulen eine tatsächliche Feedback-Kultur entsteht.

Mit FeedbackSchule ist für Lehrkräfte ein Perspektivenvergleich möglich zwischen der eigenen Sicht auf Unterricht und der Einschätzung der Schülerinnen und Schüler. Zudem ermöglicht die Software den Vergleich mit der Einschätzung von Kollegen und eignet sich daher zum Einsatz im Rahmen kollegialer Hospitationen. Die Beantwortung per App eröffnet die Möglichkeit eines Feedbacks in Echtzeit.

Die Ergebnisse, die durch eine Befragung zustande kommen, sind lediglich für die Person einzusehen, die diese Befragung freigegeben hat. Insofern ist FeedbackSchule ein Diagnose- und Reflexionsinstrument und eignet sich weder für Beurteilungszwecke noch zum „Lehrer-Bashing".

4. Pilotversuch am Ludwigsgymnasium Straubing

Seit Februar 2015 wird FeedbackSchule am Ludwigsgymnasium Straubing in allen Jahrgangsstufen eingesetzt. Zur Implementierung wurden folgende Maßnahmen getroffen:
– Vorstellung des Projektes in der Lehrerkonferenz (11.02.2015);
– schulinterne Lehrerfortbildung zur Verwendung der Software (03.03.2015);
– Einrichtung einer Arbeitsgruppe, die bei regelmäßigen Terminen die bisherigen Erfahrungen sammelt und Maßnahmen zur weiteren Implementierung vorschlägt;
– Prä-Post-Erhebung: Erhebung von Schüler- und Lehrereinstellungen vor und nach einer sechsmonatigen Testphase, danach statistische Auswertung möglicher Effekte.

Die Erfahrungen bis jetzt zeigen, dass trotz bestehender Widerstände und Ängste in Teilen des Kollegiums günstige Veränderungen beobachtbar sind: Der Schwerpunkt der Gespräche hat sich bei den teilnehmenden Lehrkräften verschoben – weg von Klagen über strukturelle Defizite und hin zu Fachgesprächen über die Unterrichtspraxis.

Der intensive Einsatz durch zwei Seminarlehrkräfte zeigt außerdem den Nutzen eines funktionierenden Feedback-Instruments für die Lehrerbildung. Hier bietet Unterrichtsfeedback die Möglichkeit von kontinuierlicher Reflexion des eigenen Unterrichts an klar definierten Qualitätskriterien abseits der Bewertungspraxis.

Zusätzlich zum Unterrichtsfeedback wurde FeedbackSchule am Ludwigsgymnasium auch schon zweimal zur Durchführung von umfangreichen Schulumfragen bei Schüler(inne)n und Eltern verwendet.

Die an der Pilotschule bisher gewonnene Haupterkenntnis ist die, dass nach einem eingeholten Feedback für die Feedback-Geber stets Konsequenzen aus der Befragung klar erkennbar sein müssen. Ein Feedback um seiner selbst Willen ist kontraproduktiv und führt zu einer Demotivierung der Befragten.

5. Ausblick

Nachdem spätestens durch die umfangreichen Forschungsbefunde von John Hattie im Jahr 2009 auch in der normativ und forschungsdilettantisch geprägten deutschen Pädagogik eine empirische Wende eingeleitet wurde, ist die Definition von Unterrichtserfolg anhand tatsächlicher Wirkungen irreversibel: „Schule und Unterricht müssen sich daran messen lassen, welchen nachweislichen Ertrag sie bei ihrer Klientel, den Schülerinnen und Schülern erzielen" (Helmke, 2012, S. 14). In diesem Sinne ist Unterrichtsfeedback – ob durch Schüler(innen) oder Kolleg(inn)en – ein wesentlicher Bestandteil der Professionalisierung des Lehrerberufs. Eine solche „zeigt sich u.a. darin, wie intensiv und kompetent man in der Ausübung eines Berufs versucht, sich über die Bedingungen und die Qualität des eigenen Handelns immer wieder zu vergewissern und dies nicht nur nach dem subjektiven Augenschein oder in kollegialer Selbstvergewisserung zu tun, sondern auch ‚harte', ‚verlässliche', ‚externe' Daten heranzuziehen" (Schlömerkemper, 2001, S. 312). Bei allen Bedenken, die manche Lehrpersonen gegenüber Unterrichtsfeedback haben, muss eines konstatiert werden: Es gibt kein rationales Argument dagegen.

Literatur

Aleamoni, L. M. (1981). Student ratings of instruction. *Handbook of teacher evaluation, 110*, 145.

Bastian, J., Combe, A., & Langer, R. (2007). *Feedback-Methoden: Erprobte Konzepte, evaluierte Erfahrungen.* Weinheim; Basel: Beltz.

Bortz, J. (2006). *Statistik: Für Human- und Sozialwissenschaftler.* Berlin: Springer.

Buhren, C. G. & Reitz, N. (2007). Schülerselbstbeobachtung. Erfahrungen aus einem Modellversuch zur Steigerung von Selbstständigkeit und Selbstwirksamkeit im Unterricht. In K.-O. Bauer (Hrsg.), *Evaluation an Schulen. Theoretischer Rahmen und Beispiele guter Evaluationspraxis* (S. 53–79). Weinheim: Beltz.

Cortis, G. & Grayson, A. (1978). Primary school pupils perceptions of student teachers performance. *Educational Review, 30*(2), 93–101.

Enns, E., Rüegg, R., Schindler, B. & Strahm, P. (2002). *Lehren und Lernen im Tandem. Porträt eines partnerschaftlichen Fortbildungssystems.* Bern: Zentralstelle für Lehrerinnen- und Lehrerfortbildung des Kantons Bern.

Gärtner, H. (2013). Wirksamkeit von Schülerfeedback als Instrument der Selbstevaluation von Unterricht. In J. Hense, S. Rädiker, W. Böttcher & T. Widmer (Hrsg.), *Forschung über Evaluation. Bedingungen, Prozesse und Wirkungen* (S. 107–124). Münster: Waxmann.

Hattie, J. (2009). *Visible learning: A synthesis of over 800 meta-analyses relating to achievement.* London: Routledge.

Helmke, A. (2012). *Unterrichtsqualität und Lehrerprofessionalität. Diagnose, Evaluation und Verbesserung des Unterrichts* (4. Aufl.). Seelze: Klett.

Peterson, K. D. (2000). *Teacher evaluation: A comprehensive guide to new directions and practices.* Thousand Oaks: Corwin Press.

Richter, D. & Pant, H. A. (2016). *Lehrerkooperation in Deutschland. Eine Studie zu kooperativen Arbeitsbeziehungen bei Lehrkräften der Sekundarstufe I.* Verfügbar unter: http://www.bosch-stiftung.de/content/language1/html/publikationen.asp?output=html&action=detail&guid=4da938ad-b8f3-4c01-b1cb-cb5a136d7817&language=de&fallback=true&back=back [29.03.2016].

Schlömerkemper, J. (2001). Leistungsmessung und die Professionalität des Lehrberufs. In F. E. Weinert (Hrsg.), *Leistungsmessungen in Schulen* (S. 311–321). Weinheim: Beltz.

Tyack, D. & Tobin, W. (1994). The "grammar" of schooling: Why has it been so hard to change? *American Educational Research Journal, 31*(3), 453–479.

Wisniewski, B. & Zierer, K. (2017). *Visible Feedback: Ein Leitfaden für erfolgreiches Unterrichtsfeedback.* Baltmannsweiler: Schneider.

Digitale Medien als pädagogische Herausforderung

Barbara Buchalle und Marita Niggemann-Werth

Soziales Lernen am Fürstenberg-Gymnasium in Recke

1. Einleitung

Montagmorgen, zweite Schulwoche nach Beginn des neuen Schuljahres. Im DRK-Heim Recke sieht man eine Klasse 5 und zwei Lehrerinnen im Stuhlkreis sitzen. Es werden Namensspiele gespielt, Plätze gewechselt, Hobbys und besondere Vorlieben erfragt. Die Stimmung ist noch etwas verhalten, der Geräuschpegel niedrig.

Dienstagmittag – eineinhalb Tage später, gleicher Ort, dieselben Personen. In lockerer Atmosphäre findet eine Abschlussrunde statt; es geht laut und lustig zu. „Wir haben uns viel besser kennen gelernt. Jetzt fühle ich mich wohl in meiner Klasse!" Diese oder ähnliche Äußerungen fallen oft in der Abschlussrunde.

In der Zwischenzeit haben sich die Schülerinnen und Schüler mit einer Geschichte beschäftigt, die ihnen die Bedeutung des Zusammenhalts in der Klasse veranschaulicht, Steckbriefe gebastelt, Teamspiele gespielt, bei denen es auf gegenseitige Unterstützung ankommt, und erste Regeln für das Miteinander in der Klasse entwickelt. Begleitet wurden sie dabei von ihrer Klassenlehrerin und einer weiteren Kollegin, aber auch ihren Klassenpaten, Schülerinnen und Schülern aus der 9. Klasse, die den Neulingen beim Einstieg in die fremde, große Schule mit Rat und Tat zur Seite stehen.

Die „K(k)lasse-Werden-Tage" zu Beginn des 5. Schuljahrs sind der erste Baustein im „Curriculum Soziales Lernen", das seit einigen Jahren eine wichtige Grundlage für die Erziehung der Schülerinnen und Schüler zu Teamfähigkeit, Kommunikationsfähigkeit und Empathiefähigkeit bildet.

2. Wie kommt eine Schule dazu, ein „Curriculum Soziales Lernen" zu erstellen?

Da steht zunächst einmal die Erfahrung, dass es immer wieder Verhaltensweisen bei Schülerinnen und Schülern gibt, die zu Konflikten führen – mit den Mitschüler/innen, aber auch im Unterricht mit den Lehrern. Die Frage, wie diesen Verhaltensweisen wirksam begegnet werden kann, stand im Mittelpunkt einer Kollegiumsfortbildung. Schnell wurde deutlich, dass eine Fortbildung allein nicht ausreicht, sondern auch ein Konzept zur Prävention notwendig ist, das ein gutes Miteinander in der Klasse fördert und den einzelnen Schüler stärkt.

Gleichzeitig fordert Bildung auf der Grundlage des christlichen Menschenbildes, den ganzen Menschen mit all seinen Fähigkeiten und Möglichkeiten zu sehen. So kann schulisches Lernen nicht nur ein kognitiver Akt der Wissensvermittlung sein, sondern soll die Entfaltung der Persönlichkeit des Einzelnen insgesamt fördern. Dazu gehört auch zu lernen, in altersangemessener Weise für sich und für andere Verantwortung zu übernehmen.

Vor diesem Hintergrund entstand der Auftrag, schon bestehende und bewährte Projekte aus dem Bereich des sozialen Lernens und neue Ideen zu einem Gesamtkonzept zu verbinden.

Den ersten Baustein bilden die „K(k)lasse-Werden-Tage" in Klasse 5, die die Fünftklässler beim Einleben in die neue Schule unterstützen und die Bildung einer guten Klassengemeinschaft fördern sollen. Unterstützt werden sie dabei von den „Fitten Paten", Schüler/innen der Klasse 9, die speziell für die Begleitung und Unterstützung der Fünftklässler ausgebildet wurden.

Ein zweiter Baustein beschäftigt sich mit Problemen, die sich durch die Nutzung der neuen Medien ergeben. Im Rahmen dieses Bausteins werden 8 bis 10 Schüler/innen der Klasse 9 unter Begleitung von zwei Lehrern zu „Netzwerkscouts" ausgebildet. Ihre Aufgabe ist es, ihre eigene Medienkompetenz zu erweitern und diese Kompetenzen auch auf ihre Mitschüler/innen zu übertragen. Dies tun sie, indem sie im Sine einer Peergroup-Education für Fragen, die den Umgang mit Neuen Medien betreffen, als Ansprechpartner für ihre Mitschüler/innen zur Verfügung stehen. Außerdem bereiten sie einen „Medienkompetenztag" für die 5. Klassen mit vor. Das Ziel dieses Bausteines ist, die Schüler/innen zu einer sicheren, kreativen und verantwortungsvollen Mediennutzung zu erziehen.

Konkret ist dieser Baustein so organisiert, dass die Schüler/innen im ersten Quartal der Klasse 9 begleitet von den beiden zuständigen Kollegen zu einem 2,5-tägigen Vorbereitungsseminar in die Jugendbildungsstätte Tecklenburg fahren. Dort werden sie in den Bereichen „Erstellung von Profilbildern, Soziale Netzwerke, Cybermobbing und rechtliche Grundlagen" fortgebildet. Anschließend finden in der Schule 14-tägig nachmittags Treffen statt, in denen die Netzwerkscouts vorwiegend den Medienkompetenztag, der nach den Osterferien für die 5. Klassen stattfindet, vorbereiten. Gleichzeitig bieten die Scouts in bestimmten Pausen offene Sprechstunden für alle Mitschüler/innen an. Bei Bedarf können sie auch von Klassenlehrern angefragt werden, um in den Klassen gezielt Themen oder Konflikte, die sich aus dem Umgang mit neuen Medien ergeben, zu besprechen.

Ergänzend finden im Rahmen dieses Projektes eine Lehrerfortbildung und ein Elternabend zum Thema „Umgang mit neuen Medien" statt. Beide werden geleitet von einem Medienpädagogen der Jugendbildungsstätte Tecklenburg.

Dieser Baustein ist ein gutes Beispiel dafür, dass „Soziales Lernen" nur funktionieren kann, wenn alle Beteiligten einbezogen werden und gleichzeitig kompetente Kooperationspartner als Experten zur Verfügung stehen.

Auch für den dritten Baustein, das „Spotlight-Projekt" gegen Mobbing, steht mit dem asb (*a*rbeitskreis *s*oziale *b*ildung und beratung e.V.) ein wichtiger Kooperationspartner zur Verfügung. „Spotlight" ist ein theaterpädagogisches Projekt, das in den 6. Klassen von speziell hierfür vom asb fortgebildeten Kolleginnen und Kollegen durchgeführt wird. Hinzu kommt ein Elternabend, der die Eltern darüber aufklärt, was genau Mobbing ist und wie Eltern im Fall von Mobbing reagieren sollten.

Der vierte Baustein richtet sich an die 8. Klassen: In einem Klassengemeinschaftstag zu Beginn des Schuljahres wird die Situation der Klasse reflektiert und die Klassengemeinschaft durch ein erlebnispädagogisches Teamtraining gestärkt. Der Alkohol-Präventionstag in Zusammenarbeit mit der offenen Jugendarbeit in Recke und der Suchtberatung des Caritasverbandes Tecklenburger Land runden das Präventionsprogramm im Rahmen des sozialen Lernens ab.

In der EF lernen die Schülerinnen und Schüler in einem dreiwöchigen Sozialpraktikum eine soziale Einrichtung und den Umgang mit den Menschen dort kennen. Ob im Kindergarten, im Krankenhaus, bei der Polizei oder der Bahnhofsmission, in der unmittelbaren Umgebung der Schule oder im Ausland – diese Zeit bietet den Schülerinnen und Schülern die Gelegenheit, sich selbst und auch unsere Gesellschaft auf neue Weise kennenzulernen und die im Laufe ihrer Schullaufbahn gewonnenen Sozialkompetenzen praktisch anzuwenden. Auf diese Weise können sie die Notwendigkeit, in unserer Gesellschaft soziale Verantwortung zu übernehmen, in einem kleinen Bereich selbst erfahren.

So führt der Weg des „Curriculum Soziales Lernen" ausgehend von der Stärkung des Einzelnen zur Übernahme von Verantwortung in der Gemeinschaft: zuerst in der eigenen Klasse, dann über die Klassengrenzen hinweg im größeren Rahmen der Schule und schließlich auch über die Schule hinaus in unserer Gesellschaft.

Mit der „Initiative Eltern und Medien" die Erziehungspartnerschaft zwischen Eltern und Kindern stärken

1. Ein Angebot der Landesanstalt für Medien NRW

Die „Initiative Eltern und Medien" bietet seit vielen Jahren kostenfreie Informationsveranstaltungen für Eltern von Kindern aus Vor-, Grund- und weiterführenden Schulen.[1] Einblicke in aktuelle Medientrends und -nutzungsweisen, Tipps zum geeigneten Umgang mit (digitalen) Medien in der Familie und Anregungen, auch einmal gemeinsam kreativ mit Medien zu gestalten, motivieren Eltern, sich mit der Faszination, den Risiken und auch den Potenzialen aktueller Medien konstruktiv auseinanderzusetzen. Johannes Wentzel, Referent der „Initiative Eltern und Medien" stellte Inhalte und Intention einer solchen Informationsveranstaltung vor.

Der medienpädagogische Hintergrund lässt sich im folgenden Artikel aus der Handreichung „Internet+Handy. Handreichung für Referentinnen und Referenten" der EU-Initiative klicksafe nachvollziehen.[2]

---

1   Mit der Initiative Eltern+Medien greift die Landesanstalt für Medien Nordrhein-Westfalen (LfM) den Beratungs- und Informationsbedarf von Eltern in der Medienerziehung ihrer Kinder auf. Sie unterstützt Kindergärten und Kitas, Schulen und Familienzentren, aber auch Elternvereine und andere Initiativen bei der Planung und Organisation von Informationsveranstaltungen zu Fragen der Mediennutzung. Informationen zu Themenschwerpunkten sowie Materialien zur Planung und Durchführung eines Elternabends findet man unter: www.elternundmedien.de.

2   Der Text entstammt der Broschüre „Elternabende Internet+Handy. Handreichung für Referentinnen und Referenten" der EU-Initiative klicksafe (www.klicksafe.de). Unter www.klicksafe.de/elternarbeit finden sich weitere Materialien zur Planung und Durchführung medienpädagogischer Elternabende sowie die klicksafe-Handreichungen „Elternabende Computerspiele" und „Elternabende Smartphones, Apps und mobiles Internet".
Einige der Leitgedanken entstanden im Rahmen eines Runden Tisches „Konzepte für Elternabende zum Thema Internet und Handy" im Dezember 2007. Folgende Institutionen waren an diesem Erfahrungsaustausch beteiligt: Grimme-Institut, Aktion Jugendschutz – Landesarbeitsstelle Baden-Württemberg, Arbeitskreis Neue Erziehung e.V., Deutscher Kinderschutzbund – Landesverband Bayern e.V., Landesmedienanstalt Saarland, Niedersächsische Landesmedienanstalt, SIN – Studio im Netz e.V.

2. Medienpädagogische Leitgedanken für die Zusammenarbeit mit Eltern

Erziehung von Kindern ist immer eine große Herausforderung. Durch den Einfluss von Medien entstehen zudem stets neue Anforderungen, denen Eltern gerecht werden sollen. Die Familie wird als der Ort angesehen, an dem die ersten Weichen für die Mediennutzung gestellt werden. Hier sollen wichtige Regeln zum Umgang mit Medien formuliert und Vereinbarungen mit den Kindern getroffen werden. Das ist nicht immer leicht!

Medienerziehung birgt Konfliktpotenzial, das liegt in der „Natur" der Sache: Kinder bekommen selten genug vom schillernden und faszinierenden Angebot, und Eltern müssen Grenzen setzen, sich positionieren, ob sie wollen oder nicht. Aber wo sind diese Grenzen zu ziehen? Wie kann der Familienalltag so gestaltet werden, dass ein sinnvoller Zugang zu medialen Angeboten ermöglicht wird, der Kinder und Jugendliche vor Gefahren schützt, ihnen aber auch – je nach Alter – Freiheiten einräumt?

Mit medienpädagogischen Elternabenden sollen interessierten Eltern und Bildungseinrichtungen Hilfestellungen gegeben und Kooperationen angeboten werden. Sie sollen Mut und Lust machen, sich der Aufgabe gemeinsam anzunehmen, die Medienerziehung heute an Familien stellt. Auf Elternabenden, die von ausgebildeten medienpädagogischen Fachleuten angeboten werden, lernen Eltern brauchbare Handlungsmöglichkeiten kennen, die sie im eigenen Erziehungsalltag umsetzen können.

Im Sinne der Erziehungspartnerschaft begegnen sich Erwachsene auf Augenhöhe. Das erfordert, wie es in Partnerschaften üblich ist, eine wechselseitige Anerkennung, die Wertschätzung des anderen und ein klares Rollenverständnis. Dann wird es möglich, einen konstruktiven Austausch mit und zwischen Eltern zu fördern. Im Folgenden ein paar Überlegungen, die hoffentlich von Nutzen sind.

2.1 Familien haben eigene Erziehungsvorstellungen

Viele Eltern haben ein großes Bedürfnis nach Tipps und Tricks im Umgang mit Medien. Sie benötigen praktische Hilfestellungen und Hinweise für ihren Erziehungsalltag. Diese sollten immer auch gemeinsam erarbeitet werden. Lediglich eigene Rezepte zu verteilen macht wenig Sinn, da der Alltag in manchen Familien einfach einem anderen Geschmacksmuster folgt, oder es gar an bestimmten Zutaten fehlt. Dies ist nicht problematisch, sondern spiegelt die Vielfalt von Erziehung wider. Die eigenen Rezeptvorschläge sollten aber nicht fehlen. Sie als eine Möglichkeit vorzutragen, stößt zumeist auf großes Interesse.

Hinweise und Empfehlungen sollten ausgesprochen werden, am besten mit realisierbaren, kleinen Ideen, wie der Alltag anders gestaltet werden könnte.

2.2 Ambivalenten Wunsch nach Hilfestellung akzeptieren

Es ist keine Seltenheit, dass Eltern unsicher sind, wie sie gemeinsam mit ihrer Familie einen für sie sinnvollen Weg durch den Medienschungel finden können. Auch in Familien, in denen es Regeln zur Mediennutzung gibt und Medienkritik gefördert wird, gibt es Situationen, in denen Eltern an ihre Grenzen stoßen, nicht mehr weiter wissen und Rat suchen. Diese Hilfesuche wird oft als zwiespältig empfunden: Eltern suchen nach Antworten und fürchten sich gleichzeitig davor. Ein Elternabendangebot zum Thema „Medien" wird von manchen Eltern gar als Angriff auf ihre Erziehungskompetenz gewertet, als Indiz dafür, dass sie es womöglich alleine nicht schaffen.

Das Thema verunsichert, lässt mitunter Schuldgefühle, vielleicht sogar ein schlechtes Gewissen aufkommen. Eltern fürchten sich vor dem berühmten pädagogischen Zeigefinger, also vor einer bevormundenden Kritik, und möchten daher Probleme, die „ihre" Medienerziehung betreffen, nur ungern preisgeben. Viele Unsicherheiten entstehen nicht zuletzt durch widersprüchliche Veröffentlichungen hinsichtlich möglicher Auswirkungen der Mediennutzung, die nur schwer einzuschätzen sind. Die Schlagzeilen reichen von „Computer machen Kinder schlau" bis hin zu „Vorsicht Bildschirm!"

2.3 Erziehungspartnerschaft anstreben

Veranstaltungen wie Elternabende zu Medienthemen sollten daher so gestaltet sein, dass Eltern sich aufgehoben und verstanden fühlen – nicht kontrolliert und gemaßregelt. Dabei müssen die unterschiedlichen Zielgruppen bewusst in den Blick genommen und angesprochen werden. Offenheit, Akzeptanz und die Bereitschaft zu einer kontinuierlichen Zusammenarbeit – mit einem wachen Blick auf den Bedarf der Eltern – sind Voraussetzungen für eine effektive Medienerziehung. Dabei sollte allen bewusst sein, dass Respekt, Wertschätzung und Offenheit gleichzeitig aber auch Ziele dieser Zusammenarbeit sind. Sie entstehen oft erst durch positive Erfahrungen mit anderen Eltern, Pädagog/inn/en und Referent/inn/en!

2.4 An elterlichen Kompetenzen orientieren

Eltern sollten die Gelegenheit haben, ihre eigenen Kompetenzen einzusetzen und sich einzubringen. Dabei sollte an ihren Fähigkeiten und Ressourcen angesetzt werden und nicht an den Defiziten in der (Medien-)Erziehung. Denn am Fehlverhalten der Eltern oder an den Fehlentwicklungen der Kinder anzusetzen, kann dazu führen, dass Eltern sich verschließen oder sich unwohl fühlen. Mitunter entstehen Ablehnung und Opposition nur aus dem Grund, nicht das Gesicht verlieren zu wollen. Doch damit wird selten das erreicht, was angestrebt wird: Verständnis, Erkenntnis, Analyse, Wertschätzung. Hilfreicher ist es, die elterlichen Kompetenzen zu nutzen und z.B. anhand von Fallbeispielen Situationen gemeinsam zu analysieren. Diese Beispiele können Eltern selbst einbringen oder sie werden vorgegeben. Nun können Anregungen gegeben, Ideen ausgetauscht und Probleme erörtert werden. Eltern werden ermutigt, den eigenen Erziehungsstil zu überdenken und sie können sich herantasten, an welcher Stelle Umgangsweisen vielleicht veränderbar sein könnten. Eltern können so gemeinsam mit anderen Eltern Leitlinien für den Umgang mit Medien in der Familie erarbeiten und überdenken. Dabei wird Unangenehmes nicht ausgeblendet und auch Beeinträchtigungen der kindlichen Entwicklung durch mediale Angebote müssen nicht tabuisiert werden.

2.5 Auf gleicher Augenhöhe stehen

Kinder und Jugendliche haben ihre eigene Weltsicht auf die medialen Angebote. Eltern sollten das akzeptieren, ja es geradezu als Chance sehen, etwas über ihre Kinder zu erfahren. In einem aufrichtigen Dialog, in dem Vorlieben und Meinungen der Kinder berücksichtigt werden, findet sich oft der Schlüssel für eine Erfolg versprechende Medienerziehung. Das heißt nicht, alle Vorlieben der Kinder blindlings akzeptieren zu müssen. Kritik darf und muss sein. Diese sollte aber begründet und respektvoll sein.

So macht es auch Sinn, Kinder und Jugendliche einzubeziehen und Eltern-Kind-Veranstaltungen zu organisieren, bei denen die Kinder als Expert/innen zu Wort kommen können. *Auf gleicher Augenhöhe* heißt für uns auch, dass Referent/inn/en den Eltern nicht als Medienexpert/inn/en gegenübertreten, die „wissen, wo es langgeht", sondern sich als Pädagog/inn/en wahrnehmen, die Eltern dabei unterstützen, über die Medienwelten und ihre Kinder nachzudenken.

Denn ebenso wenig wie es *die* Familie gibt, gibt es die richtige Medienerziehung. Es gibt jeweils individuelle Ressourcen, Problemlagen und Handlungsnotwendigkeiten. Die Förderung einer sinnvollen Medienerziehung nimmt die einzelnen Familienmitglieder ernst und überlässt es den Eltern, tragfähige Konzepte (mit) zu entwickeln.

2.6 Mut machen für neue Wege

Kinder und Jugendliche gehen sorgenfreier und spielerischer mit Medien um. Dieses Ausprobieren hat den Vorteil, dass sie sich neue Medien schneller aneignen. Viele Eltern haben hingegen oftmals das Gefühl, medial „hinterm Mond" zu leben.

Den Eltern soll bewusst werden, dass es nicht darum geht, alles zu kennen, sondern darum, die eigenen Erziehungskompetenzen wahrzunehmen. Den Eltern soll die Angst genommen werden, für alles allein verantwortlich zu sein. Andererseits müssen sie auch den Mut haben, sich zu positionieren, Nein! zu sagen oder Alternativen anzubieten. Das Bedürfnis nach Orientierung im Mediendschungel – wie auch im Erziehungsdschungel – muss auch akzeptiert werden, damit Wege zur (Neu-)Orientierung eingeschlagen werden können. Dazu gehört auch der Blick auf sich selbst. Eltern agieren immer als Vorbild für ihren Nachwuchs und sollten dementsprechend ihre eigenen Gewohnheiten kritisch prüfen.

Kontakt zu Johannes Wentzel, dem Referenten des Arbeitskreises:
info@nethex.de oder http://www.nethex.de/

Autorinnen und Autoren

Julia Bernabéu Reetz
Neue Schule Wolfsburg, Stufenleitung Klasse 5–7,
Julia.BernabeuReetz@neue-schule-wolfsburg.de

Barbara Buchalle
Oberstudienrätin, Beratungslehrerin, Fürstenberg-Gymnasium Recke,
buchalle@fuerstenberg-gymnasium-recke.de

Prof. Andreas Büsch
Professor für Medienpädagogik und Kommunikationswissenschaft, Katholische Hochschule Mainz; Leiter der Clearingstelle Medienkompetenz der Deutschen Bischofskonferenz an der KH Mainz,
andreas.buesch@kh-mz.de

Stefan Burghardt
MINT-Koordinator am Franz-Stock-Gymnasium Arnsberg; Fachreferent Mathematik beim MNU,
stefan.burghardt@fsg-arnsberg.de

Markus Engl
Studiendirektor, Beratungslehrer, Ludwigsgymnasium Straubing,
engl.markus@icloud.com

Richard Heinen
Wissenschaftlicher Mitarbeiter, LearningLab an der Universität Duisburg-Essen,
http://learninglab.uni-duisburg-essen.de,
richard.heinen@uni-duisburg-essen.de

Prof. Dr. Bardo Herzig
Universitätsprofessor, Universität Paderborn, Institut für Erziehungswissenschaft, Lehrgebiet: Allgemeine Didaktik, Medienbildung, Schulpädagogik, bardo.herzig @uni-paderborn.de, http://www.upb.de/ag-herzig; Direktor des Zentrums für Bildungsforschung und Lehrerbildung (PLAZ) an der Universität Paderborn,
http://plaz.uni-paderborn.de

Autorinnen und Autoren

Philipp Klein
Lehrer für die Fächer Biologie und Geografie, Overberg-Kolleg des Bistums Münster; Moderation und Fortbildung zu den Themen: Kollegiale Hospitation und Beratung (Feedbackkultur), Unterrichtsevaluation und Leistungsbewertung, Lernen mit digitalen Medien, Diagnostik und individuelle Förderung,
philippklein@me.com

Prof. Dr. Michael Kerres
Universität Duisburg-Essen, Fakultät für Bildungswissenschaften, Institut für Berufs- und Weiterbildung, Lehrstuhl für Mediendidaktik und Wissensmanagement, Learning Lab, http://mediendidaktik.uni-due.de,
michael.kerres@uni-duisburg-essen.de

Katja Krull
Neue Schule Wolfsburg, Stufenleitung Primarbereich,
Katja.Krull@neue-schule-wolfsburg.de

Dr. William Middendorf
Leiter der Hauptabteilung Schule und Erziehung im Bischöflichen Generalvikariat Münster; Lehrbeauftragter am Institut für Erziehungswissenschaft, Westfälische Wilhelms-Universität Münster,
middendorf-w@bistum-muenster.de

Marita Niggemann-Werth
Fürstenberg-Gymnasium Recke,
marita.niggemann@fgr.schulbistum.de

Jenny Radzimski-Coltzau
Franz-Stock-Gymnasium Arnsberg; Medienberaterin bei der Medienberatung NRW,
jenny.radzimski-coltzau@fsg-arnsberg.de

Prof. Dr. Christian Spannagel
Professor für Mathematik- und Informatikdidaktik an der Pädagogischen Hochschule Heidelberg; Prorektor für Forschung, Medien und IT,
spannagel@ph-heidelberg.de

Dr. Benedikt Wisniewski
Zentraler staatlicher Schulpsychologe an der Staatlichen Schulberatungsstelle für die Oberpfalz, Regensburg; Lehrbeauftragter an der Universität Regensburg,
benedikt.wisniewski@icloud.com